新编秘书学教材系列

# 秘书礼仪

陆予圻　郭　莉　编著

复旦大学出版社

# 内容提要

本书为"新编秘书学教材系列"之一，共分三大部分：第1-2章为第一部分，阐述秘书礼仪的基本理论和基本常识，包括礼仪的特征及其历史发展、秘书礼仪工作的范畴、原则、职能和有关宗教、民族、外事政策等；第3-8章为第二部分，阐述秘书礼仪工作的方方面面，包括秘书个人礼仪、办公室礼仪、会务工作礼仪、旅途与宴请礼仪、商务活动礼仪、中外习俗礼仪等；第9章为第三部分，阐述各类中英文礼仪文书的写作规范，包括书信类、电子通信类、柬帖类、致词类、英文礼仪类等文书的写作要求，并附有各类中英文礼仪文书的例文以供参考。

本书从秘书礼仪工作的实践出发，广泛深入地探讨了秘书礼仪作为一种文化现象的深刻内涵，并根据大量最新资料，择要介绍了当今国内外秘书礼仪工作的新趋向，具有很强的知识性和实用性，既可作为大专院校秘书学专业的教材，又适合于广大在职文秘人员和对礼仪工作有兴趣的各类人员自学、进修或参考。

# 目 录

## 第一章 秘书礼仪概述 … 1
### 第一节 礼仪的发展和特征 … 1
一、礼仪的发展 … 1
二、礼仪的特征 … 6
### 第二节 现代秘书礼仪工作 … 10
一、秘书礼仪工作与秘书其他工作的关系 … 11
二、秘书礼仪工作的特点 … 14
三、秘书礼仪工作的意义 … 18

## 第二章 秘书礼仪工作的范畴和原则 … 25
### 第一节 秘书礼仪工作的职能 … 25
一、以礼仪塑造组织形象 … 25
二、以礼仪推动企业文化建设 … 26
三、以礼仪架起信息桥梁 … 28
### 第二节 秘书礼仪工作的原则 … 29
一、秘书礼仪工作的范畴和形式 … 29
二、秘书礼仪工作的原则 … 32
### 第三节 我国宗教、民族和外事政策 … 36
一、我国宗教政策的基本内容 … 36
二、我国民族政策的基本内容 … 38
三、我国的外事纪律 … 40

## 第三章 秘书人员个人礼仪 … 43
### 第一节 秘书人员个人礼仪综述 … 43
一、秘书人员个人礼仪的基本内容和意义 … 43
二、秘书人员个人礼仪的基本要求 … 43

## 第二节　言谈和举止 ········· 46
　　一、言谈 ········· 46
　　二、举止 ········· 55
## 第三节　仪容和服饰 ········· 64
　　一、仪容 ········· 64
　　二、服饰 ········· 68

# 第四章　办公室礼仪 ········· 76
## 第一节　办公室礼仪综述 ········· 76
　　一、办公室礼仪的基本内容和意义 ········· 76
　　二、办公室礼仪的基本要求 ········· 77
## 第二节　办公室礼仪工作规范 ········· 80
　　一、行为举止 ········· 80
　　二、事务处理 ········· 84
　　三、办公室布置 ········· 94
## 第三节　异常情况下的礼仪处理 ········· 99
　　一、异常情况下处理与领导关系的礼仪 ········· 99
　　二、异常情况下处理信访的礼仪 ········· 105
　　三、处理突发事件时的礼仪 ········· 110

# 第五章　会务工作礼仪 ········· 114
## 第一节　会务工作礼仪综述 ········· 114
　　一、会务工作礼仪的基本内容和意义 ········· 114
　　二、会务工作礼仪的基本要求 ········· 115
## 第二节　一般会议礼仪 ········· 118
　　一、会议环境礼仪的布置 ········· 118
　　二、会议服务礼仪的安排 ········· 123
## 第三节　几种常见会议的礼仪须知 ········· 126
　　一、代表大会 ········· 126
　　二、公关类会议 ········· 126
　　三、仪式类会议 ········· 126
　　四、睦亲类会议 ········· 127

五、电视网络会议⋯⋯⋯⋯⋯⋯⋯⋯⋯⋯⋯⋯⋯⋯⋯⋯⋯⋯⋯ 127
六、涉外会议⋯⋯⋯⋯⋯⋯⋯⋯⋯⋯⋯⋯⋯⋯⋯⋯⋯⋯⋯⋯⋯ 127
七、悼念类会议⋯⋯⋯⋯⋯⋯⋯⋯⋯⋯⋯⋯⋯⋯⋯⋯⋯⋯⋯ 127
八、与会礼仪⋯⋯⋯⋯⋯⋯⋯⋯⋯⋯⋯⋯⋯⋯⋯⋯⋯⋯⋯⋯ 128

## 第六章 旅途与宴请礼仪⋯⋯⋯⋯⋯⋯⋯⋯⋯⋯⋯⋯⋯⋯⋯⋯⋯ 130
第一节 旅途与宴请礼仪综述⋯⋯⋯⋯⋯⋯⋯⋯⋯⋯⋯⋯⋯⋯ 130
一、旅途与宴请中秘书礼仪的基本内容和特点⋯⋯⋯⋯⋯ 130
二、旅途与宴请中秘书礼仪的基本要求⋯⋯⋯⋯⋯⋯⋯⋯ 131
第二节 旅途中的礼仪规范⋯⋯⋯⋯⋯⋯⋯⋯⋯⋯⋯⋯⋯⋯⋯ 133
一、行李物品要放好⋯⋯⋯⋯⋯⋯⋯⋯⋯⋯⋯⋯⋯⋯⋯⋯ 133
二、卫生习惯要注意⋯⋯⋯⋯⋯⋯⋯⋯⋯⋯⋯⋯⋯⋯⋯⋯ 133
三、娱乐消遣要文明⋯⋯⋯⋯⋯⋯⋯⋯⋯⋯⋯⋯⋯⋯⋯⋯ 134
四、路人相处要融洽⋯⋯⋯⋯⋯⋯⋯⋯⋯⋯⋯⋯⋯⋯⋯⋯ 134
第三节 宴请中的礼仪规范⋯⋯⋯⋯⋯⋯⋯⋯⋯⋯⋯⋯⋯⋯⋯ 135
一、宴请主办方的礼仪⋯⋯⋯⋯⋯⋯⋯⋯⋯⋯⋯⋯⋯⋯⋯ 135
二、应邀出席宴会的礼仪⋯⋯⋯⋯⋯⋯⋯⋯⋯⋯⋯⋯⋯⋯ 152

## 第七章 商务活动礼仪⋯⋯⋯⋯⋯⋯⋯⋯⋯⋯⋯⋯⋯⋯⋯⋯⋯⋯ 162
第一节 商务活动礼仪综述⋯⋯⋯⋯⋯⋯⋯⋯⋯⋯⋯⋯⋯⋯⋯ 162
一、商务活动礼仪的基本内容和特点⋯⋯⋯⋯⋯⋯⋯⋯⋯ 162
二、商务活动礼仪的基本要求⋯⋯⋯⋯⋯⋯⋯⋯⋯⋯⋯⋯ 163
第二节 商务活动礼仪规范⋯⋯⋯⋯⋯⋯⋯⋯⋯⋯⋯⋯⋯⋯⋯ 168
一、拜访与接待礼仪⋯⋯⋯⋯⋯⋯⋯⋯⋯⋯⋯⋯⋯⋯⋯⋯ 168
二、商务谈判礼仪⋯⋯⋯⋯⋯⋯⋯⋯⋯⋯⋯⋯⋯⋯⋯⋯⋯ 171
第三节 大型商务活动礼仪⋯⋯⋯⋯⋯⋯⋯⋯⋯⋯⋯⋯⋯⋯⋯ 177
一、庆典活动⋯⋯⋯⋯⋯⋯⋯⋯⋯⋯⋯⋯⋯⋯⋯⋯⋯⋯⋯ 177
二、展览会和参观活动⋯⋯⋯⋯⋯⋯⋯⋯⋯⋯⋯⋯⋯⋯⋯ 178
三、记者招待会⋯⋯⋯⋯⋯⋯⋯⋯⋯⋯⋯⋯⋯⋯⋯⋯⋯⋯ 179

## 第八章 习俗礼仪⋯⋯⋯⋯⋯⋯⋯⋯⋯⋯⋯⋯⋯⋯⋯⋯⋯⋯⋯⋯ 182
第一节 习俗礼仪综述⋯⋯⋯⋯⋯⋯⋯⋯⋯⋯⋯⋯⋯⋯⋯⋯⋯ 182

一、习俗礼仪的基本内容和特点 ……………………………… 182
　　二、习俗礼仪的基本要求 ……………………………………… 182
　第二节　中国习俗礼仪 …………………………………………… 184
　　一、中国民间主要传统节庆习俗礼仪 ………………………… 184
　　二、民间贺仪与丧仪习俗 ……………………………………… 192
　第三节　外国习俗礼仪 …………………………………………… 198
　　一、外国民间主要节庆习俗礼仪 ……………………………… 198
　　二、外国婚丧习俗礼仪 ………………………………………… 205
　第四节　中外馈赠习俗礼仪 ……………………………………… 211
　　一、中国馈赠习俗礼仪 ………………………………………… 211
　　二、外国馈赠习俗礼仪 ………………………………………… 218

第九章　文书礼仪 …………………………………………………… 225
　第一节　文书礼仪综述 …………………………………………… 225
　　一、文书礼仪的基本内容和意义 ……………………………… 225
　　二、文书礼仪的基本要求 ……………………………………… 226
　第二节　书信类文书礼仪规范 …………………………………… 229
　　一、书信类文书礼仪规范的基本要求 ………………………… 229
　　二、中文各类礼仪书信示例 …………………………………… 231
　第三节　电子通信及柬帖类文书礼仪规范 ……………………… 249
　　一、电子通信及柬帖类文书礼仪的基本要求 ………………… 249
　　二、电子通信及柬帖类文书的写作规范 ……………………… 249
　　三、电子通信及柬帖类文书示例 ……………………………… 250
　第四节　致词类文书礼仪规范 …………………………………… 260
　　一、致词类文书礼仪的基本要求 ……………………………… 260
　　二、致词类文书的写作规范 …………………………………… 261
　　三、各类常用致词示例 ………………………………………… 263
　第五节　英文礼仪文书举要 ……………………………………… 274
　　一、英文礼仪文书的基本要求 ………………………………… 274
　　二、英文信件的书写规范 ……………………………………… 276
　　三、英文信封 …………………………………………………… 278
　　四、相关例文 …………………………………………………… 279

# 第一章 秘书礼仪概述

现代社会,作为同一个地球村的居民,彼此间有了空前便捷和频繁的交往。在这种交往中,互相传递的第一个信息便是礼仪,或是以礼仪为外壳所包孕的信息。西方社会的"礼仪"一词,据说是源于法语"ETIQUETTE",其原意为"通行证",引申为规矩、规则,如英语中"etiquette"。我们不妨将之理解为:只有具备了礼仪规则,才可通行无阻。中华民族素以"礼仪之邦"之称而自豪,这不仅因为我们有源远流长的礼仪文明历史,还因为"礼治"和"法治"一直是我国传统社会的基本制度,规范着社会和人伦秩序。

## 第一节 礼仪的发展和特征

### 一、礼仪的发展

(一)什么是礼仪

"礼仪"作为现代汉语的一个词汇,它的含义似乎尽人皆知,然而倘若我们追根溯源,便会发现,在历史长河的那一端,"礼"和"仪"却是两个内涵不尽相同的概念。

"礼",本指西周奴隶社会的贵族等级制度和社会宗法制度。《礼记·仲尼燕居》说:"制度在礼"。这个制度的核心,就是"尊尊、亲亲、贤贤、男女有别"。按这样的结构原则与理想构建的社会是无限美好的:"大君者,吾父母宗子;其大臣,宗子之家相也。尊高年,所以长其长,慈孤弱,所以幼吾幼。圣其合德,贤其秀也。凡天下之疲癃残疾,茕独鳏寡,皆吾兄弟之颠连无告者也。"[①]在这样的"家天下"网络中,有着严格的等级差异,但它是血缘传承

---

① 张载《西铭》。

的历史顺序的体现,是人性本真的内在要求,这样的差异在理想中就不是对立的,而是和谐的秩序,由此形成人伦之爱和仁者情怀共同统摄凝聚的休戚相关的感情和利益整体。这种人伦之爱,这种仁者情怀,这种血缘传承的顺序差异的体现,在长期的历史过程中形成了其所特有的一套模式、一套规则,这便是"礼"。"礼别异"是古代人伦原理和人伦秩序的政治体现。

"礼"也是儒家伦理规范的基础。重礼是我国古代社会每一个人立身处世的根本,并以此区分人格的高低。"人而无礼,胡不遄死?"①《诗经》中的句子告诉我们,当时人的行为如果不合"礼",便会被如此批判:"你连老鼠都不如,你快去死罢!"《论语·季氏》中记载,孔子便是以礼来教他的儿子孔鲤的,"不学礼,无以立",礼,成了儒家伦理道德的最高原则之一。晏子就曾经说过:"君子无礼,是庶人也;庶人无礼,是禽兽也。礼者,所以御民也;辔者,所以御马也。无礼而能治国家者,婴未之闻也。"②在这里,"礼"成了治国御民的重要手段。

但是,在表礼治本质的同时,"礼"又包含着另外的意义,即礼节仪式。传统文化经典《十三经》中的"三礼",就分别体现了"礼"的不同涵义。《周礼》主要侧重古代政治宗法制度,《仪礼》主要侧重贵族生活仪节,而《礼记》则是传述礼制,论说礼仪的杂糅之作。在《诗经》中,"礼"有许多地方是和"仪"相提并论的,如《鄘风·相鼠》:"相鼠有皮,人而无仪。……相鼠有齿,人而无止。……相鼠有体,人而无礼。……"此处"仪"、"礼"连同"止"(耻),指的都是道德规范。《诗经·小雅·楚茨》"礼仪卒度,笑语卒获",此处"礼仪",指的则是仪节。所以"礼"被今人表述为:"礼指特定民族、人群或国家基于客观历史传统而形成的,以确立、维护社会等级秩序为核心内容的价值观念、道德规范以及与之相适应的典章制度、行为方式。"③

相对"礼"的精深内涵而言,"仪"则要简单得多,它主要指一种外在的仪节、仪表、准则或规范。《左传·昭公五年》记载,"公如晋,自郊劳至于赠贿,无失礼。晋侯谓女叔齐曰:'鲁侯不亦善于礼乎?'对曰:'鲁侯焉知礼?'公曰:'何为?自郊劳至于赠贿,礼无违者,何故不知?'对曰:'是仪也,不可谓礼。礼所以守其国,行其政令,无失其民也。今政令在家,不能取也。有子

---

① 《诗经·鄘风·相鼠》。
② 《说苑·修文》。
③ 周文柏《中国礼仪大辞典》,第1页,中国人民大学出版社1992年。

家羁,弗能用也。奸大国之盟,陵虐小国。利人之难,不知其私。公室四分,民食于他。思莫在公,不图其终。为国君,难将及身,不恤其所。礼之本来,将于此乎在,而屑屑焉习仪以亟。言善于礼,不亦远乎?'君子谓:'叔侯于是乎知礼。'"这段话,为我们区分了"礼"和"仪"。礼是保卫国家、施行政令、团结人民的重要制度,而"自郊劳至于赠贿",却都是琐细的仪节,与"知礼"差了一大截。鲁昭公在政治混乱、大权旁落、民心涣散、危难将临之时,拘于仪节而疏于大政,不是知礼。在《左传·昭公二十五年》中还有记载,赵简子向子大叔问有关揖让周旋之礼,子大叔对曰:"是仪也,非礼也。……夫礼,天之经也,地之义也,民之行也。……上下之纪,天地之经纬也,民之所以生也,是以先王尚之。"赵简子不由地赞叹:"甚哉,礼之大也!"这段故事传达出两方面的信息,一是礼与仪是有区别的,"礼"很大,包含的内容深厚而广泛,"仪"则要小得多。二是礼和仪确实又有所联系,不是连晋侯与赵简子都将之混为一谈了么?

随着封建社会的建立和发展,儒家思想也在封建社会得到了很大的发展,其中天经地义的"礼"又衍生出了封建统治的重要思想工具——封建礼教。礼教和礼仪虽有联系,但礼教的主要作用是统治阶级为维系社会的稳定而用以束缚人们的思想和行为的,它的内容即"三纲五常"——君为臣纲、父为子纲、夫为妻纲;仁、义、礼、智、信。这种以封建宗法制度为需要而形成的封建礼法,是封建政权的支柱之一,在漫长的封建社会中,礼教给广大劳动人民、广大青年的心灵带来了严重的毒害,更有大批妇女成了封建礼教的牺牲品,对它的反动性,我们必须有清醒的认识。

自汉代"采古礼与秦仪杂就之"而形成汉代的朝仪和宗庙仪法之后,礼与仪的涵义有了更多的融合。礼仪并普遍地存在于社会从宫廷到民间,从贵族大户到普通人家的方方面面,从而形成了一整套具有中国文化特点的规范和习俗,并代代相传,直至今日。在如今的现代社会中,礼仪的特点、原则、职能都有了很大的变化,它已成了现代社会人们文明交往的重要形式,人际关系必不可少的润滑剂。它是人们沟通信息、交流情感、增强理解、促进友谊的中介,是广泛地存在于我们生活中的行为规范。

(二) 礼仪的由来与演变

"礼",古为"禮"(禮),《说文解字》解之为:"履也,所以事神致福也。从示,豊,豊亦声。"《说文段注》说:"《周易·序卦传》礼有五经,莫重于祭,故礼从示,豊者,行礼之器。"《说文段注》并说明:"豊(豐),行礼之器也。即古礼字。"

　　文字的"礼"源自祭祀,而社会行为的"礼",也产生于祭祀活动。当人类尚未进入文明状态,生产力极其低下,自然界的一切力量都能随时对人造成生命威胁的时候,不可知的强大的自然力使得人类不由自主地恐惧和崇拜,在这种恐惧和崇拜中,产生了最初的祭祀活动,这种祭祀活动的形式,便是最初的"礼"。这种礼,要求非常虔敬的精神,规范的仪式。李泽厚《中国古代思想史论》解释这种古代的祭祀活动为:"有极为重要的社会功能和政治作用。远古氏族正是通过这种原始礼仪活动,将其群体组织起来,团结起来,按着一定的社会秩序和规范进行生产和生活,以维系整个社会的生存和活动。因之这套礼仪对每个氏族成员便具有极大的强制性和约束力,它相当于后世的法律,实际上是一种未成文的习惯法。"①诚如李先生所言,我国社会从原始状态到奴隶制发展,便将这种祭祀精神引入了社会人伦规范,形成了礼法制度。

　　其他民族的文明发展,大抵也同样经历了如此过程。祭祀礼仪是初民生活的重要内容,而且这种礼仪出自生存和发展的现实需要,在人们的心目中是有着明显的功利目的的。我国古代礼仪,经后人整理总结,可归为五大类,即吉礼、凶礼、宾礼、军礼、嘉礼五种。

　　吉礼,祭祀之礼。"礼有五经,莫重于祭",因此吉礼为五礼之首。吉礼"上事天,下事地,尊先祖而隆君师"②,表现出人们对上苍、自然、社稷、万物的崇敬和畏惧,也表现出后人对祖先的敬仰、祈祷。

　　凶礼,是对各种天灾人祸的哀悼、吊唁、抚恤。"以凶礼哀邦国之忧。"③凶礼不仅规定了吊丧活动中各种不同地位不同关系的服丧过程及时间,而且它也是荒年里饥馑、瘟疫流行时排忧解患的仪式。倘逢邻国交兵等重大事件发生,它又是军事行动前不可缺少的礼仪。

　　宾礼,诸侯朝觐天子及诸侯之间聘问、会盟的礼仪。"以宾礼亲邦国"④。不同等级、不同时节、有各不相同的宾礼之仪。

　　军礼,今因其亡佚而不可考,但基本属于镇之以威,从而统一诸侯邦国制度的礼仪。"以军礼同邦国。"⑤它的主要内容包括大师之礼,大均之礼,

---

① 李泽厚《中国古代思想史论》,第13页,安徽文艺出版社1994年。
② 《荀子·礼论》。
③④⑤ 《周礼·春官·大宗伯》。

大田之礼、大役之礼、大封之礼，以及军制、税赋、军役、封疆经界等礼仪。

嘉礼，内容极为庞杂，是喜庆相欢时的惯用礼仪。"以嘉礼亲万民"①。其中饮食以敦睦宗族兄弟；婚冠以成亲或成年；宾射用于亲朋故旧；飨燕用于亲近四方宾客；脤膰用于和亲同姓诸侯国；贺庆则用于和亲异姓诸侯国。

以上五礼，既包括国家的典章制度，又在平民日用居处行习之间。随着社会的演进，它们被不断地扬弃发展。大致说来，秦汉两代，封建王朝初始时期，也是将古礼与时仪杂就而成新礼仪的阶段。及唐代以降，礼仪又顺应封建社会人际关系的变化而变化。唐人郑庆余所著两卷本的《书仪》，包括书面仪式和日常生活礼仪，影响很大。五代时，刘岳又在郑庆余的基础上形成新的《书仪》，愈增添了其世俗的内容。宋代由于大兴程朱理学，对礼仪有了很大的理论指导和推动作用，而宋代城市经济的发展，市民阶层的形成，又催成了新的城市文化性质的新礼仪。宋代礼仪对明清社会礼仪习俗也有极大影响。

而到近代社会，西方资产阶级的思想逐渐在我国产生影响，一些源于西方文化的礼仪开始在我国社会传播，至辛亥革命时期，社会的变革波及到日常生活仪节，剪辫子、穿西服，一时光怪陆离的现象与传统礼仪形成大胆对峙乃至挑战。以新文化运动为先导的五四时期，新旧礼仪更是胶着抗衡，叩拜、请安、作揖、鞠躬、握手、鼓掌同时并存于社会生活，年轻人冲破传统藩篱，争取个性解放，社会舆论为新制度新风尚呼吁呐喊，促成了礼仪的移风易俗，推陈出新。

综观礼仪的发展，我们可以发现，我国的礼仪经历了从宏大深广的"礼治"即宗法制度，到区分"礼制"与"礼俗"的演变，其礼制包括伦理制度和秩序，意在通过某些强制方式而使个人具备团体所要求的规范；而其礼俗部分则是待人接物的准则，与人相处的礼貌，较之礼制的外在压力而言，礼俗更倾向于内心的修养和自由选择，因此格外复杂多样，因人因地因时因文化而异。礼仪的发展，是社会物质文明和精神文明共同作用的结果。

在社会主义时期，由于工人阶级劳动者成了人民民主专政的基石，社会价值取向发生了重大变化，礼仪变化也鲜明而巨大。人民成了主人，官员是人民的公仆，从根本上决定了人际关系的平等，虽然在建国后的某些历史时期，人际关系有所扭曲，社会礼仪一度异化为封建个人崇拜，但礼仪的总体

---

① 《周礼·春官·大宗伯》。

发展是健康的。尤其是改革开放以来，人们在思想上拨乱反正，正本清源，又大胆吸收国外优秀文化包括礼仪习惯、礼仪特点，正形成一种融东西方礼仪文化特点为一体，又具中国礼仪文化特色的，符合新时代人际关系要求的新型礼仪。

## 二、礼仪的特征

礼仪作为社会人群中的一种行为规范和关系滑润剂，必然与人类生活的方方面面形成各种特定关系，并服务于这些方方面面，礼仪也因此形成了如下特征。

### （一）社会性

在历史的发展中，礼仪本身就是社会的产物，无论是原始祭祀还是礼法制度，无论是礼教还是礼俗，无一不是应社会需要而产生的，所以，社会性是礼仪的最本质的特征。

当社会生产力从原始社会的低下状态中走出，产品已超出原始群体维持最低生活与延续后代之必须时，社会的剩余产品便有了成为私有财产的可能，部落群体内部的纷争自然也出现了，人际关系第一次出现了复杂和微妙的状态。对个人的行为进行约束，对新出现的合乎生产关系的社会关系进行肯定，"规范"应运而生，它在我国的最初表现就是"礼"，而世界上其他文明古国也在这前后建立了自己的伦理礼仪体系。尽管礼仪规范从初民的原始图腾到完备圆满的伦理体系和礼仪形态须经漫长历史时期的演化，但这已能充分说明，礼仪产生于社会的需要。"礼之于国家也，如权衡之于轻重也，如绳墨之于曲直也。故人无礼不往，事无礼不成，国家无礼不宁。君臣不得不尊，父子不得不亲，兄弟不得不顺，夫妇不得不欢。少者以长，老者以养。"[①]两千年前的古人就是从稳定社会秩序的角度来认识"礼"的重要性。"礼"广泛地存在于社会生活中，调节着人际关系，确立着价值观念、典章制度、道德规范，礼仪便在这种"礼"的环境下，形成了以维护礼的精神为核心的一整套行为方式，包括礼节、仪式、器物、服饰、标志等等。

在阶级社会中，阶级关系是最首要的社会关系。为了使阶级剥削与阶

---

① 《荀子·礼论》。

级压迫合理化，使阶级差别和阶级关系合法化，统治阶级又设计了一套为统治阶级的统治而服务的礼仪，无论在宫廷还是在民间，这套礼仪都制约着社会成员的行为，宏大到三纲五常、祭祀朝觐、琐细到服饰徽纹、生活器皿，具体到步态姿容，谈吐颦笑。这些统治阶级的礼仪规范，深深地扎根于广大社会人群，并主宰了社会人群的道德观念和行为取舍，正印证了马克思的那段名言："统治阶级的思想在每一时代都是占统治地位的思想。"①

在今天，社会主义礼仪与社会主义制度密不可分，它是社会主义精神文明建设的重要组成，激励着社会成员爱祖国爱人民爱社会主义制度。在第二十七届奥运会上，当五星红旗前后28次伴随着《义勇军进行曲》的旋律上升时，当健儿和观众席上的侨胞同声放歌"我们万众一心，冒着敌人的炮火，前进！"时，所有中国人的热血都因此而沸腾。当共和国盛大的阅兵式向世人展现雄壮的军威时，谁人不赞叹？当五星红旗每天随第一缕朝阳升起在天安门广场时，作为一个中国人，怎能不自豪？社会主义中国通过这些礼仪活动行为向世界展现了一片充满生机的大地，一个奋发有为的群体。

无论从哪个角度说，礼仪都是应社会的需要而产生，并随着社会的发展而不断变革自己以更好地适应社会，为社会服务。礼仪的社会性不仅是礼仪的最本质特征，而且还是礼仪的其他特征——差异性特征、发展性特征的基础。

(二) 差异性

作为一种文化精神，文化传统的表现，礼仪有着鲜明的民族文化烙印。不同民族，不同宗教，不同地域的不同文化特性，必然产生不同的礼仪，因此，礼仪必然具有差异性。

我国是一个由56个民族组成的大家庭。幅员辽阔，人口众多，各地区经济发展不平衡，与外界交往沟通程度不一样，生活习俗不相同，礼仪表现自然也就各有特点。藏族、裕固族同胞总是向尊贵的客人献上哈达，这在我国各民族礼仪中是较有特色的，雪域高原上人们对洁白哈达的寄寓，当然不会产生在江南水乡。再看一个见面问候致意的形式，有脱帽点头的、有互相拥抱的、有双手合十的、有手抚胸口的、有互碰脸颊的、有握手寒暄的。这种形式各异的礼仪，都与民族地区的文化特点及宗教传统密切相关。红军长

---

① 马克思《德意志意识形态》，《马克思恩格斯全集》第52页，人民出版社1972年。

征过凉山时,刘伯承同志与彝族首领小叶丹歃血为盟,结为兄弟,就是尊重了少数民族文化心理,以他们的礼仪形式行事,取得了兄弟民族的信任,从而使红军能顺利过凉山北上。

至于我国礼仪与外国礼仪的差异,自然就更为明显了。外国人到中国,很不理解中国人为何在过大年时要燃鞭放炮,搞得满城烟雾,炸声惊人,而我们却乐此不疲,大有不放鞭炮不算过年的执著。作为东方古老文明的礼仪之邦,我国礼仪的核心"礼"是治国安邦、规范人伦的重要原则,而西方文明中产生的礼仪,首先在其文化精神上就与我国大不一样。他们的宗教色彩更浓,更强调个人利益,强调对个人的尊重,也包括更强调对妇女的尊重。形式上更是千差万别:结婚、治丧要在教堂举行仪式,是西方固有习俗;在我国,当着送礼人的面拆开礼物是不应该的,更不能当着送礼人的面与人交换礼物,西方人却喜欢当场拆开礼包,倘互相喜欢的是别人的颜色式样,就可以当场互换而皆大欢喜;我国妇女传统上是不与男子直接接触的,而西方礼仪中却以吻女子的手背为尊重;语言表现也不一样,"a lucky dog"在英语中指幸运儿,在我国却不能以狗喻人。

在国家的重大政治文化活动中,礼仪也有不同表现。美国总统就职,要拿着《圣经》宣誓;美国人升国旗时,右手须放置左胸前。外国军队的礼服、军礼、步态与我军大不相同,1997年7月1日,我国恢复对香港行使主权,交接仪式上,中国军队仪仗形式与英国军队仪仗形式的差异,全世界都看到了。

除了不同民族不同文化造成的差异,礼仪的差异还表现在不同的社会层次和等级上。一般说来,社会上文化修养越高的人,越注重礼仪规范,在他们身上所体现的文化精神,应该是全社会最优秀的精神文明表现。同时,从理论上说,文化修养越高,其对礼仪的精髓理解越深,在表现上就越注重其精神实质,从而越提倡对繁文缛节的简化。一对新婚夫妇收到的贺礼是一对篆刻精美的印章,夫妇大喜,而他们的邻居却不以为然,认为这东西"一点不实惠"。这说明社会人群在不同的层次上,对礼仪的认识和把握是大相径庭的,这也是社会精神文明建设方面的一大课题。

此外,社会等级不同,礼仪表现也不同。作为具有广泛社会性的文化行为,礼仪往往因对象的地位等级不同而分别予以不同待遇。在宴会上,身份高低的差别会导致不同程度的礼待,哪怕同坐一桌,也有"上座""末座"的讲究。我国古代,森严的社会等级在礼仪上反映更为强烈。清代社会,由于等级不同,就有不同的行礼规矩:"内外王公相见,宾主三跪六叩行礼,饮茶叙语毕,宾离席跪叩,主人答叩,送客下阶。"而"朝廷官员相见,宾主再拜行礼,饮茶叙语毕,相揖告辞,主人送来宾于大门之外,至来宾登舆上马乃退。"①不同官阶,不同等级,便有不同礼仪。这种差别反映了我国礼制及"礼别异"的精神实质,也在社会的行为、风气方面起重要的影响作用。

（三）发展性

与一切文化现象一样,礼仪也是在历史过程中不断发展的。早期的图腾崇拜、礼法制度,在历史中延续。其中符合人性基本需要的礼仪便具有了超越时代和社会的适用性,构成了民族文化传统和民族心理特征,又被融入了后世的现实生活,成了世人道德准则和行为规范,并形成处事的习惯做法,这一漫长的演变过程,是剔除糟粕、冲破藩篱的扬弃过程,也正表明礼仪具有发展性。

礼仪的发展首先是在继承中进行的,"三代之礼一也,民共由之。"②说明随着社会生产、生存环境及生活形态的变化,我国夏商周三代的社会礼法制度融为一体。孔子也认为:"殷因于夏礼,所损益可知也;周因于殷礼,所损益可知也。"这里的"因",指因袭继承,而"损益"则指发展变化。可见"礼"是在继承中发展的。此外,民间的礼俗,也在继承中发展。如婚礼,自周代以来,我国婚姻制度便是以聘娶的方式进行,而当事男女之间不得直接交往,全凭父母之命媒妁之言。家长确定婚配对象后,便开始了繁复的婚礼。第一阶段——婚前礼,包括纳采（议婚、问名、生辰八字）、纳吉（换帖订约）、纳征（男方备礼予女方）、请期（约定婚期）、亲迎（接新娘）。第二阶段——正婚礼,包括新婚夫妇同饮合欢酒、拜天地、行合卺礼、入洞房。第三阶段——婚后礼,新婚次日媳妇拜舅姑,至此,大婚方成。这种分别象征敬慎重正、合同以亲及重责妇顺的婚礼习俗和成婚必行大礼,以助终身大事之美好圆满的文化心理至今犹存,而实际行为却早已被简化,只有纳征、亲迎等礼仪保留节目尚在,而这些保留节目也只是一种仪式表现,在男女平等、婚姻自由的今天,这种仪式的喜庆娱乐性远远超过了古人在这隆重礼仪形式中的祈求与寄托。

---

① 转引自何春晖、彭波《现代社交礼仪》,第4页,杭州大学出版社1995年。
② 《礼记·礼器》。

礼仪发展又是在交流中进行的。漫长的历史发展，记下了人类相互之间的团结、互助、共进，也留下了仇恨、敌对的遗憾。但无论爱或恨，都在人类社会中进行，从而使人类从对方身上找到了差距，发现了学习的榜样。"胡服骑射"就是民族文化交流在历史上的结果。单在五四新文化运动前后，礼仪从叩拜、相揖、请安、拱手到鞠躬、握手等，新旧胶着杂糅在一起，长袍马褂、西装革履相安无事共济一堂，代表了不同文明的礼仪的冲撞，最终形成了一整套符合现代人生活的礼仪规范。如以人格基本平等为主旨的握手鞠躬礼，是清雍正年间被允许带入我国宫廷中的，雍正皇帝允许罗马教皇的使节行西方鞠躬礼拜见，并亲自与使节握手，后雍正又曾允许英国使节行单膝礼。在这样的文明冲撞交流之下，西方礼仪形式逐渐成为我国当时政府的官方礼仪形式，并又普及到民间。当然，这种交流冲撞的过程对中国人民来说，决不是轻松的，而往往是痛苦的、屈辱的，有时甚至是血腥的。在今天改革开放的条件下，我国与外部世界的交流更多，外国的政治、经济、思想、文化诸多元素影响着我国社会，其礼仪习俗也对我国社会产生了影响，我们从外国人那里学到了许多先进的礼仪文化，从而促进了我国礼仪文化的发展。

礼仪的发展还与科学技术的进步有密切关系。物质条件的发展，使人类的接触方法、礼仪方式有了极大的变化，也使礼仪有了全新的媒介体。如今，我们可以在互联网上发个电子邮件，给远方的亲朋送去关爱；以贺卡一帧向师长祝寿拜节；又以电子贺卡代替纸质贺卡，既快捷又节约木材资源，保护环境；在电台点歌点节目作为爱人的礼物……五花八门，不一而足。可以想见，在科学技术飞速发展的背景下，礼仪必将以更新的形式出现在社会不同场合，以适应社会人群不断提高的文化生活需要。

## 第二节　现代秘书礼仪工作

礼仪是社会文化的一种表现，是沟通人与人之间关系的重要手段之一。那么现代社会秘书工作者的礼仪工作，与社会一般礼仪活动、礼仪要求有什么异同？它在秘书工作诸多事务中地位如何？它与秘书工作的其他内容有什么关系？本节将讨论的，就是现代秘书礼仪工作的这些基本问题。

## 一、秘书礼仪工作与秘书其他工作的关系

现代秘书工作"是一种以领导工作为主要服务对象,以发挥参谋、助手作用为主要服务形式,以处理信息为主要服务或工作内容的服务性职业。"①"秘书是以全面处理信息和事务的方式直接辅助领导者实施管理的人员。"②我们从专家对秘书和秘书工作的论述中,可知秘书人员作为领导的辅助者,必须完成各种有助于领导管理、决策的工作与事务,这种工作特性,决定了秘书工作是一个外向型的岗位,在各社会组织的公务行为中广泛地接触各色人等,处理各种关系,安排各种活动,这些行为都含有礼仪的内容,或直接就是一项礼仪活动,如迎送客人、宴请等。因此,虽然作为领导的辅助者,却与其他辅助者不同,秘书人员必须代领导处理各种交往接待事宜,与其他职能部门在自己的职权范围内,以自己的工作对领导负责是大不一样的。

### (一)秘书礼仪工作与秘书辅助领导

辅助领导是秘书的天职,辅助领导的手段多种多样,以礼仪辅助领导是其中之一。

领导是决策者,并依法享有一定的权威,这使领导既没必要也没可能事必躬亲。领导又因作为一种机构的代表,权力的象征,需要在行事时有相关礼仪的配衬。秘书的岗位,紧贴领导,是直接为领导服务的,由秘书安排各种礼仪事项,自然再顺理成章不过了。礼仪是秘书的常务工作,在辅助领导进行决策的过程中,对礼仪程序作妥善安排,使领导在具体的活动中既体面又掌握主动,是秘书工作者办事能力的反映。如 A 企业的经理与 B 企业的经理在 A 企业晤面,秘书在事先将有关时间、地点通知对方,并认真布置好会客室,安排好茶水和午餐,准备好相关文件材料,精神饱满、态度从容地迎接 B 企业的经理并向 A 企业经理介绍,使会晤在以秘书为主营造的良好气氛中进行。这个开始也许会给整个晤面的结果带来影响。礼仪的周到,使人精神放松,心情舒畅,双方开诚布公,容易促使事情成功或好转。在某些

---

① 翁世荣等《现代秘书学》,第13页,上海人民出版社1990年。
② 向国敏《现代秘书学与现代秘书实务》,第6页,华东师范大学出版社1995年。

重要场合，领导需有些象征性的行为，如剪彩、奠基等，秘书必然要在事先作好准备，将必要的工具安排好，地点选定，并考虑到在象征性行为完成后，领导的合理退场。这种礼仪性的安排，虽属工作中较琐碎一面，却不可不做，而且事虽小影响却大，为领导个人、为企业都塑造了形象。当然，秘书只隐在这些体面的礼仪背后，秘书工作的特性之一是潜隐性。即使秘书人员代领导前去慰问、拜望某人时，起的也只是礼仪象征的作用，是代领导行事而不是以秘书本人身份行事。即使秘书的良好态度和典雅举止吸引了客人，客人仍首先记着的是"某公司有个好秘书"，而不是"某秘书在某公司"。所以，礼仪工作做好了，能在很大的程度上提高领导的工作效率；实现领导的威信。至于平时的文书往来，其中涉及到的文书礼仪，包括礼仪性的内容和礼仪套话，更是秘书为领导服务、辅助领导决策的一个常规工作，秘书必定要掌握这些知识，并要能娴熟地运用，以使自己更好地尽到秘书的责任。

（二）秘书礼仪工作与秘书人际关系

交往是人类社会的基本活动，凡是人，都有与他人交往的客观需要和主观欲求，人是不能脱离了整个社会而独立存在的。同样，社会的任何组织，也有与社会其他组织交往的客观需要和主观欲求，也不能脱离整个社会而独立存在。马克思就认为交往是人类历史发展的必然伴侣，也是人们日常生活和日常接触的必然伴侣。秘书，作为某个社会组织中专为领导处理各种人际关系的辅助者，社会交往活动是其主要工作内容之一。秘书工作的特点是跟"人"打交道。无论是他的服务对象——领导，还是在为领导服务的过程中，所形成的各种关系，归根结底，都是人际关系。处理好各种不同关系，是秘书工作艺术的体现，恰当地运用礼仪来理顺关系，对秘书工作总体效益的提高大有帮助。

首先，秘书与领导形成了紧密的固定关系，由于这种关系十分重要，双方在最初接触磨合的过程中都会小心翼翼，而一旦觉得不称心会立刻撒手。反之，一旦发现配合默契，便越发珍惜和依赖这种关系。一般说来，领导与秘书的关系越紧密，越富有工作创造力，但在实践中却未必如此，关系紧密了，有时也就结成了一种"同盟"，起到相反的负面作用。因此，规范领导与秘书的关系，除各种原则制度的保障之外，礼仪的"别异"仍有它有效的作用。礼仪可以帮助秘书工作者把准自己的地位，规范自己的行为，不僭越，不轻浮。尊重领导权威，尊重领导意见，按正常渠道上情下达沟通信息，同时也在礼仪中保全自己的人格尊严。

其次,作为中介机构,秘书还要与各职能部门和外部世界联系沟通,良好的礼仪,在沟通中有助于消除隔阂,增进理解。由于身处领导近旁,会使其他人对秘书有特殊看法,秘书人员这时除了以诚相见之外别无他法。以诚相见不仅是感情的真挚,也包括礼仪的周到。如尊重对方的地位、理解对方的处境、同情对方的困难、赞赏对方的成就等。通过这些,取得对方的信任。

在与外部世界的交往中,礼仪又是一个窗口,从中可以窥得一个单位的精神面貌和经营品质。即使在不成功的谈判与合作中,坚持有理、有利、有节的原则,从大局出发,从长远出发,或可以做到买卖不成友情在,或可以用原则和礼仪抵制交往中的不正常行为。

(三) 秘书礼仪工作与秘书自身提高

礼仪是社会的规范,秘书礼仪与整个社会的文明程度有密切关系。通过礼仪的学习和掌握。不仅能提高秘书工作者个人修养,还可由此推动社会的文明与进步。

由于工作特点,秘书人员的地位特殊,他既在单位内部起联系沟通作用,有时又在社会上成为本单位的窗口和代表,所以礼仪在秘书人员身上是"全方位"地体现的。首先,秘书人员的个人礼仪应该讲究。他是在一个"外向"性的岗位上,与多种对象打交道,如果不修边幅,不注重言谈举止,会直接影响来访者或被访者的情绪,并影响办公室同事的情绪。所以许多单位对秘书人员的衣着、饰物、化妆品都有规定。这种规定,当然不是针对某个秘书人员个人,而是针对秘书这个岗位的。此外,秘书工作者的礼仪知识、操办礼仪活动的能力,对在不同情况下的礼仪要求,应有较多较完善的掌握。要在礼仪活动中分清主次、内外,把握各种分寸、分量,对各国、各地、各民族、各宗教的文化风俗礼仪习惯有所了解,并在实践中融会贯通。尤其在21世纪,人类进入了一个新纪元,对许多客观事物的理解认识上了一个新的台阶,如保护环境,与动物友好相处已成为全世界的共识,礼仪行为也必须跟这种认识结合起来。倘在给外宾送礼时,把动物毛皮当作贵重礼品,就显得十分不合时宜了。酒宴上的山珍海味,也有许多不该成为饕餮之徒的腹中之物。倘礼仪活动中缺乏这种现代意识,是会使整个礼仪水平都大打折扣的。可见,礼仪是一种综合素质的体现,远不是懂外语、会电脑、人漂亮就能够胜任礼仪工作的。它的文化内涵十分精深,它的发展也紧随时代步伐,秘书人员必须不断学习,不断提高,才能在礼仪场合游刃有余。

当然,秘书人员的活动天地较大,社会关系网络也大,这是秘书人员工作的特点,好好地利用这个特点,不断努力提高自身的修养,将优秀品质和优良作风传开去,影响社会,从而提高社会成员的文明水平,增强他们的礼仪知识,带动他们的礼仪行动,那就是秘书人员对社会精神文明的贡献了。

## 二、秘书礼仪工作的特点

总起来说,礼仪工作都是沟通交流的手段之一,但秘书人员的岗位特殊,工作性质特殊,所以区别于一般的礼仪工作,秘书工作中的礼仪内容有其独具的特点。

(一)日常礼仪与专项礼仪的统一

当今社会,在许多地方都需专职的礼仪人员,如社会重大文化活动、节庆仪式、公关场合、单位内部活动、宾馆饭店入口处等等。由于整个社会的文明发展,人们日益重视各种礼仪形式和不同活动中的礼仪功能。因此礼仪行为成为社会公务活动中的普遍现象。在上述这些活动中,礼仪人员有些是临时的,如某企业要举行"厂庆"活动,从单位内部各部门抽调几位同志,在活动期间负责礼宾工作;或某活动进行最后的评选颁奖,由几位年轻女性充任领导、嘉宾颁奖时的奖品递交者和场地引导者。而有些又是专职的,如宾馆门口的导入者、饭店门口的迎送者。这些临时或专职的礼仪人员,其共同特点是单纯性。临时礼仪人员只需在具体活动中担当一些礼宾工作或具体事务,一俟该项活动结束,其礼仪工作也随之结束,工作人员回到各自原先的工作岗位,而且下次活动的礼仪工作未必还是这几位工作人员担当。至于那些专司引导、迎送或站立于大门旁的礼仪人员,虽是长期性的专项礼仪工作,但其工作内容十分单一,几乎是机械性的操作行为。

与他们相比,秘书人员的礼仪工作就大不一样了。秘书人员既要在各种专项活动中表现礼仪行为,又要在日常工作中从事礼仪活动,相对于其他人员礼仪工作的单一性而言,秘书人员的礼仪工作就是日常与专项的统一。

秘书礼仪的日常性是与他的工作内容紧密相关的。办文、办会、办事是秘书人员的常务工作,无论"文"、"会"、"事",都必然与礼仪相涉。在办文时,文书的形式、内容、语言都要讲究合乎规范要求,情感把握准确;在办会时,会场的布置、会议的接待、会务的安排,这些礼仪内容又是会议组成的重要元素;至于办事,则更多体现礼仪在日常工作中的重要性。秘书部门不是一个单位中的具体职能部门,它的业务就是处理各种关系,与各种"人"打交道的。从它的直接服务对象——领导,到各种事务牵连到的有关人员、外面的来访者、单位内部的员工、对外业务往来、外事交际活动,无一不是"人际关系",因此也就必然有"礼仪"的存在。妥善处理各种关系,准确把握各种不同场合的礼仪尺度,是秘书人员的日常工作内容,也是秘书人员工作能力的体现。

秘书礼仪的专项性,是指除日常工作所涉有关礼仪外,秘书人员还要经常直接参加或操办各种礼仪性的活动,成为这个礼仪行为的策划者或行为人。在陪同领导参加重大活动时,秘书人员虽可直接接触实质性问题,但拍板权并不在握,却可算是领导的一个礼仪性工具。当领导需要秘书人员代自己拜访、探望、结交某些对象时,这种专项的礼仪形式需通过秘书人员的恰当行为来传达领导的意图和情感。在重要会议、重大活动的筹备中,秘书人员除了作好全盘统筹外,对礼仪的细节更应事事过问,处处把关,具体到有几项礼仪安排、前后顺序、礼品规格、致词撰稿、环境布置等一整套礼仪内容,以保证会议或活动的正常进行,并通过良好的礼仪使本单位的公关形象在社会上、行业内占据一定的分量。此外,能否在一般会议或活动中设计一两项礼仪性的助兴节目,以增强气氛,融洽感情,也是秘书人员的分内之事。综上所述,秘书人员的礼仪工作,既体现在日常事务中,又有专门的工作内容,是日常礼仪和专项礼仪的统一。

(二)公务礼仪和私人礼仪的统一

社会的窗口行业,单位的窗口岗位,统一着装,规定用语,制定行为规范,是一种公务礼仪的表现。这些工作人员下班后,就不必以工作时的装束和语言动作来待人了。秘书人员则不然,他在上班时未必统一着装,工作中也没有什么操作规定动作的要求,但是却须将公务礼仪与私人礼仪结合起来,在具体场景中有机地使用礼仪规范。

秘书的工作场所是多样的:办公室、会议室、洽谈室;活动现场、操作现场、事故现场;宴会、游乐、出行以及诸如此类一系列的场合,都可以成为秘书人员的工作场所,都要求秘书适时地开展礼仪工作或作出礼仪举动。另一方面,秘书人员的角色也较独特,在辅助领导这个前提下,他实际的角色是随工作内容而转换的。有时,他是单位的全权代表;有时,他是管理层的主事;有时他是公勤服务人员;有时他是通信联络文书;还有时,他只以私人身份,却出现在某单位的公务场合。由于工作场景的多样性,秘书的角色表现也呈多样性,而角色转换了,所适用的礼仪也须随之转换。因此,刻板地以公务活动或私人活动来选择礼仪表现是不妥的,在实践中也不会有人这么去做。

这是秘书工作的一个著名例子:某公司的经理一清早大光其火地命令秘书小姐立刻向协作单位发出绝交信,以表示对对方破坏协作行为的惩罚。秘书小姐不动声色地写好了信,却没有遵嘱立刻发出。下班时,秘书小姐拿着那封写好的信问经理:"您还要发吗?"经理早晨的火已被一整天的工作冲淡了,他有可能仔细考虑一下行为的合理性,考虑一下发出绝交信的后果。面对写好而未发出的信,经理甚至庆幸秘书幸亏没发。在这个案例中,人们可以发现,秘书礼仪是完全应该灵活运用的。遵从领导指令,立刻做好领导交办的事,是公务纪律,也是公务礼仪——不可与领导当面顶撞。因此秘书小姐必须立刻写好信,而不可不写,更不能在领导大光其火的时候批评领导做法有误。然而秘书人员同时却巧妙地运用了私人礼仪,以私人感情的友善,心平气和,缓冲了紧张气氛,挽回了可能出现的僵局。倘这位秘书小姐纯以公事公办的"原则"去做,就可能让领导品尝感情用事的苦涩之果了。同样,秘书人员协调关系时,也不一定能单纯地"公事公办",以某种私人身份私人礼仪,如以学生的身份去拜见老师,以同窗的身份规劝老同学,却能起到公务礼仪公事公办所不能起到的作用。这就大异于流水线上的操作工或服务窗口的接待人员了,他们的行为动作、操作规范是不允许具有伸缩性的。当然,要说明的是公务礼仪和私人礼仪的统一,是指礼仪的运用,却不是指将公务和私事混淆,更不是以私人关系代替公务原则,或将公务关系化作私人交易。如果这样的话,反倒有悖于礼仪原则了。此外,从礼仪的原理来分析,只是运用场合的不同和礼仪表现的不同,公务礼仪与私人礼仪并没有本质的区别,并没有因截然的对立而不可通融,它只不过是通过个人的礼仪行为来达到组织的目的。以公关学理论来看,每个组织都有它特定而复杂的公众对象,公众在层次上具有组织、群体和个人三种形态,因而适应不同公众对象,适应公众对象的不同特点,才是施行礼仪行为的基础。何况,虽然以私人礼仪形式出现,它的实质还是组织行为的一部分,其行为的目的还是为公务。因此,秘书礼仪是公务礼仪与私人礼仪的统一。

(三)外在能力与内在修养的统一

秘书人员学习礼仪,运用礼仪,是秘书工作内容及岗位特性所决定的,礼仪当然包含技能成分,与行为者的礼仪知识、外在形象、工作能力紧密相关。一个漂亮的小姐,一个英俊的小伙,礼仪操办能力强,自然会引起来访者的注意,也使人愿意接近。但礼仪是文化表现,礼仪的支撑物是知识和道德。形于外的礼仪活动能力只有与行为者的内心修养结合一致,才是真实的,也才是美好的,有意义的。"礼仪知识是正派举止的核心,就像衣着是正派相貌的核心一样。穿着正派的人并不会有意去注意自己是不是穿了鞋,也许还得戴上手套。同样,知书达理的人也不会有意地遵守什么礼仪之规。因为礼仪的概念已经在他们脑子里深深扎根,成为一种天性,用不着刻意去遵守。"①美国著名礼仪学家E·波斯特的这段话证明了上述道理,只有知书达理,有高尚的道德修养,礼仪才能"发于内",成为一种素质,而不是仅仅作为富于表现力的技能。秘书工作是综合性的,它对秘书人员礼仪品质的要求远高于其他窗口行业或岗位,甚至可以说,与其重礼仪外在表现,毋宁说更强调内在修养。

外在能力和内在修养的统一,要求秘书人员努力提高自身的文化素养,不具备相当的文化知识就不可能根据来自不同文化背景的工作对象而调整自身的礼仪行为。礼仪在现代社会,随经济发展和技术进步而不断变化,文化也因此发展。秘书人员必然要掌握这些全新的发展的知识,了解各国各地各民族的不同传统和各自的变化历史,并熟悉现代科学技术的进步。文化素养高了,反映在礼仪表现上必然也就文明、规范,富有时代气息。

外在能力和内在修养的统一还要求秘书人员思想情操的高尚。行为与思想深度有密切关系,没有思想,礼仪行为不是情操的反映,而只是机械的操作,一时一事也许尚可应付,长此以往必流于庸俗虚伪。诚然,通过礼仪实践本身也可逐步陶冶行为者的思想情操,但那不是一蹴而就的,而是一个长期渐进的过程,因此不能指望在实践中立刻就能将礼仪行为升华为高尚情操品质。面含温馨微笑、永远莺声燕语的礼仪小姐倘没有发自内心的真诚,而只是职业表现,对人对己都是一种累赘,一种麻烦。秘书人员因角色

---

① E·波斯特《西方礼仪集萃》,第15页,三联书店1991年。

特殊,工作内容工作对象广泛,自然更忌虚假,更要求知识文化和思想情操综合素质上一个台阶。

在强调外在能力和内在修养统一时,还必须注重秘书人员心理素质的提高。诚恳谦逊、从善如流、豁达大度、不计恩怨的心理性格和坚强勇毅,追求真理的精神气质是秘书人员努力的方向,也是礼仪实践中必具的心理特征。在礼仪表现上,大国沙文主义或崇洋媚外的心理、老大自居或刻意巴结的心理、骄横狂妄或自抑卑下的心理,都与现代礼仪思想格格不入。此外,秘书人员自身的心理学知识也应提高,了解掌握礼仪场合一般心理表现和心理特征,会给自己的工作带来裨益。如了解了"第一印象"的心理效应,既可注意自己给人的第一印象,又可在别人给自己留下的第一印象中剔除虚假成分。

礼仪场合的种种规矩,种种行为规范,确实需要专门学习掌握,我们强调"发于内",并不否定"形于外"的重要性,不能想像一个有高尚修养和良好心理气质的人就会直接掌握各种礼仪要求和具体做法,他一定也需要礼仪实践的学习。只有把握了礼仪技能之后,才能发挥礼仪的最大功能,将礼仪体现在公务活动中,促使公务活动顺利健康地进行,也为社会的文明建设作出贡献。

总之,秘书人员的礼仪工作既有一般礼仪工作的常规特点,又有因秘书工作本身的特殊性而带来的特殊性,充分认识秘书礼仪的特殊性,把握好秘书礼仪工作的规矩分寸,才能在工作中进退自如,既不对人失礼,又不降抑自身,促进工作的顺利展开。

### 三、秘书礼仪工作的意义

#### (一)礼仪工作是秘书工作与生俱来的职能之一

从秘书工作产生那天起,"礼仪"便是秘书工作的重要职能,随着社会历史的发展,礼仪的内容和方式有了巨大的变化,秘书人员礼仪素质和操办礼仪活动的能力要求也有了相应变化,但无论这种变化多么广泛,多么深刻,礼仪工作从来不会离秘书工作而去。

**1. 从秘书工作的起源而言**

秘书工作起源于奴隶社会。国家的形成,文字的出现,管理工作的产生是秘书工作起源的必要条件。我国最早的秘书人员可推为"史官",它是自黄帝之始便被设立的官职。奴隶社会，史官执掌的工作内容极为宽泛，包括记录君王的言行，起草各项命令，收受各地递呈的公文，保管国家典籍法令，兼掌天文历法。同时，史官的重要职责之一便是负责主持祭祀婚冠大礼——这是典型的礼仪内容。到了战国时期，《周礼》详备地记载了周朝史官的职务和分工。在这本专谈"礼"的书中，详尽介绍史官的工作内容，使我们了解到这些工作内容必定是与"礼"有千丝万缕的联系。事实正是这样，夏代，宫中尚仅有"太史令"一职，而至商末，繁忙的国务活动需要更多的史官，于是出现了最早的秘书工作机构——"太史寮"。在太史寮中，掌管册命和祭祀的史官占有重要的地位。此后漫长的历史阶段中，无论宫廷还是各级地方官吏，其重要的公务活动或重大的祭祀婚冠一类事件，都有专司礼仪的人员，而这些人员的职业属性，从今天看去，定为"秘书人员"或"从事秘书性质工作的辅助人员"，应是较合适的。

**2. 从秘书工作的性质而言**

秘书工作从初始阶段杂糅一切，到在不同历史时期各有不同的称呼和含义，说明其工作内容有很大变化，但万变不离其宗，这个"宗"，就是秘书工作的辅助性。为了更好地辅助领导决策并处理事务，秘书承担了与自然与社会各种关系打交道的任务，这个任务中的一切安排打点，是礼仪工作的主要内容。"礼"的起源，与原始社会中的原始宗教祭祀活动分不开。先民们把对自然力量的虔敬化作一整套繁琐森严的礼仪行为，要求全体成员如法行事，这是对人具有威慑性的一种强制力量。这种威慑力量之所以对人起作用，主要固然还是先民内心的恐惧和膜拜，而外在执掌礼仪形式的人员，也是"礼"的一种代表。这个执掌者是什么人呢？无论他在当时被称作什么，其工作的实质特性，与"辅助性"特点是相符合的，他是以执掌祭祀来为领导权威的决策行为和国家重大活动作准备，作铺垫，作为行动的参考系数。领导权威无论是表示"顺天承运"，还是具体紧张的日理万机，在当时，总缺不了这种形式辅助，因为这种形式对领导权威行为的合法性和合理性起着重要的决定作用。

**3. 从礼仪的社会性本质而言**

"礼"是社会普遍的行为规范，用以调节社会人群的各种关系，决定行为的取舍。由此衍生的各种礼仪在社会中起着极重要的作用，制约着社会的价值取向，秘书工作对领导负责，在某种意义上来说是领导的脸面。技术水平高，工作质量好，办事效率快固然是秘书人员的重要素质体现，但礼仪行为的得当,职业形象的得体,是领导决策获得成功的有效因素。秘书的形象会影响客人或员工是否接受你们的要求或想法,通过秘书的态度、姿势、仪表、谈吐,给对方留下重要的印象,甚至是关键的印象。饱满的精神,真诚的热情,积极的态度,得体的举止本身也就是秘书人员素质高、业务精的体现。一般说来,领导之所以选聘秘书,很大程度上是为礼仪的需要,在礼仪的层面上开展工作,从而辅助领导进行决策活动。领导的决策往往是刚性的,强硬的,在具体执行中不容许有任何伸缩,而秘书的礼仪却是柔性的、弹性的,它可以缓冲决策的压力,调节决策带来的紧张,沟通因决策而产生的误解隔阂。在任何社会条件下,礼仪总是人们共同的需求。秘书人员不懂礼仪,不知礼仪,不屑礼仪,至少说明他不适宜在这个岗位上工作。

### (二)礼仪工作是秘书公关的辅助手段

利用宣传和传播的手段,使一个社会组织和它的公众相互了解和适应,这便是公共关系的任务。一个组织要取得并增进自己内部和外部社会公众的信任、支持,要为发展自己的事业而创造最佳社会关系环境,就必须采取一系列行动,树立自身组织良好的形象。秘书工作起着信息的汇总和传播的作用,建立良好的相互了解和信任的关系,树立组织及秘书本人在各界公众中的良好形象和信誉,是秘书公关的主要内容,而礼仪便是秘书公关的辅助手段。

**1. 礼仪是公共关系的题中之义**

公共关系以优化内外环境,塑造组织的良好形象,传播组织的良好信誉为目的。要实现这一目标,向社会提供高质量的产品或服务是物质基础,而作为该组织的成员,在与组织中的其他成员和社会公众发生关系时,所表现出来的协调程度,又制约着公关目标的实现。在公共关系中,离不开礼仪,要努力发挥礼仪的优势来为公关服务。礼仪可以调节感情,润滑关系,这与公共关系"内求团结完善,外求和谐发展"[①]的宗旨是相一致的。公关的对象具有不同层次,但无论是什么群体或组织,都是由"人"组成的,是不能撇开礼仪搞公关的。拙于策划会使公关实务失败,而疏于礼仪同样不能使精良的策划得以完满体现。可以说,公关是礼仪最适用的领域,对礼仪的领悟、把握和运用程度的高下,直接关系到公关实务的操办水平。同时,公关

---

① 王乐夫《公共关系学》,第12页,辽宁人民出版社1997年。

作为一种以传播手段来协调组织与公众之间关系的行为,不假以礼仪,也不能实现传播的双向信息传递。而由于公关活动中公众始终是变化着的,不定的,问题形成时有公众对象,问题一旦消失,这层意义上的公众也随之消失,所以礼仪总在各种公众对象中以新鲜的、积极的感觉体现,从而极大地帮助了公共关系的实施。

### 2. 礼仪是公关活动的第一重点

公关的对象是公众,即与一个社会组织发生直接或间接关系,对该组织的生存和发展有现实的或潜在的影响力的个人、群体或社会组织。这个"公众"具有整体性特点,即它在运行过程中,涉及组织内部外部的方方面面社会关系和社会舆论的总和。"公众"具有同质性特点,是指公众具有共同利益、共同需求、共同目的等共同点。它的可变性特点则指它处在不断的变化发展之中;而它的相关性特点又决定了"公众"不是泛泛的,而是在意见、观点、态度和行为上对该组织目标的实现具有现实或潜在的影响力、制约力,而组织的决策和行为也关联着公众利益需求。所有这些特点说明的都是一个,即公关的对象多种多样,形成了不同的员工关系、顾客关系、媒介关系、股东关系、社区关系、政府关系、名流关系等,要适应这不同的关系,依靠顺意公众,转化逆意公众,争取边缘公众,取得公众的信任和理解,绝对少不了礼仪。礼仪调节以双方的互相尊重为前提,又是互相尊重的外在表现,"公众至上"的公关原则,强调的就是首先要尊重公众。一些组织有时不能在公众面前过关,不能取得公众信任理解,除了实际公务的问题外,未能充分运用礼仪手段来取得公众的谅解,也是一个重要因素。

### 3. 礼仪是公关传播的媒介之一

公共关系的实务活动之一就是将社会组织的信息传播给公众,并把公众的信息反馈给社会组织的决策层。秘书要做好辅助决策工作,必须充分利用传播媒介,将信息有计划地与公众进行传播沟通。传播沟通有多种形式,其中大众传播媒介在当代社会已有巨大发展,在传播中起绝对重要作用。然而人际传播还是最基本的,没有人际传播,便是大众传播也不会顺利进行下去。人际传播,无论是通过仪表服饰、语言、举止等媒介进行,还是通过电话、电报、书信等媒介进行,都离不开礼仪表现,可以说,礼仪是传播的重要媒介。仪表、服饰、语言、行为的合乎规范、合乎场合的情感氛围,书面形式和书面语言的得体亲切准确,都是礼仪的运用。礼仪在公关实践中塑造着组织的形象,创造着组织的信誉。一旦这种形象和信誉受到损害,就必须设法清除破坏性因素,通过礼仪来改善形象,挽回信誉。在这里,"桃李无言,下自成蹊"的退隐和避重就轻、避实就虚的躲闪都是公关传播的大忌,而坦诚、热情、实事求是的态度才是公关实务中应有的态度。礼仪可以帮助体现这种真诚的态度,可以承载这种态度,有了这种真诚的礼仪表现,才能实现"和谐发展",争取支持的公关目的。

总之,在社会组织日益重视公共关系的今天,秘书人员的公关意识高下,体现了他的素质和能力。能否做到时刻关心组织的形象和信誉,经常通过各种传播手段与社会及公众沟通思想,一举一动尊重社会、公众,特别是国家利益,始终信奉多交朋友,少树不树任何敌人的原则,是一个秘书的工作者有无公关意识的重要标志。而礼仪则在公关活动的每一个环节都时刻存在,成了公关的载体,成了秘书人员进行公关活动时的重要辅佐。

### (三) 礼仪工作是现代社会文明发展的要求

礼仪起源于古老的原始的社会状态,代表的却是当时的文明发展。在人类进入21世纪的今天,人们更寻求一种和睦亲切的人文环境,礼仪工作的目的,也就是创造一种更宽松、更自如、人与人之间关系更和谐的文明社会。

**1. 礼仪是人类的共同需求**

马克思说:"社会是人们交往作用的产物"。人类的交往,是从物质生存需要开始的,然而当今社会,人们早已不是为了单纯的生存需要而与人交往了,随着物质文明的高度发展,人们的活动空间扩大,沟通的机会和方式大大增多,人们更多地希望通过彼此的交互作用来影响对方的态度、改变对方的行为,以符合自己的愿望,达成共同的意向,因此,礼仪成了重要的交往工具。礼仪虽有表面差异,但彼此地位平等,相互尊重,相互协作,相互关心,相互帮助是现代礼仪的基础。随着高度自动化、网络化技术日渐广泛地被使用,高度物质文明带来的社会现象之一是人们的交往更便捷、更频繁。在摆脱了传统的生产和生活的方式之后,人们渴求获得心灵的沟通理解,从而使紧张的生活节奏得到松弛,使物质化的人际关系得到润滑,使竞争的冲突得到缓和,而物质文明发展同时给人类带来的心灵隔膜也需要有相应的礼仪来调节。尤其是现代文明更讲究尊重人的个性,礼仪不仅不会在行为上、事务中影响人的自由发展,相反却能为人的个性特点提供恰当张扬的舞台。在不同场合、不同境遇、不同氛围、不同人际圈、不同性质业务往来中,凭借礼仪来面对生活中的各种情况和各种关系,作出带有鲜明个性色彩的应对处理,使人在行为上进入一个高境界的天地。可以说,物质文明越发展,礼仪就越成为人们的重要生存形式。它所体现的就是人类社会不断摆脱愚昧、落后、野蛮,体现的就是一个国家民族的文明、开化、兴旺,体现的就是社会中个体成员的修养层次。

礼仪在反映人们内心和个性特征的同时,又是人们如何应对外部世界的方式。"表现上礼仪有无数的清规戒律,但其根本的目的却在于使世界成为一个充满生活乐趣的地方,使人变得和易近人。"[1]礼仪也是现代社会维护国家民族尊严的重要手段。现代国际关系中,相互尊重国家主权是各国都应遵循的一条原则,涉外礼仪便充分体现这条原则。在涉外交往中,既要对自己的国家民族表现出高贵的自尊,也要对他国他民族表现出充分的尊重,礼仪是在表现对他国他民族尊重的同时体现自尊的重要外在形式。同时,礼仪还在涉外活动中充分传达友谊、合作之意,即使在具体项目上由于种种原因而未能达成一致,但合作的需求、协商的精神、友谊的宗旨还是存在,并将在以后的业务项目中得以继续体现。

**2. 现代文明为礼仪发展提供了广阔的舞台**

今天我们生存的星球不过是一个小小的地球村而已,人们纷纷打开国门,欢迎一切友好善意的朋友,接待一切愿意来访的客人,也力图与曾是敌手的对象对话、沟通、谅解。社会人群早已摆脱了以往各自为政、以我为主的交往策略,而以"全球"为考虑,以"国际"为基点。我国改革开放的不断深入,市场经济的确立,也为我国与国外的沟通交往敞开了大门。礼仪的形式和内容在全新的交往格局下有了发展。

(1)现代生存条件为礼仪活动拓展新的空间

现代礼仪随社会的进步而变得日益重要,它的舞台和舞台上的演出者都呈全民化。一个人,一个单位组织,一个国家民族,以多种途径,通过千丝万缕、错综复杂的各种关系,与他人、他组织、他国、他民族结成各种网络,以求共同发展。这种求生存、求兴旺、求共荣的需要,促使人们加紧联系,以创造各种更有利的条件,抓住每一个可能的机会。政治、外交、经贸、文化、军事以及民间往来等各方面多层次的国际交流,一些涉及全球的问题如环境保护、艾滋病研究、反毒、反恐怖等引起全球关注,国与国的利益相互依存,

---

[1] E·波斯特《西方礼仪集萃》,第15页,三联书店1991年。

国际贸易、世界市场迅速扩大,科学技术迅速发展,促使礼仪活动全面展开。同时,交往也给人们的精神生活带来健康活力。社会人群需要在现代社会生产的条件下寻求人的心灵家园,情感的港湾,需要理解和尊重,沟通过从就是生存的重要环节,相应的礼仪自然也就是老年人、中年人、青年人以及少年人共同的凭借工具。

(2) 科学技术的发展为礼仪行为创造新的方式

现代社会,人们的礼仪行为由繁而简,讲究实效,以适应生活节奏和社会变革的快速化,社会提倡遵时守约,恪守信诺,在礼品的赠予和收受上也以情义为重,不唯求物质价值。人们在注重实效中更了解和尊重对方,而不是凭繁文缛节来检验对方的诚意。具体礼仪程式更是灵活:日程安排上更加紧凑,实质性的谈判更被重视,宴会不以铺张为崇尚,陪同宾客的人数有所压缩,礼节性的发言尽量减少,生活接待讲究安全、方便、舒适。针对这种趋势,礼仪借助现代高科技手段,突破了旧有窠臼,展现了新的活力。人们在互联网上互致问候,凭电波传达情义,用贺卡贺电等表示自己的情感,反映某种关系。应该说,现代科学技术不仅提高了生产力,而且也使礼仪有了从重形式到重内容的进步的可能。网络能为一些常用、通用的礼仪设计专用软件,打开软件,可以凭自己的需要选择各种礼仪用品和礼仪程式。同时,礼仪行为的简化也为人们在思想上认识礼仪的实质提供了条件,无论官方或民间,人们已普遍承认礼仪"点到即可",与时俱进。我国的迎宾仪式已从机场改在人民大会堂东门外广场,我国民间贺新岁已不提倡燃鞭放炮,这些都是现代社会给礼仪带来的新变化。

## 思考题:

1. 何谓礼仪?现代礼仪经历了怎样的发展过程?
2. 礼仪有哪些特征?
3. 秘书礼仪工作有什么意义?它的特点是什么?

# 第二章　秘书礼仪工作的范畴和原则

因为秘书礼仪工作既与社会一般礼仪有共性,又有其自身的特点,所以,要做好秘书礼仪工作,就应深刻理解它的职能,了解它的工作范畴,掌握其基本的原则,熟悉有关法规、纪律。

## 第一节　秘书礼仪工作的职能

### 一、以礼仪塑造组织形象

组织形象是社会公众对某一组织的总体评价和综合印象。目前世界经济形势发生着重大变化,多元化的经济格局和国际市场一体化的趋势正对中国社会产生着深刻的影响。我国企业面临日益激烈的国际竞争和国内市场的竞争,若要在这样的环境下生存和发展,必须有一种主动适应变化着的环境的能力,使资金、技术、信息、人才、产品的流通性更大,产生最大效益,并以迎接挑战的姿态参与国际经济大循环,增强国际市场竞争能力。在这风险与机遇并存的挑战面前,调动一切积极因素,利用一切有效手段,提高组织的知名度和美誉度,从而建立良好的品牌信誉,树立良好的组织形象和良好的企业员工个性形象,是每个社会组织的至关重大的问题。秘书人员就要充分利用自己的独特身份,在塑造组织形象的过程中发挥独特作用。礼仪是现代社会公共关系的辅助手段之一,组织形象的塑造离不开礼仪。

我们在前章已经说过,礼仪是公共关系的题中之义。在塑造组织形象时,礼仪手段的恰当运用,正是组织形象的反映之一。要树立良好的组织形象,除建立产品信誉,运用象征性标记外,企业员工的精神风貌、服务态度、业务水平、装束仪表，都是组织形象的一部分。秘书人员首先要在自己的个人形象上注意维护企业形象，让社会公众通过秘书而对组织产生好感。同时，在企业的管理活动和日常工作中，也要提醒和教育员工注意自身形象，维护企业形象。某自来水公司的一个业务人员在外出执行任务时，不听小区纠察的劝阻随意停车，继而又随地吐痰，当小区居民王先生指出他这些行为有碍公共秩序时，他竟恶语伤人，大肆耍泼，以致被扭送到派出所。这个员工的行为严重损害了企业形象，该自来水公司的领导责成秘书一定要严肃处理此事。秘书来到派出所，首先向王先生赔礼，并向王先生致敬，肯定他的做法是正确之举，有助本公司维护自身形象。第二天，秘书又请公司领导和那位员工一起上门向王先生赔礼，慰问，并当场聘请王先生为企业行风的社会监督员。以后，秘书与王先生保持着经常的联系，请他为本公司的行风改进献计献策。王先生本来因那员工的行为十分恼火，认为该公司的管理太不像样，企业对员工的教育太差。但在秘书人员的登门致歉、要求犯错误员工当面认错、平时常有问候和请教等一系列行为的感染下，改变了对自来水公司的看法，当水费调整时，他在小区内替自来水公司宣传水费调整的依据，宣传节水就是节约能源的知识。自来水公司礼待王先生的举动，不仅安慰了王先生本人，也改善并提升了公司的组织形象，还赢得了社会的理解和支持。因此，秘书的塑造组织形象，并不是像企业大部分员工那样通过对具体的产品工艺质量和操作技术等划一的客观水平来体现的，而是以柔性的、灵活的、情感的礼仪方式来体现的。

　　以礼仪塑造组织形象，不仅在于可对损害组织形象的行为进行及时补救，还表现在组织遇到误解或意外事故时的危机处理。如在一次意外的火车事故中，有十几个外国旅游者不幸罹难，一时气氛紧张。此时，除了政府有关方面竭力做好各项善后工作，秘书人员以亲切的笑脸，真诚的歉意，切实的慰问，坦诚的承担，协助有关方面安抚死伤者家属，协调各方关系，重塑着中国旅游安全和交通安全的形象。

　　礼仪手段的恰当运用，又与秘书人员的公关意识、形象意识大有关系，主动地、有意地通过礼仪来体现组织的形象，是每个秘书人员的基本职能之一。

## 二、以礼仪推动企业文化建设

　　现代社会的企业管理越来越注重人的主动性和创造性，"企业文化"的概念也由此应运而生。企业文化是企业在自身生产经营实践中形成,为全体员工认同的企业群体意识和行为准则。它既指表面的物质文化,如厂歌厂旗、产品形象、厂容环境等;又指结构性的制度文化,如领导体制、组织结构、规章制度等;还指深层的精神文化,如价值取向、经营哲学、行为准则等。无论它的哪一层意义,都与礼仪有一定的关系,因此,秘书人员应充分认识礼仪在企业文化建设中的作用,在推动企业文化建设的进程中,尽可能地发挥礼仪所具有的加强个人修养、调节人际关系的职能。

企业文化的核心是精神文化,它对企业的发展起着重要的促进作用,管理层如果能通过精神文化的作用来调动员工的积极性,将产生巨大的物质效应,形成强大的生产力。秘书人员在辅助领导决策、协助制定各种管理制度时,应树立以"人"为本的观念,在严密、强制的制度下,注意以礼仪、道德的精神感召力启发、诱导企业员工规范自己的行为,体现企业的精神,维护企业的形象。通过礼仪的规范作用,使员工自觉地为自己的不当行为内疚,从而自觉调节行为。企业的某些礼仪仪式如升厂旗、唱厂歌等,体现的也是企业的精神,秘书应协助企业领导筹划这类活动,设计厂旗,编撰厂歌,使企业的精神深入人心,成为企业员工的自觉行动。这样做,使领导层便于协调和控制全局,而秘书辅助领导的意义也被充分体现。

企业员工的人际关系,思想交流,感情沟通,也是企业文化的内容之一。企业作为社会的一部分,自然要反映社会的价值取向,道德观念,此外,在企业内部,工种的区别、技术水平的不同、收入的差异以及各员工个性、家庭状况的独特都可能引起人与人之间的碰撞、摩擦,这种碰撞与摩擦若得不到较妥善的处理解决,对员工本人的精神和企业的工作都将造成极大的伤害,矛盾若有激化,甚至会危及社会安定。运用礼仪手段,也可缓解矛盾,协调关系,促进感情沟通和思想交流。礼仪作为开启心灵的钥匙,使员工求大同,放眼未来,将个人的理想与企业的发展和他人的发展联系起来,在同一目标的感召下,齐心协力,增强对企业目标的认同感和作为企业一员的使命感、自豪感,产生对企业的归属感,形成强大的凝聚力,从而焕发出高度的主人翁意识和积极向上的精神面貌。精神面貌的积极健康,又将进一步促成文明礼仪的企业文化氛围的发展,使每个员工的价值能在这种文明礼仪的环境中得以更充分地体现,才智能更充分地发挥,尊严能更被重视,这些又会反过来促进企业的凝聚力,形成良性的循环。

企业文化是以人为中心的管理软件,相对以物为中心的"理性管理"而言,它是一种"灵性管理",礼仪在企业文化建设中,对我们认识现代企业的生存发展的必要条件,对规范企业员工的群体意识和行为准则,对调动一切积极因素,都有重要的推动作用。

## 三、以礼仪架起信息桥梁

信息对现代企业来说,可谓至关重要。企业的一切生产经营活动,都有信息在直接间接地作用着。信息的广泛传播和应用,促进着生产力的发展和经营管理质量的大幅度提高。随着信息传播与应用规模的逐步扩大,它将源源不断地创造出新的社会财富。信息还是一种人们可以共享的特殊物质,在互相传递交换的过程中,信息不断地更新和增值,也不断地影响着企业的行为和领导的决策。秘书人员是"以全面处理信息和事务的方式直接辅助领导实施管理"[1]的,说明信息工作是秘书人员本职工作的基本内容之一。

信息工作的第一环节是信息收集,它要求主动、积极、广泛开辟信息来源,运用各种手段获得信息,一旦信息加工完毕,又应将信息迅速传递出去。在这个信息的进与出的过程中,秘书人员应充分认识到礼仪是重要的信息输送桥梁。

在企业行为中,不同的政策方针,不同的经营方略,会产生不同的礼仪做法。从对象的亲疏变化,过程的繁简不同,可以发现礼仪本身就是一种信息,它体现了礼仪行为的主动者政策方略的变化,礼仪的效用在这里被扩大了,成了一种方向标和寒暑表,这在社会生活中屡见不鲜。如 A 公司的新经理刚上任,就接到 B 公司经理的热情洋溢的祝贺信,而这两家公司在过去的交往中曾因利害冲突而生嫌隙。一封祝贺信,既是一种礼仪表现,更是一种寻求和解沟通的信息表示,AB 两公司可能由此走向新一轮的合作。

礼仪也会使信息的传播渠道更加畅通。信息要求及时、保真、系统,倘信息渠道不畅,就达不到及时、保真、系统的要求。为了做到这些,秘书人员必须广泛开辟信息来源,运用多种手段获取信息。除了社会各种大众传播媒体,还要建立自己的信息网络,礼仪就是建立和维系这个网络的重要手段。以礼相待,以诚相见,以互利为前提,以双赢为目标,才能在社会上找到

---

[1] 向国敏《现代秘书学》,华东师范大学出版社 1997 年。

朋友,建立合作关系,避免信息的封锁和传输干扰。随着信息成为全球资源配置和生产力发展的关键要素,信息在社会生活中的重要性日益增强,信息技术也在以惊人的速度发展,它已经并将更深入地影响我国社会各种关系,企业的生产、经营、管理都将会有更大的变化。正因为此,礼仪在信息社会的桥梁功能才尤显其重要。它在"嘀嗒"一声传四海的信息传播中,滋润着、关切着、温暖着冰冷的计算机的无法顾及之处,是亲睦合作伙伴的途径之一。现代社会更重协同发展,在商务活动中,一个重要的原则便是协作各方互惠互利,那种以强凌弱、以富欺贫、以大压小的行为早已被市场所否定,在平等的协作中,礼仪可以调节气氛,润滑关系,加强团结,确保协作的健康发展和顺利进行。秘书人员要懂得珍惜各种协作关系,学会适宜地调节气氛,恰当地用礼仪手段表示致谢、致贺、慰问、关心,广泛地参与各种公关活动或交际活动,不失时机地结交新朋友,巩固老关系,哪怕是递上一张名片,在办公室打出或接进一个电话,在公众场合的一次点头握手,都应认真诚恳,从而加强情感交流,并及时用礼仪修补被破坏的或处于冷淡中的关系,以使合作各方更亲近,更融洽,也就更理解,更信任,合作的成功可能越大,发展的机会也就越多。

礼仪的职能在秘书工作的各项业务中有着广泛的体现,它一般不是单纯地出现在人面前,而往往是与秘书人员的其他工作,如公关活动、管理活动配合出现,但它在工作中的重要性是显见的,没有礼仪,就不能形成健康和睦的内外关系,不能完成各种发展计划,不能达到既定的目标。秘书人员一定要重视礼仪工作,提高礼仪水平。

## 第二节　秘书礼仪工作的原则

### 一、秘书礼仪工作的范畴和形式

(一)秘书礼仪工作的范畴

秘书工作面宽量大,礼仪工作又往往是混杂于各项工作中的,要将秘书礼仪的范畴种类作一划分,只能是宜粗不宜细的。

秘书礼仪工作,从秘书人员所要应对的不同工作对象来分,大致包括这些范畴:

**1. 个人礼仪**

个人礼仪是指秘书人员在工作中应有的仪容举止、工作态度和人际交往的基本礼仪技巧,如介绍、寒暄、招呼、攀谈等。

**2. 公务礼仪**

公务礼仪是指在日常公务活动中应遵循的礼仪规范,如迎来送往、会见会谈与谈判、公务及事务文书的撰写、礼仪函电、公关实务、工作环境的文化氛围布置及各类公务仪式中的礼仪。

**3. 涉外礼仪**

涉外礼仪是指在参与外事活动时应遵循的礼仪规范。其中包括了上述两种礼仪,但要求和做法又有不同程度的区别,要了解不同国家、不同地区民族的特定礼仪风俗,并应按国际惯例办事。

### (二)秘书礼仪工作的表现形式

秘书礼仪工作的表现形式,是随工作环境和工作对象的不同而呈多样性的,以物质载体来划分,可以概括成如下四种。

**1. 语言类礼仪形式**

语言是思维的物质外壳,是人类的交际工具,也是礼仪最基本的载体。语言又可分为口语和书面语两类。在秘书人员的礼仪行为中,不仅要根据不同时间、不同地点、不同对象而分别说不同的话,而且口语的不同音调、不同节律,也表现出不同的态度和修养。书面语中用词表意明确、感情色彩恰当、行文格式标准、书写工整漂亮,是书面往来的最基本礼仪规范。秘书人员除了要有一般语言文字能力外,还应了解各种特定的用语,如对特殊人物的特定问候、岁时更迭的习惯说法、红白喜事的常用语句、公务行文的关联词语、一般函札的规范格式等。语言表现其实是修养的表现,它受逻辑水平、情绪变化的影响,也体现一个人的行为规范和社会公德水准。

**2. 形体类礼仪形式**

通过身体各部位的某些特定动作或面部表情来表示思想、传达感情,这就是形体类礼仪。人的动作能力很强,往往又对这些动作或表情赋予特殊含义。如"眉头一皱",表示"计上心来",又如歌里唱的"如果高兴你就拍拍手",以"拍手"来表示"高兴";还有中外许多民族将竖起拇指来表示称赞。

人的动作从点头到跺脚都有传达礼仪的特殊效果,特别像握手、拥抱等已成了国际礼仪惯例,秘书人员应该多了解多学习不同国家不同民族的礼仪习惯动作,增加交流的广度和深度。表情必须真诚,微笑永远是让人欣慰的,即使是对关系不太融洽的人,甚至是敌手,也不该笑里藏奸,笑里藏刀。双眼是人心的镜子,哪怕什么也不说,什么也不做,但那"深深的一瞥"足以令人欣慰,而"两眼间或的一轮",却传达出祥林嫂的麻木和绝望。秘书人员要善于察言观色,最主动最恰当地运用各种礼仪手段为工作服务。

**3. 饰物类礼仪形式**

语言和形体都是"人"的主观礼仪表现,而若将"人"对礼仪的理解设计物化、对象化,则成了饰物类的礼仪形式,这实质是语言类礼仪和形体类礼仪的延伸,即通过服饰、器物、环境等客观的东西来体现礼仪。

不同的服饰,可传达不同礼仪的内容,也体现主人的精神面貌。如一个企业的厂服选择了特定的颜色和式样,为的是体现这个企业的文化精神,增强企业的凝聚力。服饰的使用也是对人的一种包装,这种包装必须是体现内容,为内容服务的,而不能与内容没有联系或过度包装。每一种服饰都应该蕴含着情感,有些是表示特定礼仪的,如白色的婚纱、黑色的丧服、头戴的不同花色花型的发饰。

器物是一种体现礼仪的象征性器具,如专用的烛台、花瓶;丧礼用的黑纱、小黄花;婚礼上用的喜糖和生孩子用的红蛋等,这些都是用器具来象征一种礼仪内容。

环境是指礼仪环境的布置,如打扫屋里屋外、铺上红地毯、插上鲜花、挂上奖旗奖状、写出大红标语横幅等,都是环境的布置,作为一种礼仪形式,配合着礼仪的主旨体现。日常环境的整洁,给同仁、员工和客人一个愉快、悦目的感觉,也是企业文化以人为本的精神体现。

**4. 仪典类礼仪形式**

仪典类礼仪形式是指用特定仪式或庆典来完成礼仪活动。它或表示隆重庄严,或追求热闹影响,或达到纪念目的。升旗仪式、阅兵仪式、宣誓仪式等是以仪式表示隆重庄严、虔敬赤诚,这是古代"礼"文化积淀至今的发展。厂庆、校庆、名人诞辰忌辰纪念日的礼仪活动,主要为纪念一种精神,一种传统或一位名人,并可达到弘扬优秀文化的效果。有些庆典活动主要是企业或单位的公关行为,要的是有一种热闹的声势影响,以传播自己的组织形象;或是亲友间借庆典之名义相聚欢叙。国家的重大庆典仪式和迎宾仪式,往往要铺红地毯,检阅三军仪仗队,鸣放礼炮。而民间的婚丧仪式也有自成体系、自有特点的一套过程和相配套的器具。

此外,我国的酒宴十分盛行,几乎每事必酒,因此,各种不同规格的酒宴礼仪形式既是传统文化延续至今的礼俗,也是最常见的礼仪惯例。

上述四种礼仪形式,并非单一地独立地使用,也不可能单一独立地使用,它们总是在礼仪活动中被综合使用的,人们握手、拥抱、寒暄、献花、赴宴……都是以礼仪活动本身的效果作考虑的出发点,什么能最好地体现礼仪活动的目的,达到最理想的效果,就决定采取怎样的礼仪手段。

## 二、秘书礼仪工作的原则

秘书礼仪工作紧紧围绕秘书"辅助领导"这个根本任务,一切礼仪行为都从这个关节点出发,因此,秘书人员的礼仪工作须遵循以下几点原则。

### (一)真诚平等

真诚平等的原则,是秘书人员礼仪工作的第一原则。真诚,指的是真心诚意的友善表现,实事求是的客观态度;平等,指的是人格的平等和礼仪活动中各方所执之礼的大体相当。

礼仪有形式和手段的成分,但在这形式和手段的成分中,应当体现秘书人员的真诚情感,不虚伪做作,不吹牛诓骗,在交往中能正确认识对方,相信对方,并给对方机会。真诚就要讲信用。现代社会,信用是任何组织或个人生存发展的必要条件,它关系到组织或个人的形象,影响到市场的竞争力或个人的亲和力。中国传统道德主张"言必信,行必果",就是强调做人要真诚,要信用,要努力践约,一诺千金。真诚还表现在交往中要遵纪守法。礼仪是道德的表现,它与法纪有天然的联系。在交往中,只讲一团和气而不讲原则,只讲亲睦关系而不顾制度纲纪,将正常的交往庸俗化,声色犬马灯红酒绿中形成的交往关系和达成的交往目的,都不是健康真诚的交往礼仪,而是互相掣肘,互相利用,是与礼仪本身的内涵背道而驰的。国际公共关系协会1961年的《国际公关协会行为准则》和1965年的《国际公共关系道德准则》都重视公共关系健康发展,强调信息的真实性和充分交流,以对社会和公众利益负责,尊重社会和公众。它强调要避免因某种需要而违背真理,不得参与任何不道德、不真实、有损人类尊严与诚实的事实,以充分尊重和维护人的尊严和价值。这条准则,应该成为广大秘书人员的人际交往基准,它的核心就是真诚和平等。

礼仪的平等是真诚的派生,精神上真诚了,行为上才能体现出平等。没有平等,交往中的礼仪就成了施恩与受恩,会使受恩一方产生精神上的压抑和人格上的屈辱,礼仪变形为枷锁,牢牢地套住了一方,使他在受恩时也受制于对方。平等不仅是人的尊严的平等,礼仪规格和表现的相对应也是平等的内容之一。它包括在礼仪活动中注重"礼尚往来",如一方对另一方表现出的礼数应有对等的反应,表现为回答对方的致敬或致礼,答谢对方的宴请,及时对对方的来访进行回访等;另一方面,在礼仪活动中,要注重平衡,如按国际惯例,在国际会议上,各国代表的位次,不是按国家的大小强弱状况来排序,而是按会议所用文字的国名的字母顺序来排列的。在签订条约协定时,应遵守"轮换制",即每个缔约国在其保存的一份文本上名列首位,由它的代表在这份文本上首先签字。这种平衡的做法,体现的也是平等的原则。

说真诚和平等是礼仪工作的首要原则,并不是要求在礼仪场合不顾一切地袒露胸襟,假如不顾对象、不顾后果地表明自己的态度,发表自己的观点,会使自己被动,也会引起别人的尴尬和不悦,这是不尊重他人的表现。因此,不必胸无城府、口无遮拦,也不应以个人好恶评价别人,不应以个人生活习惯和工作作风强求别人。真诚平等不是不要含蓄,不要说话技巧,而应彬彬有礼,既不使自己被动,又给对方留有充分余地,从而表现出你最大的热情。

(二) 规范适度

礼仪工作并不是虚伪的客套,而是现代社会文明交往的客观需要,因此,礼仪要合乎规范,切合场景,表现适度。

礼仪规范首先要使礼仪行为符合国际惯例、社会规则,无论是涉外交往还是国内交际往来,都要注重这点。任何一种礼仪行为都有一定的规则,体现着一定的文明精神。如礼宾活动尽管细节各有不同,但体现对远道客人尊重敬意的文化心理是一样的;又如向贵宾献花的一般总是儿童和女青年。再如中国民间不兴以"钟"相赠,认为这与"送终"有谐声,乃不吉之兆,我们就不必以为这是迷信而非欲破除不可,这样做,只可能事与愿违,迷信未破成,友情却破了。有些不成文的国际惯例却是礼仪工作的基本要求,如交往中要为各方的内部情况保密,交往各方要在公平的基础上竞争,不得向自己现有客户的竞争对手提供服务等,这些都是礼仪的规范,只有以真诚的热情来规范地表现礼仪,才能达到礼仪的目的。礼仪规范还要求礼仪行为与不同的外部环境相配合。不同的礼仪要求有不同的情景,一旦这情景呈现为适应的外部环境,必须以积极的态度响应,如庆典活动的情景是热烈、喜庆,在这个氛围中,秘书人员的服饰、仪容、神情、语气等都要与环境氛围相配,所执之礼也应与之相符。正如有人家喜添男丁,四邻竞相祝贺,却不能说"总有一天这孩子会死",话也许是符合客观规律的,却大悖于人伦道德,大谬于礼仪。在追悼会上,浓妆艳抹,锦衣绣裙,也与环境气氛不符,此时倘再大声寒暄,而不是低沉地向丧主表示哀悼之意,就更不合礼仪了。

除了执礼要规范之外,礼仪工作还应注重适度的问题。适度就是要恰到好处,恰如其分。礼仪规格要与受礼者的身份相应,如接待规格,对方是董事长,我方也应由董事长出面,对方是经理,我方也应由经理出面。一般说来,主方身份可略高于客方,以示对客方到访的重视和诚意,但主方身份若低于客方,则是失礼怠慢的表现。赠送礼品也不能太奢华或太寒碜,以免引起受礼者的不安或不快。礼仪的结果不应使对方紧张或难堪,像滑稽戏里的饭店服务员,逢客便大赞其"伟大"、"伟大",反闹得客人莫名其妙。礼仪的目的是为亲睦合作伙伴,架起沟通的桥梁,所以礼仪的表现应该从容、温馨、不失态、不失格。彬彬有礼而不低三下四,热情大方而不轻浮谄谀,自尊而不自负,坦诚而不鲁直,信人而不轻信,谦虚而不拘谨,老成持重但决不圆滑世故。这些分寸的把握,必须在秘书礼仪工作的长期实践中才能摸索出经验来。掌握适度的同时,秘书人员应摆正自己的位置,充满信心地与人交往,不自卑胆怯,委曲求全,但也要严于律己,自我约束,自我修正,从而在礼仪工作中把握好分寸,视具体情况的不同,使用相应的礼仪。

(三)宽容尚美

人际交往倘不讲究宽容,是很难和睦相处的。宽容是一种高尚的情操,它容许别人有行动和判断的自由,对不同于自己或传统观点的见解有耐心公正的容忍。由于秘书人员工作对象特殊,接触面广,各色人等五花八门,在秘书人员的礼仪工作中,尤其要懂得宽容。秘书应善解人意,不斤斤计较,不蝇营狗苟,不纠缠细枝末节的小事,不妨设身处地地为对方想一想,多多体谅别人。倘对方有过错,不要将他从此一棍子打死,而应予一定的期待和信任,鼓励对方重新开始。在情况不明时,也不能胡乱猜忌,即使双方意见严重分歧,也不该将问题扩大化,而应力图求大同存小异,个别场合甚至求小同存大异,也要与对方相容相安,这样才能争取更多的朋友。能与别人相容的另一个好处,是会使我们在礼仪交往中更多地学习对方,达到互补的目的。随着西部大开发,东西部交流交融的更深入更广泛,随着改革开放深化,涉外交往日趋增多,秘书人员的礼仪工作内容也越来越复杂多样。在这种形势下,秘书人员要主动积极地学习其他地域、其他国家、其他民族的礼仪文化,以利于提高自己的礼仪工作水平,促进礼仪文化向更新更高层次发展。礼仪是一种文化积淀,在互相交流和学习中,可以促进对对方文化的理解,有利于交往的深入进行。在礼仪的互相学习中,可以改进自己礼仪行为中的一些陈规陋习或繁文缛节,使礼仪发展更趋向现代文明简洁,礼仪习俗的互相碰撞,可以催生新的礼仪,使礼仪的沟通面更纵深,适用面更宽广,为文明的发展服务。固步自封,排斥敌视其他地域其他国家民族的礼仪文化是可笑和愚蠢的行为,它反映的不仅是礼仪的局限,更是心理的狭隘和文化的浅薄。

礼仪尚美。无论是它的外在表现还是它的本质内涵,都是为"美"而形成的。生气勃勃的精神面貌表现出形象美和风度美,让人感到一种自信力;亲切的微笑将内涵暗示了出来;得体适宜的服饰使你与环境和谐一致,传达出你优雅的亲和力;稳重大方的举止显示了你的能力与修养。这是礼仪的外部魅力。作为调节人际关系的行为规范,礼仪更重行为主体的精神境界,气度胸襟,洞察力和判断力,这是礼仪的内核,有了这个内核,礼仪才可能显示它的全部功能,发挥它的全部作用。因此,尚美的原则是内在美与外在美的统一,它结合精神和物质两方面,由思想情操为基础决定人的行为风范,体现人的道德观念。它以仪表和环境给人耳目的愉悦,又以热情和真诚给人精神的信任,并以宽厚和容忍给人心理的安慰。通过这些,礼仪的交际功能、润滑功能才得以充分体现,礼仪的行为规范功能才有广泛的意义。

秘书人员的工作头绪多,牵扯面广,在平时的礼仪工作中,一定要充分认识和真正把握礼仪工作的原则,自觉主动地增加礼仪知识修养,调节自己的行为,提升自己的品位,把工作做得更好。

# 第三节　我国宗教、民族和外事政策

礼仪工作，必然是外向的，它要面对四方来客，八方宾朋，与各国、各地、各民族、各界进行交往，这种交往是秘书工作的根本内容——辅助领导所决定的，目的是为了增进友谊，加强了解，互相沟通，利益双赢。要保证这个目标的实现，不仅要掌握礼仪的一般规律和技能，还必须了解和掌握党和国家的各项有关政策，尤其是我国的宗教、民族和外事政策，才能保证在各种礼仪交往中，充分尊重对方的宗教民族特点，遵守各项外事纪律，既坚持原则，又灵活处事，既热情周到，又不失体统，使礼仪工作真正成为秘书人员其他工作的助推器。

## 一、我国宗教政策的基本内容

宗教是人类社会发展一定阶段的历史现象。宗教信仰、宗教感情以及与这种信仰和感情相适应的宗教仪式和宗教组织，都是社会的历史的产物，世界三大宗教在我国都拥有大量的信徒，并有许多宗教组织，随着我国的改革开放的不断深入，这些宗教组织和信徒与国际有关宗教活动和人群的联系将更加广泛。在坚持"中华人民共和国公民有宗教信仰的自由"和"我国教徒自办宗教"的前提下，我国的宗教政策主要有以下几方面内容。

（一）尊重和保护宗教信仰的自由

尊重和保护宗教信仰的自由这一政策，包括两个方面，即既有宗教信仰的自由，也有不信仰宗教的自由，这是同一问题的两个互为联系的方面。宗教信仰自由政策的实质，就是要使宗教问题成为公民个人自由选择的问题，成为公民个人的私事。因此，一定要坚持宗教与政权、司法、教育分离的原则，绝不允许利用宗教反对党的领导和社会主义制度，破坏国家的统一，民族的团结。

## （二）团结宗教界人士，发挥爱国宗教组织作用

我国宗教组织的基本任务，是协助党和政府贯彻执行宗教信仰自由的政策，帮助广大信教群众和宗教界人士不断提高爱国主义和社会主义的觉悟，代表宗教徒的合法权益，组织和带领信教群众进行正常的宗教活动，办好教务。一切爱国宗教组织都应当受党和政府的领导，党和政府的干部也应当善于同宗教组织和宗教界人士协商合作，支持帮助他们自己解决自身问题，而不要包办代替。

## （三）保障一切正常宗教活动

一切正常宗教活动，在宗教活动场所内进行的一切正常宗教行为，都在政府宗教事务部门的行政领导之下，由宗教组织和宗教信徒治理并受法律保护，任何人不得干涉。原则上，一切宗教活动应避免妨碍社会秩序和工作秩序，任何人都不应当到宗教场所进行无神论的宣传或在信教群众中发起有神或无神的辩论。同样，任何宗教组织和信徒也不应当在宗教场所以外布道传教，宣传有神论，散发宗教传单和其他未经政府主管部门批准出版发行的宗教书刊。保障一切正常的宗教活动，同时也就意味着必须严厉打击一切在宗教外衣下进行的违法犯罪活动和封建迷信活动，并坚决抵制外国宗教中的一切敌对势力的渗透。

## （四）加强党对宗教工作的领导

加强党对宗教工作的领导是做好宗教工作的根本保证。宗教工作是党的群众工作的重要组成部分，涉及社会生活的许多方面，因此各级党组织一定要统一思想、统一认识、统一政策，把这项重要工作切实地抓起来，坚持不懈地认真做好。

秘书礼仪工作关系到方方面面，宗教问题必然也会有所体现。在秘书工作中，一定会遇到各种不同宗教信仰的人，我们一定要尊重他们的信仰，理解他们的宗教情感。尤其是对来自国外的宾客，更要在接待时，充分考虑他们可能提出的有关宗教方面的特殊要求，按照我国的现行宗教外事政策，给予尽量的满足，从而使他们心里踏实，也有利我们广交朋友，广结善缘，促进工作的展开。

## 二、我国民族政策的基本内容

民族是一个历史范畴,民族问题是一种与民族相关的社会问题。江泽民同志1992年1月在中央民族工作会议上作了《加强民族大团结,为建设有中国特色的社会主义携手前进》的重要报告,江泽民指出:"只要有民族存在,就有民族问题存在。民族问题既包括民族自身的发展,又包括民族之间,民族与阶级、国家之间等方面的关系。在社会历史发展长河中,民族问题对过去、现在和未来社会,都具有重大影响。"我国民族工作总的指导思想和根本任务,是紧密结合少数民族民族地区和少数民族的实际,从民族平等、民族团结、民族进步和相互学习、共同致富出发,以经济建设为中心,全面发展少数民族的政治、经济和文化,不断巩固社会主义的新型民族关系,实现各民族的共同繁荣①。我们党和国家的民族政策实际上就是有关少数民族的政策。它是党和政府根据马克思主义民族理论,结合我国多民族的基本国情和民族问题长期存在的客观实际制定的,其本质是促进各民族平等团结、发展进步和共同繁荣,是我们正确认识和处理民族问题的重要行为准则,是我国政策体系的重要组成部分。

(一)我国民族政策的主要内容:

(1)民族平等和民族团结政策;

(2)民族区域自治政策;

(3)大力培养和使用少数民族干部政策;

(4)加快发展少数民族地区经济建设政策;

(5)积极发展少数民族教育文化事业政策;

(6)保障各民族使用发展语言文字政策;

(7)尊重少数民族风俗习惯政策;

(8)尊重少数民族宗教信仰自由政策;

(9)同少数民族上层爱国人士建立统一战线的政策;

(10)进行社会主义改造和民主改革的政策。

---

① 龚学增《中国特色的民族问题理论》,中央党校出版社1996年。

(二) 关于民族问题的基本观点和基本政策

(1) 民族的产生、发展和消亡是一个漫长的历史过程,民族问题将长期存在。

(2) 社会主义阶段是各民族共同繁荣兴旺的时期,各民族间的共同因素在不断增多,但民族特点、民族差异将继续存在。

(3) 民族问题是社会总问题的一部分,民族问题只有在解决整个社会问题的过程中才能逐步解决,我国现阶段的民族问题只有在建设社会主义的共同事业中才能逐步解决。

(4) 各民族不分人口多少、历史长短、发展程度高低,都对祖国的文明作出了贡献,都应该一律平等,应该加强各民族人民的大团结,维护国家的统一。

(5) 大力发展经济是社会主义的根本任务,也是我国现阶段民族工作的根本任务。各民族要互相帮助,实现共同进步和繁荣。

(6) 民族区域自治是中国共产党对马克思主义民族理论的重大贡献,是解决我国民族问题的基本制度。

(7) 努力造就一支德才兼备的少数民族干部队伍,是做好民族工作和解决民族问题的关键。

(8) 民族问题和宗教问题在一些地方往往交织在一起,在处理民族问题时,还要注意全面正确地贯彻落实党的宗教政策。

(三) 秘书礼仪中的少数民族语言文字和少数民族风俗习惯问题

在改革开放的深化中,在西部大开发的新形势下,东部发达地区和中西部地区的联系交往将更加频繁,接触各少数民族的机会也大大提高。秘书人员在与各少数民族交往的时候,除了要认真执行上述有关政策外,还要特别注意少数民族的语言文字和风俗习惯问题。

**1. 语言文字问题**

语言是人类最重要的交际工具,如果没有共同语言维系共同的经济生活和民族内部的经济联系,民族的形成和存在是不可能的,民族的共同文化也难以继承,民族共同心理素质就更难以维系和凝结。因此,民族语言文字是民族文化的重要表现形式,是民族存在和稳定的内核。各民族互相交往中,能否尊重彼此的语言文字,也是决定民族关系好坏的一个因素。互相尊重民族语言文字,有助于增强民族团结,促进共同发展。

我国宪法规定:"各民族都有使用和发展本民族语言文字的自由。"秘书人员在日常工作中,如遇有少数民族使用自己本民族的语言文字时,应以尊重的态度对待,尽管听不懂看不懂,但不能因此厌烦、蔑视,而要积极想办法解决问题,扫除语言文字带来的隔阂与障碍。民族地区的各种文件、文字材料以双语印行,对此要予以充分理解,并主动解决某些计算机因没有那些特殊字符而造成的困难。如有必要,秘书人员还应当主动学一些少数民族的语言文字,以利工作交往和思想感情交流,并应主动帮助少数民族同志学习普通话。

**2. 风俗习惯问题**

由于各民族社会生活条件和文化背景的不同,各民族人民对本民族的风俗习惯都有较深的感情,这在交际中往往能影响民族之间的关系,所以在工作中充分尊重少数民族的风俗习惯,是秘书人员礼仪的重要原则。

首先,要承认并尊重各民族在风俗方面的自主权。对待民族风俗习惯,哪怕是某些陈规陋习,也不该随便干涉评论,更不能歧视、侮辱。民俗有极深厚的历史和心理因素,也非常敏感,随意的评论会引起误会,歧视更造成矛盾,影响民族团结。其次,应入乡随俗。到了民族地区,或在与少数民族交往中,要依据环境和氛围与少数民族风俗融洽起来。周恩来同志曾三次深入傣家地区,并更衣泼水,就是一个很好的榜样,这使人们在感情上更加容易接近。在交往中切不可摆大民族大地方的架子,要别人处处以你的习惯行事。但对风俗中的陈规陋习、封建迷信的东西,则不必去同流合污。再次,要注意对单位内少数民族员工的特殊节庆日、生活习惯的理解尊重。我们国家有少数民族特需用品的生产供应规定,并规定了民族节假日制度,秘书人员不仅自己要做到遵守国家有关规定,并应提醒单位领导和有关方面,认真及时地给少数民族员工以特别关心。当然,一切风俗都是随社会发展而变化的,少数民族风俗习惯也随着社会主义物质文明和精神文明建设的深入而发生变化,秘书人员也应用高尚、文明、科学的行为影响少数民族同志,与他们共创精神文明的新境界。

## 三、我国的外事纪律

改革开放以来,我国对外关系在广度和深度上空前发展,对外交往遍及各个领域,对外交流合作成就日新月异,随着我国进入 WTO,涉外工作必将更趋频繁广泛。秘书人员在各种活动和往来中,在与外宾外商的接触、谈判、合作中,不仅要合乎礼仪,更要遵守我国有关涉外工作的纪律,才能做到互相平等,利益双赢。

(一)涉外礼仪的原则

涉外活动中,秘书人员既是祖国利益的维护者,又是民族精神文化的传播者,无论干什么,都关系着祖国的政治经济利益,体现着民族的尊严与荣誉。因此一定要贯彻"站稳立场,掌握政策,熟悉业务,严守纪律"的要求,具体来说,要遵循以下三条原则。

**1. 礼仪服从政治**

在长期国际交往中形成的礼宾礼节,或称国际惯例,是被长期实践证明的、已成为大家所遵循的礼仪规范,我们必须尊重提倡。同时又要根据改革开放以来我国社会、经济的特点和涉外业务需要改进涉外礼仪接待工作,使涉外礼仪为改革开放服务,体现我国的对外政策和改革开放政策。

**2. 一视同仁　区别对待**

在涉外活动中,通常是双边关系方面讲对等,多边关系则讲平等。涉外礼仪必须体现我国坚持国家不分大小一律平等的原则;尊重各国风俗习惯;不强加于人,不强人所难;在多边交往中,一视同仁,注意平衡。当然,一视同仁不是毫无区别,区别正是秘书人员视其特点而充分发挥自己的政治水平,体现自己涉外接待艺术的地方。

**3. 调查研究　讲究实效**

现行的一整套涉外礼仪规范,我们必须遵循,但由于来宾对象千差万别,而每人又有不同目的、不同要求,因此秘书人员在礼仪接待中,要注意不断进行调查了解,研究不同对象,做到心中有数,使礼仪有针对性,有实效性。周恩来总理生前曾教导礼宾人员说:"友谊重在精神,热情不在菜多",就是强调礼仪的实效。[1]

(二)涉外礼仪工作者必须遵守的纪律

根据涉外人员守则规定,涉外工作者在涉外活动中必须遵守以下纪律:

---

[1] 赵丕涛《外事概说》,上海社会科学院出版社 1995 年 9 月。

1. 忠于祖国,忠于人民。坚决维护国家主权和民族尊严,不说不利祖国的话,不做有损国格人格的事。

2. 站稳立场,坚持原则,警惕和抵制敌对势力推行和平演变的图谋,自觉抵制资产阶级腐朽思想和生活方式的侵蚀,做到"富贵不能淫,贫贱不能移,威武不能屈"。

3. 坚决执行党和国家的方针政策,自觉遵守法律法规。如实反映情况,严格执行请示报告制度。

4. 保守国家秘密,严格执行保密法规。坚持内外有别,不泄露内部情况。

5. 忠于职守,尽职尽责,提高警惕,防奸、反谋、反策反。

6. 加强组织观念,自觉遵守纪律。在国外服从驻外使领馆领导,遵守驻在国的法律,尊重所在国的风俗习惯。不搞大国沙文主义,不搞种族歧视。

7. 不同外国机构及外国人私自交往,不利用职权和工作关系营私牟利。严禁索贿受贿,不违反国家规定将以工作名义的收受回扣归个人所有,严格执行授受礼品的规定。

8. 勤俭节约,廉洁奉公,分清公私界限,严格执行财务制度。

9. 谦虚谨慎,不卑不亢,讲究文明礼貌。注意服饰仪表。严禁酗酒。

10. 顾全大局,发扬风格,协调配合,协同对外。


**思考题:**

1. 怎样理解秘书礼仪的职能、范畴和形式?
2. 礼仪怎样在秘书工作中起塑造组织形象、推动企业文化建设和架起信息桥梁的作用?
3. 为什么要强调坚持秘书礼仪工作的原则?
4. 在礼仪工作中为什么要严格执行宗教民族政策和遵守外事纪律?
5. 我国的宗教、民族政策和外事纪律主要有哪些内容?在秘书礼仪工作中尤其应注意哪些问题?

# 第三章 秘书人员个人礼仪

由于工作的特殊性,秘书人员往往是组织给他人的第一印象,秘书人员个人礼仪的修养表现,也就是秘书人员本身给人的第一印象。从心理学角度而言,第一印象在以后的公务展开中起重要的影响作用,因此,秘书人员的个人礼仪意义重大。同时,作为组织的管理人员之一,秘书人员的个人礼仪也在该组织中起表率和影响作用,体现出组织的文明气象和个人的精神面貌。

## 第一节 秘书人员个人礼仪综述

### 一、秘书人员个人礼仪的基本内容和意义

秘书人员个人礼仪指的是秘书人员在公务活动各种场合和日常工作各种情景中的仪容、姿态、行为举止。它包括个人的发式、面容、衣着、饰物;表情、站、坐姿;待人接物、饮食起居等。这些内容说到底,是秘书人员在社会交往中处理人际关系的问题。能恰如其分地掌握运用各种礼仪,既显示个人魅力,又增添组织风采,往往在公务交往中产生令人意想不到的效果。作为活动于领导身旁的辅助人员,良好的个人礼仪还能给领导在某种矛盾、摩擦和尴尬情景下以一种缓冲和补救。

### 二、秘书人员个人礼仪的基本要求

（一）遵守TPO原则

秘书人员个人礼仪的第一要求,是遵守TPO原则。T指时间"time",P指地点"place",O指目的"objective",在人际交往中,TPO是人们普遍承认

的基本原则,它揭示了一个最基本的道理,即个人礼仪行为的一切,都是有明确目的的,而为了这个目的的实现,又必须注重实现目的的环境、时机。因此只注重场合时机炫耀自己,忘却了目的,结果会事与愿违。如一个年轻人打扮得花枝招展去参加朋友父亲的葬礼,她给朋友带去的却不是宽慰,给自己带来的也不是朋友真诚的感激。同样,有交际睦友的目的,却不顾时机场合,语言张狂,卖弄聪明,那也达不到主观追求的目的;或为了不使自己被人轻视,就珠光宝气浓妆艳抹,结果也许南辕北辙,弄巧成拙。所以 TPO 原则是个人礼仪应注重的首要基本原则。

### (二)掌握 PAS 原则

PAS 原则是个人礼仪的又一重要原则。P 指职业"profession",A 指年龄"age",S 指地位"status",这是指个人礼仪要求注重不同职业、年龄、地位的差异,才能恰到好处,锦上添花。秘书人员作为组织的脸面人物之一,尤其要掌握好这点。一套市面上流行的时装,会因穿的人太多而显得恶俗,给人一种粗鄙的印象,过度修饰的面容又因缺乏自然会给人虚假的感觉;年轻人可打扮得活泼些,但也不必在工作时穿得太轻佻或太幼稚,年纪偏大的则要注意服装面料、档次和剪裁的合身,以端庄得体,显现高贵气质。年轻人说话可直率些,人们认为这是纯真的表现,而年纪稍长的人说话应更含蓄些,给人成熟和信任感觉。只要身份地位合适,一个无伤大雅的玩笑,可以使气氛活跃;给朋友亲昵的一拳,是一个亲切的信号。只要符合 PAS 原则,掌握好其中的"度"。应该说,地位越高,负的责任越大,越要重视个人礼仪,因为礼仪表现与他的修养程度是统一的。而一个举止得体、谈吐文雅、衣着大方的秘书,会给人一种信任感,从而有利工作。

### (三)坚持健康原则

个人礼仪的另一原则是健康原则,即要有健康的情绪、健康的心态、健康的身体。作为一名秘书人员,每天的工作很紧张,作为领导的智囊、助手,秘书人员身上的担子也很重,因此,有健康的心态,健康的生活,才能进行有效的工作。生活没有规律,长期熬夜,不讲节度,都不是健康的生活方法;另一方面,缺乏理想,缺乏追求,缺乏理解宽容,也都不是健康的心理,肯定会影响人的精神面貌。所以,秘书人员要注意自我情绪的调节,不能因情绪的波动而将一切喜怒皆形诸于色,随心所欲地或和颜悦色,或横眉怒目,而应当以工作为重,控制情绪,始终以冷静、认真、诚恳的态度对待人和事。在可能的情况下,可作一下生物钟的测试,以避开在生理低潮期做一些需要特别投入脑力、情感的事情,从而确保在待人接物中始终有饱满的情绪,充沛的精力。同时,对他人要有仁爱和理解,不能事事都坚持自己的意见。有时也许需要放弃个人其实是更好的意见而去同意大多数人都愿意接受的稍次一些的意见,那就应该从大局出发,坦然地接受事实,服从大局。耿耿于一己之见,不依不饶,一有机会就翻旧账,是不能与人和睦相处的。

（四）用好自然本色原则

自然本色,是个人礼仪又一重要原则。礼仪是思想道德情操的外在表现,倘没有文明修养,没有高尚道德,没有宽大襟怀,没有高雅的审美情趣,总之,礼仪行为倘不是内在的自然流露,而是附庸风雅的表面做作或东施效颦的拙劣模仿,礼仪的效果必然不会是令宾主双方都满意的。那则关于女主人镇静处事的故事就是很好的例子:当男士们夸夸其谈,认为男子怎样沉着处事而女人又怎样一遇危险就大呼小叫时,女主人将侍者叫来耳语了几句,脸色遽变的仆人急忙取了一碗牛奶放在阳台门口,一会儿,一条大蛇向阳台那边游去,客厅里的客人都惊呆了,问女主人是怎么回事,女主人微微一笑:"它正好从我脚背上爬过。"女主人的镇静表现,避免了客厅里人们紧张的慌乱,既保护了客人的安全,又全然不动声色,这是高度修养的表现,浅薄之人当然不会这样,即使当时尚能冷静,事后总要吹嘘一番。此外,假如在某种场合,你也许吃不准该怎么做,或不知道此种情况的通常应对规矩,那就索性以自己的第一反应来处理事件,反而显得自然、率真,流露的是真情,倘手足无措,又想这样,又想那样,自己尴尬,又使别人为你尴尬,所以率真自然才是最好的。乔冠华外长一次在冷餐会上发表意见时,侍者将一盘食品端到他面前,沉浸于自己演讲中的乔外长边吃边继续发言,全没反应出自己同时正在干什么,而按常规礼仪,应将侍者端来的食品稍夹几个在自己碟中就行。可是这一似乎违背礼仪惯例的举动并未使人感到怪异失礼,相反外国人在听了乔外长的演讲、目睹了乔外长的独特风采后,对我国代表团工作人员说:"你们的外长真可爱!"可见,礼仪虽是人们看重的外在表现,但倘若只注重虚表而没有内涵,只注重形式而不讲实质,礼仪并不能真正发挥自己的社会作用。因此,秘书人员固然要讲究礼仪,要追求个人礼仪的完善周到,但同时也必须是真实感情的流露,才能取信于朋友,使友谊长存,取信于伙伴,使合作成功。

# 第二节 言谈和举止

人际交往,语言是最重要的交际工具,作为一个秘书人员,他的语言谈吐能体现他的本质水平高下,也能体现他处理问题的能力。同时,举止行为的得体,也是秘书人员的本质水平高下的体现。在日常工作和生活中,言谈和举止又给他人以最直接的礼仪感受。

## 一、言谈

言谈,首先指会用我国宪法规定的汉民族共同语——普通话与人进行交流,每一个秘书人员都应有较好的普通话能力,这样,无论是与国内各方言区的人交往,与国内其他兄弟民族交往,还是与国际客人交往,都能有较好的沟通和规范的表达。有了较好的普通话能力,还能使秘书人员的书面语言更规范,避免滥用方言词,影响文字的交际功能。当然,秘书人员也应据工作需要而掌握好少数民族语言和外国语言,以利工作展开。

在礼仪活动中,说话又是礼仪的重要内容,会不会说话,说什么话,是修养,也是能力。作为思想交流的载体,掌握好语言运用技巧,是秘书人员必备的基本功。

(一)言谈礼仪的基本要求

**1. 有礼有理有利**

秘书人员应将礼貌用语时时挂在嘴边。"请"、"您好"、"谢谢"、"对不起"、"再见"是社会提倡的文明交往用词,秘书人员更应事事处处带头使用。当然,语言礼仪远不是将这些词语运用一下就算完事,而要在语言交流中体现对人的尊重和理解,坚决不讲伤人自尊、伤人感情的话,不用粗鄙恶俗的词。无论遇到什么情况,用语文明,有礼貌,应是秘书人员的习惯行为。

说话有理,既指所说的话句句在理,符合有关法规和交际惯例,也指条理清晰,逻辑严密。说话要坦率诚恳,以增强言谈中表达的诚信之意,并使人准确无误地明白你的意思。说话有利,是从对话交谈的目的而言。一语不慎,可能使协作关系、贸易关系僵化、恶化,而巧妙地运用礼仪语言,使对方感受到你的诚意和热情,会使局势向更好的方向转化发展,所以,说话要讲技巧。如今的社会已不再认为"见什么人说什么话"是狡猾的表现,社会交往需要人们善于运用语言来表达与交流,秘书人员应努力钻研说话技巧,将自己的意愿清晰地传给对方,将自己的道理严密地表达出来。无论自己面对什么人,都能用最恰当的话语与他沟通,使他信服。

说话要注意场合,同样的话语在不同的场合,可能起到截然不同的效果。中外不同礼俗造成言谈中各自不同的习惯,秘书应充分认识其中差异,把握好分寸,"言谈得体",这个"体"便是一种"礼",是说话礼仪中重要的准则。如何优化语言,使交谈成为促进理解、促进协调的过程,是秘书人员时时要注意的。秘书说话时还应注意规范,即措辞和语法的规范,不要随意将一些俚俗之语用于公务场合、大雅之堂,不要满口皆是半文不白或中外文掺杂的句子,这既不说明你朴素纯真,也不证明你学问高深,反而有粗俗和做作之嫌。

**2. 口齿清晰　声音适宜**

伶牙俐齿,是秘书人员的基本素质之一。这是说秘书人员不仅要会逻辑严密、有理有据地讲道理,而且在口齿上要特别注重清晰明确,不能说话时口齿含混,声音刺耳。我们并不是主张、也没有必要主张让每个秘书人员的嗓音都悦耳动听,但秘书人员应使自己的嗓音朴实自然,声音高低适合说话场合的环境需要,节奏不紧不慢,吐字清晰,没有诸如"咬着舌头学鸟语"的坏习惯,不把"J、Q、X"的音故意发成"Z、C、S";不能带有明显的个人发音特点而使读音怪异;不能嗲声嗲气,装腔作势;或粗声粗气,旁若无人大声喧哗。尤其在接听电话时,对方惟有通过声音来接受你的信息,感受你的工作热忱,在电话里就更要掌握好音量音速,更要清晰地说话,甚至有必要以中外文重复,普通话与方言重复,以避免因不是面对面的直接交谈,仅凭借媒介物而造成的传播不清。在面对面的交谈中,为了强调,也可通过重复、重读来表示。

**3. 注意说话时的交流**

听话,是说话的另一个方面,它与说话共同形成交谈中的交流,从而达到交谈的目的。要会说话,同时也必须会听话,善于听话,才能帮你更好地说话。

　　交谈时,只顾自己一吐为快,不顾对方的反应,是礼仪的大忌,也是说话艺术不成熟的表现。善于听别人说,让别人在你面前陈述、倾吐,是一种作风修养,也是说话礼仪的基本要求之一。没完没了地说个不停,不分对象、不分场合地发表见解,喋喋不休地评论某人某事,不让对方开口便先发制人,像抢占战略高地那样抢先说话,都不是秘书人员应有的说话礼仪。表达诚意并不在数量上的多说,即使是对他人表示敬意、感谢,也只要将意思点到,感情传到就行,过分了便会使人怀疑你的诚意。一心只讲自己感兴趣的事情,甚至只谈自己的家事,不问别人是否对此有同样的兴趣而滔滔不绝;或者别人说话时自己心不在焉,左顾右盼,漫不经心,颇不耐烦,不断地看手表、伸懒腰、打呵欠、玩东西,同样也不是交谈的应有礼仪。在交谈时要倾听,在听的过程中,了解对方的感情和意图,才能使自己的答话更明确,更恰当。英国人就认为,交谈时应眼看对方以表示认真倾听,并眨眨眼睛以表示自己理解,而美国人则认为应以点头来表示对说话者的理解。这说明说和听具有同样重要的作用。此外,在交谈时,一味强调自己的意见,会给人留下某种误解,而误解一旦形成便很难改变,这也印证了民间的一句话"言多必失"。所以要善于听,善于在听与说的交流中传达信息,增进了解,结交朋友。

　　(二) 言谈礼仪规范

　　**1. 介绍**

　　无论是介绍别人,自我介绍,或是被介绍,都应亲切自然,简洁清楚。交际场合,有第三者在场而不介绍是极不应该的。同时,在集体场合要掌握好介绍顺序:一般把身份低的介绍给身份高的,把年纪轻的介绍给年纪大的,把男子介绍给妇女。把本公司同事介绍给别公司同行,或把本公司同事介绍给客户。

　　(1) 介绍别人

　　当介绍客人的情况时,要注意将被介绍人的身份姓名一次性说清楚,不要多次重复,以免既费时间,又使被介绍双方尴尬。可以说:"这位是某某报经济版责任编辑钱黎女士","这位是某某大学经济学教授祝澍先生。"对外宾则可以说:"Mr. Anderson, I'd like you to meet my colleague, Mrs. Wang." "Mr. Jones, allow me to introduce you to Mr. Jin, our general manager."在可能情况下,可以顺便介绍一下被介绍人的大致情况。如:"这位是某某大学经济学教授祝澍先生,《新经济学教程》的作者。""这位是新来的刘远功副经理,他曾在蛇口工业区当过三年开发部主任。""Mr. Davis, I would like you to meet Mr. Liu, our new sales manager. He was director of our Tianjin Office for three years."这样可使被介绍双方互相了解,不致话有冒犯,也可引出他们的话题。有时要先了解双方是否有结识的愿望,不必贸贸然急忙忙统统介绍。可以先问:"刘总,我把你介绍给王经理行吗?""刘总,你愿意认识一下新华公司的王经理吗?""Ms. Brown, may I introduce to you Ms. Shen, our sales manager?"得到肯定的答复后,再将另一方请过来,或与这一方一同过去,进行介绍。在介绍别人时,还应注意有些细小环节的处理。如你知道被介绍双方过去可能认识,但后来长期互不来往;或是两个互有嫌隙的公司;甚或来自两个互相敌对的国家的有关人员,不要以为一律是"相逢一笑泯恩仇",在这种情形下,不介绍,或者故意将他们分开在不同座位也许更符合礼仪要求。

(2)自我介绍

当需要进行自我介绍的时候,应该直截了当通报姓名,并告知对方自己的职务,不能为自己加上许多不必要的修饰,不要只通姓氏,不报全名,也不该称自己为小姐、先生。如"我是人人都知道的王先生"之类的介绍用于玩笑场合固然无伤大雅,但绝不能用于正式交际场合。你不妨自我介绍说:"我可以自我介绍一下吗?我是王丽云,新华公司办公室主任。""我叫李克强,本公司经理秘书。"对一位从未谋面的外商,你可以说:"Excuse me, but aren't you Mr. Smith from the United States? My name is Fang Hong. I'm the sales manager of Xinhua Corporation."有时你也可以说:"May I introduce myself? My name is Li Guoxing and I represent Xinhua Corp."倘双方在公共场合见面后无人介绍,你可以主动说:"我是新华公司的李克强,请问您怎么称呼?"或说:"我能请教一下尊姓大名吗?"对这样的问语,你的应答可以是:"我是新华公司的王丽云,很高兴认识您,李先生。"或"我叫周国荣,海华公司经理办公室秘书。"对外宾则可以说:"What would you like me to call you?"以得到对方的确切回答,避免自己的冒昧。此外,在不知对方姓名如何发音的情况下,也可直接问对方:"Would you please let me know how your name is pronounced?"诚实请教别人是有礼貌的表现,而不问对方如何发音,自己每次都读错,则失礼得多。

(3) 被介绍时的应答

当别人介绍你的时候,你应该热情应答,最常见的是说:"你好!"这在一边握手一边回答时是最常见最通用的应答礼仪。有时,还可以说明自己被介绍认识新朋友时的高兴心情,如:"见到你真高兴"、"久仰大名"等等,对外国人,则是"How do you do!"或"Glad to meet you!"有时,应加上称呼,如"Nice to meet you, Mr. Brown."这既合乎礼仪,也对别人的介绍作了一次确认,加深自己对对方的记忆。

**2. 寒暄**

寒暄,是正式谈话之前的开场白,是谈话进入正题的必要过渡,一个恰当的寒暄过程,往往预示着正式谈话的顺利。假如正式谈话将是艰难的,则寒暄还可以对将要到来的紧张气氛作一些缓冲。

"今天天气哈哈哈!"是寒暄的一个"无话题"的话题,随便说些无关痛痒的话,调节一下气氛,缓和一下情绪,是十分必要的。此外,中国人寒暄的内容比较广泛,可以从社会新闻,股市行情,家长里短,到个人生活领域,如年龄大小,婚姻状况,家庭成员,个人收入。在问及这些个人私生活状况时,中国人的感觉是"他很关心我",因此乐于回答,即使对有些不想回答的问题,也只是委婉地回绝。但倘对来自不同文化背景的外国人,则要注意上述这些都是不该谈论的,提出这样的话题来谈,是严重的失礼。因此对外国人,尤其是西方国家客人,可以谈谈天气、交通、体育比赛、旅游见闻等等。

如谈天气:"Beautiful weather today, isn't it?"对这样的话题,可以回答:"Yes, the weather couldn't be better."

又如谈交通:"There was a lot of traffic on the streets when I came here."回答这个话题可以说:"Yes, the traffic is generally heavy at this time of day every day."

假如谈谈体育比赛:"I watched a soccer game on TV last night. It was wonderful. I love soccer very much."可以作这样回答:"Did you? It's a pity. I didn't know it. I love soccer very much, too."

谈旅游,可以说:"I do a lot of traveling every year. I enjoy traveling."回答就是:"I also travel a lot. I enjoy traveling, too."

寒暄虽然不是谈话的正式内容,却是正式谈判或交往的开端,也是秘书人员说话的重要成分,在这些寒暄中,可以得到许多最新的信息,应该学会利用这机会。有时,领导们在进行重要的谈话,而你恰巧做些场外工作,工作之余,可以和对方的工作人员聊聊天。同时,对来自不同国家地区的客人,对外单位的客人,对企业内部不同的谈话对象,寒暄都是必要的,但需分清不同对象及不同文化背景和习俗风尚。如对美国人来说,这种寒暄很正常:

"How are you today?"　　"Fine, thanks."
"How's your family?"　　"Couldn't be better."

但问欧洲人"How's business?""What do you do?"是不能被首肯的冒失行为。而一些亚洲国家的人,会问你的收入状况,作为被询问者,秘书不该将对方行为认作无礼,而可以找个托词,或说"I make enough to live on."

寒暄的话题不像正式谈话那么集中单一,那么有明确目的,它可能涉及社会生活的方方面面,与外宾寒暄,应该做一些准备,了解客人国家的文化风俗,并称赞对方,如可以说:"The architecture is very impressive. The people are warm and friendly."同时,环境保护、人口增长、疾病防治、人口老龄化等人类共同面临的问题,以及中国特有的中医中药、太极拳、气功、京剧、菜点小吃等都是外国人感兴趣的话题。寒暄要避免冷场的尴尬,也要注意格调的高雅。常有这种情况,领导们在里屋紧张地磋商着,外屋的秘书们说着十分俚俗的话,甚至打闹着,这无论从工作氛围而言,还是从个人修养而言,都是极不应该的。

无论是在外宾接待时的寒暄,还是对企业内员工谈话前的寒暄,都要注意掌握时间。因为寒暄只是过渡。真正要谈的是后面的话题,因而不该没完没了地闲聊。同样,从寒暄切入正题,也应该自然,不能戛然而止、生硬中断,话锋一转,进入了正题,那实质上表明寒暄的过渡缓冲作用根本没有起到。

**3. 交谈**

不论是在正式交谈或非正式交谈中,都必须注重以下两点:

(1) 融入交谈圈

也许你与围坐一起交谈的人并不熟悉,也许你对这个话题所知甚少或者全无兴趣,也许你心里急着要离开去做别的事情,但既然目前你坐在这里与人交谈,就必须表现出兴趣和热情,而不能以自己的情绪去影响他人。你可以在适当的时候插上一两句话,跟大家一起表示情绪,如点头,皱眉,微笑,也可以跟大家一起与某个人开些善意的玩笑。倘若你是主人,要注意不时地与在场的所有人攀谈,不能只顾此方冷落彼方,也不能只与个别人谈你们的事,而使其他人落寞尴尬。如果当着别人的面与某人耳语,更是极不礼貌的。所以,要自然地融入交谈圈,也可以主动引起某个有意义的话题,使交谈气氛活跃。倘发现谈话气氛异样或话题无聊时,要不露声色地扯开,另起话题,改良气氛。在与异性交谈时,还要注意交谈时的谨慎和礼貌,不能只与异性接近交谈,或竭尽奉承,使对方尴尬或反感。假如要找正在说话的人,要打招呼:"Excuse me,"表示"对不起",然后再跟这人谈话;交谈中要离开一会儿,也要说:"Excuse me a moment."表示自己是去去就来。

(2) 善用委婉语

秘书人员谈话中要时时注意用语的委婉,语意的准确明白从来就不排斥用语委婉,而且它不仅是礼仪的要求,也是秘书这一职务的角色要求,即说话留有余地,以利工作。我国著名外交家顾维钧先生曾经说过,在外交场合,一定要注意说话的委婉,如明知对方不会同意自己的观点,话却要说成:"我相信你一定会同意我的看法吧!"这种说话法可以避免矛盾的表面化,避免双方一触即发的剑拔弩张,而留有继续商讨的余地。有时,谈话的对象也许是企业内部的职工,你必须将一个有关辞退、处分、拒绝之类的决定告诉对方,此时,在准确表达的前提下,用语委婉含蓄,会使双方都好受些。如可以说:"这事过去了,现在你有了新的机会。""这次我帮不上忙,非常抱歉。"对外国客商,也要注意用积极的语气态度来表示自己的意愿,如可以说:"We would appreciate your sending us samples of the items we are interested in."但不要说成:"Send us samples of the items we write you about."即使是否定,也要委婉,可以说:"We will be happy to meet your request for special packing if you will pay the extra cost."但不该说成:"We cannot meet your request for special packing because it will increase our cost."对暂时不能说但以后拟答的问题,则许诺"I'm afraid I can't give you an answer now, but I'll try to find out and then let you know."不知道如何回答要老实说:"I'm afraid I can't give you an answer. I know very little about it."

**4. 交往谈话时的称呼**

无论是介绍还是交谈,对人的称呼都是礼仪的重要表现,尤其在秘书与外界的交往中,恰当的称呼就会给人良好的印象。

我国对人的称呼总是姓氏或姓名在前,再加上各种称谓,如:"王总经理"、"刘秘书"、"赵先生"、"周小姐"等,或者:"总经理王天明先生"、"秘书刘彩云小姐"、"赵进才先生"、"周丽小姐"。某些场合,女士以夫人身份出现在公众面前,就应该介绍为"总经理夫人",称其:"王太太"。而不能不伦不类地唤之以:"王总经理夫人赵玫小姐"。在对外商、外国客人的交往中,称呼必须合呼外国人礼仪习惯:

(1) 先生、太太、小姐、女士(Mr. Mrs. Miss. Ms.)

先生、太太、小姐、女士是最常用的普通称呼,适用于各种正式场合,显得很尊重但不特别亲密。

称先生、太太、小姐时,可以带上对方的姓,也可连名带姓,但不能单带名不带姓,如:"Mr. John Smith."或者:"Mr. Smith",但不能说:"Mr. John."。倘双方熟悉到可以只称呼其名而不带姓,那就可以称:"John.",而不必在前面冠以"先生"一词。倘若是史密斯夫妇,则可称史密斯先生和太太"Mr. & Mrs. Smith"。小姐的称呼一直可以称到上了年纪的单身老太太,不了解对方的婚姻情况,就可以一律称"Miss"。但现在欧美流行称"Ms."对年纪稍大的女士,可如此称呼,如称其为:"Ms. Smith."

(2) 先生、夫人(Sir Madam)

这是对年纪较大、地位较高的人士的尊称,使用时可以不带姓名。

(3) 阁下(Excellency)

对地位较高的官方人士可这样尊称。主席、总统、总理、部长、大使等均应称阁下,即使是女性也如此。倘若当面称呼,如在演讲时,可称:"Your Excellency",将之作第三人称时,则可称为:"His / Her Excellency",但在某些国家并不如此,如美国就是称为:"Mr. President."、" Madam Secretary",即总统先生、部长夫人。

(4) 陛下、殿下(Majesty Royal Highness)

这是对王室及贵族的称谓。国王、王后称"Majesty",王子、公主、亲王称殿下,在美国,所有有爵位者及其继承人均可称勋爵"Lord",但也可称先生"Sir"。

(5) 职衔

对于有学衔、军衔、技术职称的人,可称呼这些头衔,如:教授、博士、将军、工程师等,对参议员、律师、医生、主教等,也可在姓氏前冠以职衔,如克拉克参议员、布朗律师、格林医生、怀特主教。也有些头衔是终生适用的,如:大使、将军、部长、议员、法官等,即使他已不在位,仍可以沿用原有头衔。但外国人不用行政职务称呼人,如不称别人为"某某局长"、"某某校长"、"某某经理",而只在介绍时加以说明。

（6）姓名

美国人表示亲密和随便，有时会主动要你只呼其名不称其姓氏，不加尊称，在美国工商界有85％的人只喊名字。但无论如何，对长者、有身份的人、对自己的领导，总以"Mr."为好。在介绍外商时，还应注意男女平等，不要说："这是格林先生和珍妮小姐。"而应该是："格林先生和怀特小姐"。因为在工作场合，男女都是以姓氏为通常称呼，你称女性的名而不是姓，反而伤她自尊。

这些称呼的习惯都与一国一地的文化背景有千丝万缕联系，外国人的姓名构成，也与我国有很大不同，在交往中，只有了解其姓名构成特点，才能正确地称呼。

英美及英语国家人姓名

名在前姓在后，如："John Wilson"，又如："Edward Adam Davis"，"Edward"是教名，"Adam"是本人名，"Davis"是姓。

妇女在婚前用自己的姓名，婚后一般随丈夫姓，如："Marie White"，在其婚后，便随自己的丈夫成了"Marie Davis"。姓名在书写时，可将名字缩成第一个字母，但姓不缩写。如"John Wilson"可缩写成"J. Wilson"，而"Edward Adam Davis"则可缩写成"E. A. Davis"。

法国人姓名

法国人也是名前姓后，但往往在名字中有："Le"、"La"等冠词或"de"等介词，即使译成中文，这也不省略，要与其姓氏一起翻译，如："La Fantaine"拉·封丹，或"De Gaulle"戴高乐。

西班牙、葡萄牙人姓名

西班牙人姓名常有三四节，前一二节为本人名字，倒数第二节为父姓，最末一节为母姓，简称时，用第一节本人名字加父姓。而葡萄牙人则是倒数第二节为母姓，父姓在最末节，简称时则与西班牙人相同。

俄罗斯、匈牙利人姓名

俄罗斯人姓名一般由三节组成，如："伊万·伊万诺维奇·伊万诺夫"，其中"伊万"为本人名字，"伊万诺维奇"为父名，"伊万诺夫"是姓，一般都是本名、父名再加姓，但在正式严肃的文件中，姓氏放在前面，如："伊万诺夫·伊万·伊万诺维奇"。名与父名都有可缩写。称呼时，一般只称姓或名，表客气尊敬则称其本名与父名，但对特别尊敬的人，往往只称其父名，如列宁的全名是"符拉基米尔·伊里奇·列宁"，而人们一般都尊称他为"伊里奇"。

匈牙利人姓前名后,只有两节,如:"纳吉·山多尔"(Nagy Sandor)一般简称纳吉。妇女婚后随夫姓,在丈夫姓名后加词尾"ne"妮,姓名连称时,"ne"加在本人名字后,只称姓时,加在夫姓后。

阿拉伯人姓名

阿拉伯人姓名一般有三四节。第一节是本人名,第二节是父名,第三节是祖父名,第四节是姓。正式场合要用全名,有时可省却祖父名甚至父名,简称时只称本人名。现在,阿拉伯上层人士在社会活动中都简称其姓,如:"阿拉法特"、"纳赛尔"等等。但是,在阿拉伯人的名字中有"al"或"el"等冠词或"ibn"、"ben"、"ould"、"Abu"、"Um",等这些词均不能省,译成中文时也要译出来:"Ahmed·Ben·Bella简称本贝拉。

日本人、韩国朝鲜人姓名

日本人姓名顺序同我国一样,但字数不一样,不易区分,尤其日本人的姓,有一个字,有两个字,有三个字,所以事先一定要向有关方面了解清楚。口头称呼时,只唤其姓,正式场合则称其全名,如:"土桥仓仁"先生。韩国人朝鲜人也是姓前名后,而且姓也只有一个字,比较容易辨别。

缅甸人姓名

缅甸人仅有名而无姓,但名字前面有些特殊的前缀,分别表示不同意思。如"吴"是对男性的尊称,"杜"是对女子的尊称,"貌"为弟弟,"玛"为姐妹,"哥"为兄长,"波"为军官,"塞耶"为老师,"道达"为博士,"德钦"为主人,"耶博"为同志等。倘一男子名"刚",长辈称他为"貌刚",同辈称他为"哥刚",他有了社会地位被称为"吴刚",他是军官被称作"波刚"。

## 二、举止

举止同样是修养的表现,秘书应养成文明优雅的举止习惯,稳重自持,不卑不亢,落落大方。任何轻浮、狂妄,或卑躬屈膝、唯唯诺诺,都是不应该在一个秘书人员身上表现出来,尊重别人并自重的人,才能赢得别人的尊重。行为不检点,放荡不羁,虽有散淡的闲云野鹤般的洒脱,却不宜当秘书。

(一)举止礼仪的基本要求

**1. 遵时守约**

遵时守约不仅是秘书人员工作时的基本要求,也是秘书平时行为举止的基本要求,尤其是进入WTO后,在我国与国际交往更多、必须更多与国际惯例相融合的情况下,讲究遵时守约,是国际交往中的基本守则。

遵时守约,指无论什么活动或约会,应该按规定时间到达。有约在先而不去赴约,是极为失礼的;答应的约会临时取消,会使对方难堪,以至恼怒;迎接客人时,你却晚于客人到达机场;文艺节目演出开场后,你虽在幕间入场,还会使别人产生反感,凡此种种,都是不遵时守约的表现。

遵时守约,秘书人员一定要时刻牢记,宁可自己多费时,也不能失信于客人或主人,对可能造成延误迟到的客观情况,如车辆拥挤、交通堵塞、天气恶劣等,一定要事先充分估计到,作好防范准备。万一有事而不能准时赴约,则必须向主人解释清楚,表示道歉,并设法补救,但这种事越少越好,绝不可常常出现。同时,也不能认为赴约越早越好,遵时的意思是适时,过早到达主人尚未准备好,或正在忙于别的事,你的到来使别人尴尬。因此,拜见、会谈等约会要准时到达,一般在所约时间的前一至三分钟到;较轻松的招待会、宴会,在所约时间的后几分钟到达,但重大正式的宴会不能晚到;看演出要提前五至十分钟,以安顿座位,调节情绪;而迎送客人一定要提前等候。

### 2. 卫生整洁

卫生整洁不但是个人习惯,也是一种良好心态、健康精神的表露。秘书人员的卫生整洁,要更多地从组织形象需要考虑,给人留下良好的印象。在秘书人员的公务交往中,要注意不能乱扔果壳纸屑,随手抛弃废物。在人前打喷嚏、擤鼻涕、掏耳剔牙、挠痒、抓头皮都是极不礼貌的,手头应常备纸巾手绢,以备时刻需要,最好是到卫生间去做这些事情。抽烟有百害而无一利,秘书人员最好不抽烟,至少要注意不在公共场所和禁烟之地抽烟。抽烟要事先获得允许,问一下主人的意见,在有妇女或大多数人不抽烟的情况下,还是别抽烟为好。抽烟时要注意火柴、打火机、烟蒂的防火安全,切不可随手一扔,既没礼貌,又易引起祝融之灾。

卫生整洁还包括在公务活动前注意不吃辛腥食品,嘴里葱蒜一类辛香味和某些食品腥膻味是公务交往场所的大忌,对人极不尊重,因此,除了在家休假外,平时绝不碰这类食品,万一觉得嘴里有异味,应设法清除,如使用口腔去味剂或口香糖等。

在患有某些疾病的时候,不宜在公务交际中活动,如感冒。虽然感冒未能让你休假在家,但因感冒不仅有传染性病菌,而且使人眼泪鼻涕不断,此时是断不能在公共场所毫无顾忌地活动的,尤其在外商面前,你会使他产生极大的反感。

**3. 敬老助残 尊重妇女**

敬老助残也是社会公德之一。对老年人表示敬重,对残疾人表示尊重,是秘书人员在行为举止中应时时体现的礼仪。在互相介绍时,应先对老年人介绍年轻人,并应起身向年老者致意。平时的工作中,要尊重年长者的意见,非原则问题,甚至可以迁就年长者的意愿,如摆什么花,吃什么食品等。上下楼梯、车辆,进出电梯,应让老人在前,进出门要为老人开门。助残,首先是不该歧视残疾人,因此不能表现出怜悯同情,而应该理解尊重,甚至要表现出对残疾的"熟视无睹",尽管在心里要提醒自己关心照顾对方的不便之处。对残疾人说话要表现出完全是对一个健全人格的人,而不能有丝毫因对方残疾而降格以求的迁就,这会大大伤害对方。

在对老年人和残疾人进行照顾时,也要注意各国不同的习惯,有些国家老年人、残疾人注重独立,不愿别人对自己有过多的搀扶照顾,也不愿别人将他们的"老"和"残"挂在嘴边,对此秘书人员应充分了解和掌握。

尊重妇女,也是文明礼仪的一贯内容,要注意不同场合对妇女的关照。如将男士介绍给女士、向女士起立表示敬意、就餐时替女士拉开座椅、为女士开门、让路、让座等;有妇女在场,话题和用语应格外文雅,也不要抽烟。有人以为给老人或残疾人过多照顾,有时反而会引起他们自尊上的委屈,而对妇女,却恰巧满足了她们天性中的虚荣,这从另一方面说明,妇女在交往活动中,也应稳重端庄,不要恃宠骄傲,矫揉造作。

(二)举止礼仪规范

秘书举止包括平时坐立有相,表情自然,行为得体,即使在某些特殊情况下,也不失文明。

## 一、坐立有相

坐,无论在什么场合,都应端正,自然。坐凳子,上身要直起,双手搁在自己的大腿上;坐椅子,身体可靠住椅背,顺势自然直起。无论坐在哪里都不可将椅面凳面坐满,显得懒懒洋洋疲疲沓沓的。坐在沙发里,更不要就势半躺下来。

坐下之后,不要跷二郎腿,不要抖摇双腿。女士则应双腿并拢,两脚可交叉,坐下时裙子一定要拉平。入座时,动作要轻,不要弄出很大声响,也不要影响别人。一旦坐稳后,不要不断扭动身体变换坐姿,摆弄衣服,以免使人与你一起感到不安。假若坐轿车,应先踏进一只脚,身体侧转进入车座,再抬起另一只脚进去,调整一下坐姿时,注意拉平衣裙。下车时也要先出一只脚,侧身而出,站直转身。

  坐着与人谈话,身体可稍前倾,表现出对谈话的关注,但倘异性间谈话,则女性可以稍直,以显得庄重。离座时,也应轻轻起身,并随手掸平衣裙。

  不是万不得已,不要一会儿坐下,一会儿站起走开,假若你今天不可能坐稳下来的话,索性不要有固定座位,让别人不断地为你的离座就座而分神是失礼的。

  站,要注意挺直、平稳、庄重、自然。站虽不是出操的立正,但也要挺胸收腹,使身体稍稍紧张而显出精神。站立时,双腿不要跨得太开,一般与肩齐,不要摇腿抖脚,用脚踢什么东西,也不能倚墙靠柱,既不卫生也不精神。手的姿势要自然,或自然下垂,或搭在挎包上,或手里拿着什么东西,如文件、小包等。但在公务场合,不该将双手插在口袋里,或双手插腰、双手交叉在胸前,这都显得散漫、随便。而站在那里不断地搔首弄姿,摆弄衣服,又是做作的表现。站还要注意地方,不要不知所措地往中间一站,自己尴尬,又影响别人行动。站在别人桌旁时,也应稍稍欠身,以示尊重与倾听。

  走,是精神面貌的动态反映。在公务场合,秘书人员要注意自己走动时的姿态和节奏。因为工作在领导身边,经常接待客人,走姿优雅是秘书人员的必备修养。行走时步态轻松自然,才能给人良好印象。秘书人员在办公室内走动时,要注意步子不能太大,脚步要轻,不能蹬得地板咚咚直响,行走时要注意周围物品,尤其在陌生的地方,不要踩在什么东西上,弄出很大声响,或碰翻什么东西。在室外走动,要挺起胸膛,显出精神,步子可比室内稍大些,但仍需轻松,自如。手的摆幅不宜太大,步态也不该呈内外八字,臀部更不能跟着腿脚一起扭动。行走还需注意与同伴的配合,几个人一起行走时,不要并成一排而妨碍别人,公务活动中,也不宜与人勾肩搭背结伴而行。倘男女同行时,一般女子走在前面,而路面状况不好时,男子就应该走在前面;上下楼梯时,男子走在前面,而进出电梯时,则是女子走在前面。

  此外,身姿手势也是举止行为礼仪的体现。适当用一些身姿手势,可以增强谈话内容的有效信息,也使秘书本人形象生动。如表示招呼时,高抬手臂左右挥动;表示抱歉时,右手举起作行礼状;个别情况下,努努嘴、眨眨眼,可以完全代替语言而传达相关信息。男性的身姿手势动作力度大些,女性则轻柔些,但都要注意幅度不宜太大,更不能碰出什么声响,毕竟手势只不过是语言的辅助,而不是舞蹈演员的肢体语言。倘跟外国人打交道,除了注意身姿手势的文雅之外,还要注意各国各民族的不同习惯和禁忌。

**1. 伸食指** 以食指指人,很多东方国家认为是不礼貌的,在西方国家则认为这是批评、嫌恶被指之人,在我国,却只是指一下罢了。弯曲食指,我国表示"9",到了美国就成了召唤人了。竖起食指,除了像我国习惯可以表示"1"以外,法国人以此表示"请求提出问题",缅甸人以此表示"拜托",新加坡人以此强调重要性,在澳大利亚,却表示"再来一杯啤酒"。

**2. 伸拇指** 翘起拇指,可表赞扬之意,亦可表"为首"、"为大"。但在澳大利亚,这有恶意骂人的含义,意大利人又以此表数字"1",而英国人则表示他想搭车。

**3. 其他指势** 竖起二指呈"V"型,我国表示"2",英语国家表"成功"、"胜利";但手心向内的竖起二指却是侮蔑性的。拇指食指曲成圆圈,掌心向外,再竖起另外三指,便是"OK"手势,这在美国表示同意首肯,在法国表示"0",在印度表示正确,在泰国表示"没问题",在日本、韩国表示金钱,在巴西表示引诱女人,在突尼斯表示傻瓜、无用。此外,表"5"以上,"10"以内的数,外国人不用一只手比划,当然也不明白我国用一只手表示的这些意思。

**4. 左手** 在许多地方,人们认为左手是不干净的,因此必须以右手为尊,右手为贵。不能以左手收受礼物、递接东西,不能以左手吃饭。在印度、泰国、印尼、阿拉伯国家和一些非洲国家都如此。

**5. 其他动作** 我国年长者抚摩小孩头顶以表喜爱,而在佛教国家则万万不可。阿拉伯人喜欢触摸对方,并闻对方的气味。我国以点头表同意,摇头表否定,但在阿尔巴尼亚、保加利亚、尼泊尔等国恰好相反,点头否定,摇头才是肯定。日本人点头不表同意,只表理解,而阿拉伯国家点头只是礼貌而已。

双臂交叉置于胸前,许多地区认为既不雅观亦无含义,而斐济却以这一身姿表示对说话者的倾听和敬重。招呼饭店服务员,西班牙人吹口哨,非洲人敲打桌子,这在他们都是合乎礼仪的。

## 二、行礼有节

世界上最通行的礼节,大约就是握手了,握手是一种最常用的见面礼。

初次见面而相识的要握手,老朋友久别重逢要握手,无论长幼、尊卑、男女、无论见面告别、感谢祝贺、鼓励慰问,都可以握手。

既然握手是重要礼仪,那么首先要注重与之相配的全身姿态。握手时,身姿要站直,上身稍前倾,右手四指并齐,拇指张开,与对方满手相握,稍摇动二三下,并配以微笑和问候语。特殊情况下,握手时间可稍长,如意外的相逢、格外深沉的慰问等。

握手虽是运用广泛的礼仪,但仍有一套程序,一般应由主人、长者、身份地位高者或女性先伸手,而客人、年轻人、身份地位低者,男性应先向对方问候,待对方伸出手后再向对方伸手相握;老朋友、老同学相见,双方都应主动伸手以示热情;多人握手时,注意不能交叉,一定要依顺序待别人握完再伸手。每人相握时间应大致相等,以免使人觉得厚此薄彼。

握手,力度要适中,对一般客人、老朋友、尊长者的握手力度实质是不同的。一般客人握一握,轻摇几下,持续约三秒左右,而对尊长者,则应握得稍紧些,表达你的敬意。老朋友相逢,握手力度可以大些,多摇几下,时间长些,因为这是友好表示,老朋友不会见怪。而对女士,男性应轻握对方手指部分,不要满手相握,也不要时间太长。

握手时,应除去帽子和手套,但现役军人则不除帽,而应先行军礼再与人握手。女子的与服装配套的纱、丝质手套也不必除去而可与人握手。握手时,双方的手都应是干净的,而且必须空着手。手既相握,眼睛就应注视对方。而眼皮下垂、目光旁视,甚至与第三者交谈招呼都是不应有的举动。握完手之后,也不可当着对方的面擦手。

有时,你伸出手去而对方却反应冷淡,你可以就势挥挥手招呼,这样既不失礼节,又弥补了尴尬,不要因对方的失礼而弄坏了自己的情绪,更不应该由此破坏整个气氛。

在较大的场合,远远看见熟人在另一端时,不要大声喊叫,也不要跨过许多别人的座位硬挤过去,可向远处的熟人招手致意,如轻轻挥一下手,双手拱一拱,现在有些年轻人伸出两指做 V 字形手势,也都是合礼举动。倘在公务场合遇到有身份地位的老朋友、熟人,不必贸贸然招呼,而应在对方礼节性应酬告一段落之后,再相机趋前致意。

在人数较多,场面较大的会见时,我国也有拱手为礼的。众人互相拱手,互致问候或祝福,场面热烈融洽,是我国礼仪传统文化的良好运用。此外,若女士未向男士先伸出手表示愿意相握,男士也可向女士拱手表示敬意。

有些国家、地区、民族不习惯握手,而有其他致意礼节,秘书人员应知晓并理解这些礼俗文化行为。如:东南亚佛教国家是双手合十致意的,日本人多行鞠躬礼,西方人爱以拥抱、贴面颊表示亲热,必要的场合,秘书人员都可以仿而效之。双手合十时,人要站定,身体微微前倾,面带微笑,手举得越高,所表敬意越深。鞠躬礼虽在日本流行,但鞠躬源自中国,并至今仍是我国行礼的方法之一。对尊长者、对异性、或在婚礼、葬礼、授奖仪式等场合,都可以用鞠躬礼,平时的迎送客人,也可以鞠躬为礼。鞠躬时,人要站定,双脚并拢,双手自然下垂,脱帽曲体,一般弯腰30°—45°左右,但较隆重的场合,应弯腰90°以示真诚或虔敬。西方人的拥抱各有讲究:在公共场合,妇女之间是亲脸;男子之间是抱肩相拥;男女之间是贴面颊;晚辈亲长辈的额头;男子对女宾可稍吻其手背或手指以示尊敬。至于礼节性的拥抱,一般是两人相对站立,各自右手在上,扶住对方左后肩,左手在下,扶住对方右后腰,双方头部及上身先侧向左面行拥抱礼,然后头部及上身再侧向右面相拥抱,接着,再次向左拥抱,如是礼毕。

### 三、颦笑有度

人的姿态行为表明了人的素养和情绪,人的表情更反映出人的内心活动,公务场合,秘书人员应该真情流露,自然大方,倘过分渲染夸张,或喜怒全无节度,则仍为失礼失态的表现。

眼神是交往中以视线相触来传递信息的表现,人们往往说:眼睛是心灵的窗户,可见眼神是最不易掩饰的情感信息,人们在相互交往时,其实都在自觉不自觉地观察别人的眼神,体察别人的情绪。一般说来,跟人说话时要注视对方。有人统计,交谈时,视线接触对方约占全部谈话时间的30%—50%左右,倘注视时间高于此,说明对谈话者本人比对谈话内容有兴趣,而倘低于此,则说明对这次谈话兴趣不大。所以,要适当把握,眼神要关注对方。心有旁骛、紧张自卑都会影响眼神的自然交流,进而影响谈话结果。秘书人员应充分认识到这一点,在交往中既会"察言观色",敏锐捕捉对方的情绪,以使自己适当应对,招待得体,又要注意自己的眼神传达的精神面貌,要努力传达自己的诚意及合作的意愿。

在与人交往中,还要注意眼神目光的适当运用。进出重要场合时要目不旁视,不能东张西望以眼神跟人打招呼,必须在坐定之后才四处打量。遇到困难挫折时,也不该在人前显出灰心丧气的样子,尽管十分痛苦和疲惫,但目光仍应坚定、自信,给人以自尊和自强的感觉;有兴奋高兴的事,眼光炯炯有神,工作自然也格外有劲。尽管眼神是不易掩饰的,但在公务场合,个人的内心情绪,不应随便释放,还是要注意控制。

但眼神目光在各国也有不同的运用,在法国、意大利及拉美和中东国家,眼神是表明诚挚专一的,而在日本、印度、柬埔寨和亚洲其他国家及非洲部分国家则应该避免,因为在这些国家人们以避免直接的目光接触来表示尊敬,他们或以为这会使对方感到不自在,也有认为是侵犯隐私,不能允许。此外,目光接触也有年龄、地位、性别和时间长短的区别,一般年轻者、地位低者通常不直接注视年长者和地位高者。伊斯兰教的国家,妇女不注视男子,亚洲国家注视以2—3秒,美国可长达5—6秒,而日本人认为只要偶尔看一眼即可。

笑容,不仅是人的情感流露,也是人的礼仪表现,人们主张"微笑服务"、"微笑公关",就是认为笑容可以强化语言的沟通功能,增加互相的交际效果。笑容还可以表示道歉、原谅、理解,秘书人员的"笑",并可缓和空气,消除矛盾,给对方一个真诚和解的信息。

中国旧道德规定女子"笑莫露齿",这是服从封建礼教精神的行为规范,但毕竟说明"笑"不是可以随意为之的,也有一个"相"的问题。据调查,先天盲人的脸相与后天盲人的脸相就很不一样,先天盲人有"盲相",即脸部喜怒哀乐的表情很盲目,而后天盲人在失明前是见过人类表情的种种表现和变化的,所以,他知道该怎样表现笑或哭、喜或怒。这个事实告诉我们,即使是人先天就会的"笑",也确有其"相",而作为秘书,在公务场合,更要将"笑"与工作联系起来,在有"相"的同时,还要有"度"。

笑的"相",指人的笑容应文雅、得体,不顾公务场合的应有礼节放声狂笑,笑得呲牙咧嘴、前仰后合、跌成一团,笑得说不成话,扑翻了茶水,都是要不得的,因为工作中如此放肆的笑相与工作应有的氛围不吻合,也是工作场所规章制度所不允许的。笑的"度"指秘书人员要掌握笑容的分寸和不同场合的运用,与人招呼时的笑意是礼貌,与人交谈时的笑意是谦虚,与人谈判时的笑意是真诚,与一个情绪激动的人的微笑是和解或劝慰,对外公关时的笑意是自信……要注意的是,这里我们谈的都是"笑意",而不是具体笑的程度,这一方面说明不同场合有不同要求的笑,不能统而一之;另一方面,则说明"笑"要适可而止,它是个人礼仪在工作中的具体的运用,是为工作目的服务的,所以应该笑着面对工作,但不是笑归笑,工作归工作。

同样,哭也是人的情感流露,但哭在一般场合却不是礼仪表现而有悖于礼仪,所以,工作时秘书应会控制自己的感情,不能哭,更不能当着别人的面流泪。此外倘个人的情绪、身体很糟糕的时候,当然是"笑"不起来的,但如果将个人内心的喜怒哀乐皆形于色的话,工作就完全被个人情绪所控制,并受个人情绪的影响了,这是秘书的大忌,因为这肯定会破坏你的工作成效,破坏工作整体了。至于怒,更要控制。秘书的职位是很不适合发怒的,他是助手、是中介,对谁发怒?而且他又是第一形象,怎能发怒?所以,怒是必须反对的,秘书不能横眉怒目对人,不能冷眼冷言待人,更不能怒气冲天,詈言相骂,拍桌顿椅,那样的话,也许该结束秘书生涯了。

由于跟各色人等接触,秘书必然会遇到各种事情,难免有吃惊、生气、委屈,或得意、开心、满足的时候,这时要注意自己的表现,大呼小叫(尤其女青年),絮叨得没完没了,或得意忘形,这都是有失检点的。还有些女青年表情夸张,说她眼睛大,就更睁大些显示眼睛,说她牙齿齐,动辄咧嘴大笑,说她漂亮,愈加搔首弄姿;有些男青年为表深沉,总爱皱着眉头说话,这些都是不应该的,既不自重,也违背了自然本色的原则。它不仅没有增加交流中的融洽沟通,反而使对方反感生厌,更不愿与你沟通。

除了表情要适度外,人与人之间在交往时的距离也应该适度。空间领域的使用,与人的将自我存在告知他人、并测算出他人存在之远近的本能有直接关系,每个人都有拥有自己独有的空间领域的需要,有了空间的距离,人才更能体现尊严。

空间距离可分为"亲密距离"、"个人距离"、"社交距离"、"公众距离"四种,其中"亲密距离"用于最为知心朋友和爱侣之间,间隔15—50cm,以示亲密无间。"个人距离"用于日常工作场所和一般聚会中,间隔50—120cm。"社交距离"可分为120—200cm的近距和210—350cm的远距,前者可用于办公室内谈话,后者则用于外宾接待,商业洽谈。"公众距离"是360cm以上的大距离,用于群众场合。空间距离使用是否恰当,既是工作成效的检验,也反映出秘书本人修养和能力。所以秘书人员应注意在不同场合把握好距离的分寸。不要侵犯别人的空间领域,造成别人的难堪和反感,即使在拥挤的环境中,如挤满人的车上,人与人拥在一团,也应保持心理上的距离以维护人的尊严,可以默不作声,毫无表情,转眼向外等动作表示对周围人无兴趣不关注,以冲淡人挨着人的无奈。此时若大声与熟人讲话,不断地扭动身体,是无视别人存在的无礼行为。在公共场合,还要注意别让自己的行李物品占了太多地方,或自己的收放机不以耳机收听,这都是一种侵犯别人领域的行为。此外,也不该抢档插队,不注意公共卫生。当然,遵守这些距离规则的目的是为了更好地达到交往的目的,而在不同情况下,对不同的对象,又要灵活运用这些规则。如澳大利亚人更习惯宽敞空间,日本人则不太反感逼仄的空间,德国人即使在战俘营,也要有独立隐蔽的厕所,以使个人有一个私下的空间。而在工作中,根据对象的情绪、交往目的之不同,也不是只能保持一种空间距离,如交待机密事件,双方距离要近,秘书劝解来访者,领导与秘书交流思想,都可以近距离交往,或远近交叉,以取得最佳效果。

## 第三节 仪容和服饰

我国一机构官员在境外招待宾客时,因穿着 T 恤而引来嘲讽非议,这说明仪容服饰在当今社会是重要的交往礼仪,作为秘书人员,其仪容服饰会影响他在领导和社会公众心目中的形象,秘书的仪容服饰所形成的效应,直接影响秘书的工作成效。仪容服饰也是一门修养,一门学问,一种文化,所以应该专门研究。

### 一、仪容

仪容即指秘书人员的仪表姿容,包括他的面容、发式、气味及总体精神面貌,仪表美了,给人的第一印象也就好了。

(一)仪容的基本要求

**1. 昂扬健康**

对仪容的理解不该囿于如何打扮,应首先认识到一种昂扬健康的精神面貌是最好的仪容状态,我们不能设想一个人毫无生气却在浓施粉黛后变得可亲可爱,倒是可以认为一个活泼健康的人,素面朝天仍不失魅力。外国记者描绘 20 世纪 40 年代的延安时说,延安人生活十分艰苦,打扮上不分男女,却歌声不断,朝气蓬勃,使人坚信中国的未来希望在延安。所以,仪容的后天修饰只是治表,而反映本质的是精神,一定要使自己有健康的心态和良好的生活习惯、作息规律,仪表才会美好,"出入社交场合的人员——不仅礼数周到,而且生活习惯也无可挑剔。"①

**2. 和谐自然**

长相是天生的,后天着力去改变长相,如垫高鼻梁、割双眼皮、染金头发等,虽也有一定的补救缺陷和提升美感的作用,但终究不是自然浑成的东西,所以,仪容美指的是仪容的和谐自然,只要和谐自然了,浓眉大眼和疏眉淡眼都是美的,追求仪容美也是在对自然的补充上使之更和谐。所以,不能人云亦云跟风走,别人染黄发,我也染黄发,别人修细眉,我也修细眉,这种抹杀个性、违背自然的做法,正说明这个人修养的缺乏。

**3. 卫生日常**

卫生指个人仪容修饰要讲究整洁干净,秘书人员决不能给人邋遢的感觉,蓬头垢面、萎靡不振、浓妆过度都不会给人留下美好的印象,而头发胡须修剪光净,眼睛鼻子齿间无污垢,不留长指甲,会给人愉悦的好感,因为人们觉得你干干净净,是个认真负责的样子。另一方面,仪容修饰要日常化,这既指必须天天注意,时时注意,也指仪容不能过度包装而应该以日常状态为主,太光亮的头发,太鲜艳的口红,太刺鼻的香水,太夸张的眼圈,都失去了它们作为日常修饰的意义,所以应该做的是勤洗勤修,但不能浓艳过度。

## (二)仪容修饰技巧

**1. 发型**

发型是人的仪容的关键,发型适当了,人的精神面貌也会随之一振,并给人耳目一新的感觉。头发的发质各有不同,但不论男女,不论发质优劣,头发都应该是清洁、蓬松、无头屑,却散有淡淡的香味。

青年男性秘书应梳理短发,一般多以三七开的分头为主,不留鬓脚,也不要擦油太多显得太亮太滑。年纪稍大的男性秘书或文职人员可留背头,但也应勤剪勤洗,保持整洁。此外,各人身材气质不一样,发型也不一样,身高脸长者,不宜把头发做得又高又窄,而矮胖者又不该做蓬大的发型。因此,长脸型的发式宜大,两侧蓬松,顶部不要高;圆脸型的发式宜窄,上额角

---

① E·波斯特《西方礼仪集萃》,第70页,三联书店1991年。

和顶部应隆起,千万不能做成圆形;方脸形的发式宜用弧形轮廓;菱形脸两侧宜厚,隆起呈椭圆形。

平时要注意保养头发,洗发用品要适合自己的发式皮肤,并坚持按摩头皮发根,梳发时要顺着发型发丝的流向顺流而梳。此外,饮食营养的合理和生活习惯也对发质产生很大影响,要注意养成健康的生活规律和卫生习惯。

胡须是男性必须修剪的,一般每天早晨盥洗时就该清理一下,不能带着胡茬子出现在工作场合和社交活动中,如有必要的话,晚上的活动前应再刮一下脸。男人的鼻毛也应每天注意,及时修短,切不可露出鼻孔外。

女子的发型同样要注意与脸型身材相配,并根据自身发质肤质条件选好对应的洗发护肤用品,保证头发干净、黑亮。头发不宜多烫多吹风,这会损坏发质,也不宜长时期不修剪,所以即使留长发,发梢也要常修剪,以便既保持整齐又刺激头发健康生长。

对女子来说,除了要根据不同脸型身材选择发型外,不同场合也应注意调整改换发型,以既适应环境气氛,又给人新鲜靓丽的感觉。一般说来秘书日常工作时伏案较多,又常与人交际,披肩长发虽美,但在工作时,最好扎一下或编起来,显得精神、干练,不影响工作;参加交谊或出席宴会,则可精心盘成发髻显示高贵雅致;短发者可在不同场合做成不同式样,或者简单地将原来偏向这一侧的改为偏向另一侧,也可一起向前或向后梳理,这也会给人以新鲜感。但秘书发型不宜太披散,头发上饰物不宜多,一件(套)足够了。额发不能遮到眼睛,那会给人留下太幼稚、太散漫的感觉。

**2. 面容**

面容是仪容的根本,美容就是通过对面部的改善美化,达到美的目的。

要对面部进行美容,首先要依据本人的脸相特点来确定怎样美容才能突出优点,掩盖缺点,另外还要考虑是到什么场合,干什么事情,使面容与环境吻合。

美容与美发一样,首先也是清洁,一个人要给人清爽干净的感觉。眼角不能有眼屎,鼻腔要干净,耳朵的凹槽里也不该有积垢,牙齿应该洁白光亮,不能有口臭,工作时不该吃葱蒜辛腥食品,指甲不宜留长,甲缝更不能有积垢。干净的人才能给人容光焕发的感觉。

根据不同的场合,可适当化妆修饰面容,但化妆时,对各种化妆品的使用,一定要适合自己的肤质、肤色、气质和工作环境。

(1) 男士化妆步骤

刮脸：先用热毛巾敷一下，涂上剃须膏，用剃须刷蘸温水在胡须处来回稍润几下使产生泡沫，然后用剃须刀刮胡须。剃刮后，用温水热毛巾把泡沫擦净。如不再化妆，涂护肤霜润面即可。

洁面：以清洁霜均匀涂于面部并按摩，再取药棉或软巾纸轻轻向两边擦去。

收敛：用爽肤水或营养蜜涂于药棉或手掌中，轻轻拍打于面部。

打底：取棕色基调粉底霜涂于面部以调正肤色，注意必须薄而匀。额头与颈部不可敷之过度，以免造成"假面"状。

双颊：以棕红色胭脂增加血色，但必须淡，气色良好者可不用。

眉：男性眉毛宜粗浓些，以显阳刚之气。一般以整理为主，按原形稍加修饰，起调整作用。

唇：一般只用润唇膏，唇色苍白者或嘴形太小则以唇妆弥补，可用棕色或肤色唇膏。

耳：以粉底或略深于粉底的粉稍搽。

胡茬：胡茬浓者，可用淡黄色轻敷，以中和深色胡茬；倘不能掩盖，也可索性用眉笔将胡茬勾出，再用手将胡须抹匀，显示出小胡子，但形状色调一定要自然。

定妆：在耳背洒少许香水定妆。

（2）女士化妆步骤

洗手：彻底清洗手部，然后揩干。

修眉：眉毛杂乱无型，依脸型修拔。

固发：将头发和留海用发夹夹上去，再用头巾固定之。

洁面：用适合自己皮肤的冷霜或洗面乳彻底清除脸部污物、油垢。

收敛：将爽肤水或化妆水轻轻拍于面部，给皮肤补充水分，软化角质，使细小皱纹收敛，并防止化妆脱落。

润肤：按不同皮肤选用霜、乳、水滋润皮肤，防止皮肤化妆后干燥，但用量宜少，让皮肤透气。

打底：挑少许粉底霜点在额、鼻、双颊、下巴上，再均匀涂抹，鼻翼两侧和下眼睑睫毛处、发际处、嘴角处、颈际处要抹匀晕染，调正肤色。

定妆：轻扑香粉于脸上，但一定要薄，似有似无。

眼影：在上下睫毛底部用眼线笔画出细长线，上眼部尽量贴近睫毛部，从眼角至眼尾处引画，下眼线贴近睫毛部，从眼尾至眼角内侧先点上三点，然后用指尖把点延抹相连成美丽眼线。

  眉:面孔向下而眼睛朝上看时,额和眼睛中间处挤入部分称"表情线",是为眉造型最佳部分。由鼻翼的最下端分别向上作一垂线,并对准眼角作一直线,向上延长,将眉按原形延长线交于此点,此点即为眉毛所应取的终止点。眉在延长时应与眉形融合,确保自然。眉的化妆并应与眼睛、前额相吻合。不可粗浓而失温柔,不可细疏而不入时,大眼睛不可将眉修得过细,小眼睛则要将眉毛画得略粗浓些。

  唇:先画唇线外轮廓,再用选定颜色向内涂匀,唇线笔与口红的颜色以相差一号为佳。

  颊:用小毛刷蘸胭脂少许,由颊部向内向下晕染,要均匀自然,边界要汇成一体。

  睫毛:上睫毛要眼睛朝下涂睫毛膏,先将睫毛往下拉,再托起眼皮朝上拉,睫毛不能被粘住,下睫毛应从睫毛根部开始涂睫毛膏,轻轻向外至尽头。

  指甲:摇匀指甲油,先涂一些在指甲前端,接着向四边抹匀,最后竖着填补中央部分。

  定妆:发际、衣领反面及耳背洒几滴香水。

## 二、服饰

  服饰包括服装、饰品、领带、围巾、帽子、手表、包袋、眼镜等,它们构成了人的自体以外的全部装饰。

### (一) 服饰的基本要求

**1. 呈现个性**

  人要衣装佛要金装,衣饰是人的第二皮肤,不可忽视,但如果不顾个人的特点和自我的条件,是穿不出好气质好样子的,甚至会贻笑大方。《安娜·卡列尼娜》中别人建议安娜穿紫色裙子出席社交活动,安娜却穿了一袭黑色的裙子,使渥伦斯基再次为安娜的气质所撼动,这就是服饰展现了自己的个性,而取得的良好效果。所以服装不能不顾自己的年龄身份而一味以时尚为趋。当然,服装应该入时,求新,但这个"新"、"时"必须为展现个人的风采服务,而不是倒过来,由人去迎合时尚新潮,流行的不一定是适合你的。"城中好高髻,宫中高一尺","城中好细腰,宫中多饿死"是本末倒置的教训,应该记取。人的个性特征也从服饰的选配上体现出来,依据自己的性格爱好选配服饰来适应时尚,而不以时尚来左右自己,是审美修养的表现。

**2. 扬长避短**

秘书不像阅兵式队伍中的战士那么高矮胖瘦整齐划一,因此,选配服饰在结合个性风采的同时,一定要扬长避短,展现自己的优点,掩饰自己的缺陷。如胖人就不穿横条衫,肤色黄的人不宜穿绿衣服,都是依据扬长避短的原则得出的结论。秘书人员应仔细设计自己的形象,分析一下自己身材肤色的优缺点,确定自己的服饰风格,力避可能破坏自己形象的颜色和样式,使自己总是自然得体地出现在各种场合。有一位服装专业的教师说:"我不是穿什么都好看,而是什么适合我,我才穿。"这样的服饰选配标准当然是"什么都好看了",这个故事很值得秘书人员玩味,一味地模仿别人的穿着,往往弄巧成拙。

**3. 民族特色**

作为一个秘书人员,可能经常接触外宾,在涉外交往中,与其穿西式服装,不如显中国民族特色更有意义,也使你更有风采。如改连衣裙为旗袍,可能效果会大不一样;将披肩长发盘而成髻,再插一花夹,也许别有情致。每年召开的亚太经合组织非正式会议,都要让与会各国首领穿一件会议举办地的民族服装,这也说明民族特点是受人欢迎和尊重的。有些人爱染淡色头发,戴外国图腾的饰品,结果并没有取得意想的效果,就是因为民族风格不对,显得不伦不类,既学不像别人,又丢失了自己。所以越是民族的,才越是世界的,只有体现自己民族的文化特色,表现自己民族的特有审美情趣,才尤显珍贵,尤被人所注重。

**4. 简洁为美**

衣服饰品要追求简洁,越简洁,越流畅,美学效果越好。一件衣服上上下下饰满了花样,缝纫师像故意展示手艺似的在衣服上又是裁又是剪,做出来的却未必就美;一款首饰又粗又大还缀满了零碎,就不适宜再戴在身上,那会使人觉得太重;一身衣服由多种颜色汇成,好像打翻了漆罐子,就没法穿它;一个人的手上又是手镯又是手表,又是几个戒指,还有什么"美"可言呢?所以服饰力求简洁,点到为止,给人留下进行充分审美想像的空间,这样当然效果会更好。另外,秘书人员的工作比较繁重,衣饰太繁琐了,拖拖拉拉、钉钉挂挂的,非但不利工作的有效进行,还易招来他人的闲话。作为一个单位的对外窗口,应本着以工作为重的精神努力工作,整天收拾满身的饰品,既显得散漫,又被人笑话。

(二)服装

**1. 服装与颜色**

服装颜色的选择必须与自己的肤色和服装面料质地相配,与季节相谐。同时,秘书人员往往有涉外活动,所以,要了解各国的颜色讲究,以免出错,令外宾不愉快。一般说来,日本人不喜欢绿色,他们以白色为哀伤,而以黄色、红色意味好运幸福。

巴西人不将绿色、黄色配在一起,因这是巴西国旗的颜色,日常不随便用。棕色也不被巴西人喜欢。

美国人认为红色、黄色是雅致的颜色。

埃塞俄比亚人认为黄表哀悼,只有哀悼活动中的人才穿黄衣。

拉美人以紫色为死亡之色,十分忌讳紫色。

乌拉圭人忌讳青色,认为青色是黑暗的代表。

比利时人只在不吉利场合才穿蓝色衣服。

欧美人以白色为贵,婚礼用白色;而以黑色为重,悼念或庄重肃穆场合才用黑色来渲染,着黑服系黑领带是参加葬礼的打扮。

西班牙人穿黑西服黑皮鞋,系着灰领带,他们以黑为最美颜色。

由于犹大穿着黄色的衣服出卖了耶稣,全世界基督徒都不喜黄色。

**2. 穿衣要求**

(1) 男装

正式场合,男装为深色西服,白衬衣,黑领结,黑皮鞋。全身上下服装的颜色不宜超过三种。衬衣的领子袖口要干净,袖口要扣好,衬衫袖较西装袖稍长1—2cm。衬衣下摆塞在裤内。单排扣西服可不扣,也可扣上边一个或中间一个,坐下时则应解开扣子。站立时,双排扣西服应扣好。倘穿西装套服,要穿好背心,扣好背心纽扣,注意不能让领带下摆从背心纽扣下伸出来。西服内不宜穿其他衣服,那就显出土气了。

夏季穿长袖衬衫系领带,衬衫下摆应塞入裤腰内。衬衫不可卷起袖子,必须扣好。穿短袖衬衫则不应将衬衫下摆塞入裤内。

男士的皮鞋必须与服装协调,黑衣黑鞋,棕衣棕鞋,以黑为最正式颜色。西服袋内不可放大件东西,仅限一方手帕而已。

我国男士着装除正式场合外,一般无多大讲究,但总的要求是合身,平挺,不妨碍行动。如有些人穿夹克衫、休闲衫上班,只要无重大活动,也无可非议。夏天穿T恤上班,在我国也司空见惯,但一定要干净,无皱褶,裤子要有裤缝。夏天可穿凉鞋,其他季节也可穿胶底鞋,鞋子要时刻注意刷干净,不能穿鞋跟磨损过度的鞋。

(2) 女装

正式场合,女子也应着礼服,一般是长到脚踝的裙子,我国妇女则可穿长旗袍,裤装是不能作为最正式的礼服的。平时,女子可穿职业套装,显得聪明、干练。我国妇女在工作场合和交际活动中往往并不忌讳裤装,但裤装对穿着者身材条件的要求比裙装高,裙装较容易遮掩身材缺陷,这点着装时应充分考虑。近年来,我国妇女又开始注重传统服装,中式对襟盘花纽的上装,配上与之相吻合的裙子或裤子,形成一道独特的着装风景。

一般场合中,女性着装的自由度比男子相对要大,夹克、牛仔服、毛衣、短装都可以,总的要求也是全身干净,不妨碍行动,如不妨碍下蹲、快走、上下楼梯、取东西等。我国女子骑自行车人数众多,裙服不一定适宜,所以裙裤在我国也很有市场。这些都说明,服装的诸多讲究中不可忽视国情民情。

女装配鞋各有区别。礼服长裙或长旗袍,当然应配高跟皮鞋,既衬托体态风仪,又合乎国际惯例,但穿中式套服时可穿软底鞋、平跟鞋、布鞋,既花样百出,又有民族特色。只要不是特殊场合,可不强求。但公务场合不要穿细高跟鞋,那不利工作中走动。

(三) 饰物

**1. 服装配件**

服装配件包括领带、领结、帽子、围巾、手套、腰带、手帕、眼镜、袜子、纽扣、包袋、表、笔等等,其中大概除了袜子外,其他各件的装饰意义远远超过了实际使用意义。

(1) 领带领结

领带领结本是西服的配套装饰,男子可备不同色泽花纹、不同宽窄长短的多根领带,以适应各不同场合和不断变化的时尚。领带应与衬衫西服相协调,也要与袜子相协调。领带的质地不厌其精,一般以丝绸为佳。在喜庆场合,领带颜色可鲜艳些,吊唁等严肃场合,领带的颜色要素气,或直接用黑色。有时人们以领结代替领带,如国外参加晚宴、音乐会、看演出等,或在穿燕尾服时与之配套。领结通常有黑或白色,也有红色的,但不像领带那么多色彩花式。单穿衬衫时,仍可系领带,穿夹克等翻领服时,只要将衬衫的领子袖口纽好,都可系领带。但倘因天热解开衬衫领扣,挽起衬衫袖子时,不该再系领带。无论是领带还是领结,都要挺括、周正,不可软沓沓皱巴巴的。系领带还可配以领带夹,这是一个小巧的领带专用饰品,应选用细长,造型精致,线条流畅的领带夹,领带夹的质地一定要好,否则可能会弄坏领带。

(2) 帽子

帽子在西方被认为是权力和地位的象征,男子从前都要戴一种叫做"波乐"(Bowler Hat)的礼帽,在街上遇到熟人,抬一下帽子示意。把帽子摘下握于手中站立,是英国白金汉宫每年游园会上男子的礼仪要求。女子则早在男士流行帽子前就已经将帽子视为流行服饰不可或缺的内容。我国传统服饰中,主要以男人戴各种不同时期流行的礼帽,而女子则不戴帽。无论男女,倘戴帽,则帽子的式样、风格、质地,必须与所穿服装相吻合,也要与场合气氛相一致,不可能在一个庄重严肃的场合歪戴着一顶俏皮的小帽。凡致礼时,男子一律须除帽;进入室内,也应将帽子与风衣、大衣留在衣帽寄存处,而女子的帽子倘作为衣服整体的一部分,则不必脱帽。不过秘书在办公室工作时,也应除去帽子——在自己的办公室内戴着帽子有些不伦不类。

(3) 围巾手套

除了冬季用来御寒外,围巾手套的装饰性远胜于它的保暖性。男子宜选用质地优良的围巾,进得室内必须除去。女子则可选用五花八门的围巾来装饰自己,除厚大的冬季御寒围巾外,丝、纱质的小围巾即使在室内也毋须除去。

作为装饰,手套必须质地柔软,款式入时。手套口应与衣袖口相重合,在手套口与衣袖口间露出一小节手腕是难看的,但应将手套口塞入衣袖口内,而不是通常人们以为的将手套口盖住衣袖口。男子入室应除去手套,与人握手更不能戴手套,而女子的薄型手套倘与服装是同一系列的,则即使在室内或与人握手,都不必除去。

(4) 眼镜

眼镜可以弥补脸部的缺陷,也可作为人的气质的补充,墨镜还可使人避免因阳光太强而不由自主地皱眉。眼镜的选配首先要与脸型相符,身高脸大的人不宜选小镜,而纤细瘦小的人不要戴厚重的大边框眼镜。眼镜一定要调整好松紧,以免由于戴着不适而不住地伸手去扶眼镜,摆弄眼镜。在室内,应摘去有色太阳镜,倘眼疾患者不宜摘镜,应向别人说明并表示歉意。

在室外照相，尤其是与多人合影时，不仅不宜戴太阳镜，也不宜戴变色镜，因为室外光线下，变色镜总是深色的，相片上的你不仅貌似盲人，而且也破坏了整张相片的和谐。

（5）提包

公务活动中，秘书人员总要携带各种文件材料或有关物品，因此，公务用包不宜太小，颜色以深色为佳。交际场合，提包成了装饰品，则应多姿多彩，质地要优，做工要精良，并与服装协调，尤其与鞋子要一致，忌讳提白色包却穿一双黑色的鞋。包袋应保持干净鲜亮，皱褶缝里不能嵌满灰尘，金属环扣应亮闪闪。包袋的边、口、底角有磨损时，不应再在交际场合使用。

（6）袜子

袜子总以轻、薄为好，穿厚尼龙袜出现在正式场合便有土气之嫌。袜子要与服装相谐，总的要求是素雅为宜，花样或颜色太跳，给人感觉不成熟，因为小孩子才穿各种好玩的袜子。不能穿着抽丝破洞的袜子出现在公共场合，所以，尤其女秘书人员包里或办公室抽屉里应准备好备用袜子以防难堪。袜子的袜口不宜外露，男子要注意坐下时，裤脚下是否露出了袜口甚至一截腿——那可很不雅观。冬季将袜口包住毛裤的边口，再暴露在外裤脚口是很难看的。女子亦然，尤其着裙服、旗袍时，不能露出袜口，更不能在袜口和裙子的下摆间露出一截腿，那是十分不伦不类的。穿袜子还应与身材腿型相配，粗矮之人袜色宜深，修长之人袜色可浅。旧袜子松掉后，不应穿着上班活动，动辄理袜是十分不雅的事。女士同样也要注意袜子与鞋的相宜，有双袜子在某双鞋里总往下滑，那就坚决不将二者放在一起穿着。

（7）表

对秘书来说，表是缺不了的工作用品，但它们同时又是重要的装饰品。男秘书的手表可以稍大，功能也可多样。但女秘书的手表不宜大，功能也不宜多。手表以金属外壳为大方，塑料外壳只适用于休闲旅游场合，造型奇特的电子表可作为小礼品送人，或作公关道具，但不宜在正式场合佩戴。

**2. 首饰**

首饰可以衬托一个人的气度，也可以破坏一个人的品位。油头粉面再珠光宝气，决无美可言，因为首饰的作用是点缀而不是显示。

男性秘书人员工作时不宜佩戴首饰，一块手表足可映衬你的风度了。有些青年男子以红线佩着一块玉在公众场合活动，显得孩子气，也显得小家子气，往往不伦不类。一般着礼服或工作服时，不该佩玉，至少不该将之暴露在衣服外人们可以发现的地方,休闲时偶一佩之,体现个性,固然无可厚非。在正式的隆重严肃场合,男子不该佩粗劣首饰,已婚者一只戒指足矣,未婚者不戴任何首饰。注意,男子的项链并不登大雅之堂。

对女秘书而言,首饰也以简为佳,以雅为品。工作时不要戴太多首饰,也不要佩悬挂式耳环,手上有了手表,就不要再加上手镯或手链,项链不宜太粗。有人在戒指或项链的环扣处缀以红线防滑脱,用心良苦,却破坏了审美效果,不能将此法用于正式场合。一般说来,有了项链、耳环、一只戒指,就不能再添加什么了,从头发到脚趾都缀满饰品,尤其是金器,成了一个流动的"首饰铺",既不高雅也不合工作环境。

某些人因特殊意义将某种首饰常年佩戴于身,但倘这件首饰与场合或服装不相配时,应将之收起,因为别人并不了解你之所以佩戴这件物品的意义,而只看你的打扮是否与场景相宜。有时,秘书人员出现在特殊场合,如葬礼、吊唁、访贫问苦、重大事故调查时,应取下首饰,严肃面容,以与氛围相宜。

### (四) 服饰穿戴须知

1. 流行的不一定是适合你的,决不盲目穿戴流行的东西。
2. 时刻注意整洁,但倘要整理自己的衣着穿戴或要补妆时,应到卫生间,不宜在公开场合整理自己,也不要动不动就以手指理一下头发。
3. 女秘书不应留长指甲,既不便工作也不卫生。
4. 男士贴身内衣不可露出衬衫外,女子内衣的带子也不能显露于外,贴身衣裤的纹路不宜隐约可见。不论穿何种服装,商标都不该露于衣外。
5. 场合越隆重、越严肃、越正式,越宜着深色装,其面料质地做工均应精良,所佩首饰应货真价实,不能佩人造珠宝。
6. 在国外,倘主人在邀请信上注明服饰要求,应遵主人之意着装。
7. 东方国家以年长为尊,西方国家以年轻为荣,与不同国家民族的人打交道,要了解对方心态和习俗,理解对方的服饰原则,并调整自己的服饰。
8. 任何服饰仪容都与人的精神和举止融为一体,只有饱满的精神,得体的行为,才与恰当的服饰相谐。否则,衣饰并不能衬托甚至升华一个人的精神气质,反映一个人的修养素质。

**思考题:**

1. 怎样理解秘书人员个人礼仪的基本要求?
2. 言谈举止礼仪要求与秘书人员个人道德修养有什么关系?
3. 试着给自己作面部化妆,并注意不同情况下的最佳效果。
4. 怎样理解服饰配套的基本原则?

# 第四章 办公室礼仪

办公室是秘书人员最常规的活动场所,是秘书人员施展才华的根据地,也是秘书人员展现风采的舞台。把握好自己的角色定位,做好领导的辅助工作,并时时处处以完美的礼仪体现自己精神文明的修养程度,秘书人员带给办公室的,是伴随高效率工作的一股清风。

## 第一节 办公室礼仪综述

### 一、办公室礼仪的基本内容和意义

办公室是一个单位的核心部门,是领导的工作场所,秘书人员在这里要收拾办公室环境,办理日常业务,与领导交换意见,接受领导的安排并照办相关事务。同时,秘书人员在办公室召开和参加会议,接待客人和不同来访者,协调各种关系。这其中,涉及到秘书人员的工作能力和思想水平,也反映为工作态度、工作作风、卫生习惯、礼仪行为。作为一个带窗口性质的岗位,秘书人员的表现可以影响整个办公室、整个办公楼,甚至整个组织的人文氛围,工作节奏,环境效果,体现出组织的总体精神。作为社会细胞之一的单位组织,其良好的礼仪环境是社会文明进步的体现,是时代风貌的体现。办公室礼仪也是工作制度和纪律的补充。制度和纪律是刚性的,毫无回旋余地的,而礼仪却可以缓冲或弥补刚性的制度纪律必然带有的冷酷性,使人们更能接受事实,接受结果。办公室礼仪还是工作往来的枢纽,用良好的礼仪来维系与外单位的业务往来,协作关系,可使本单位的社会网络更加稳固和深化,以利于共同发展,并为社会作出更大贡献。

## 二、办公室礼仪的基本要求

### (一) 以体现组织精神风貌为主

从企业文化建设的角度而言,企业精神是企业的灵魂。一个企业倘没有一种可以激励、激发员工们凝聚力和战斗力的精神,是不可能将企业推向更高境界,进入更新层次的。由此推及社会上的各种单位组织,都应有属于自己单位所特有的风貌、气质,这对任何单位都是一种宝贵的精神传统,也是社会主义精神文明建设的重大课题。办公室礼仪就是作为一个单位组织的精神风貌而为人们所重视,从而成为秘书人员礼仪规范之一的。

办公室是一个单位的核心,秘书人员所在的办公室,又是最核心最重要的部门,领导在此办公议事,重大决策由此定度颁行,礼仪规范便顺理成章地也应在此得到最佳体现。秘书人员的礼仪规范,不仅是个人风貌的展现,也是单位员工精神风貌的展现;不仅是秘书个人修养的显露,也关乎领导的修养。因为秘书在领导的眼皮底下工作,如果领导对秘书人员的行为、仪表、风范不加任何评说、指点或限制,甚至从不注意这些问题,看不到这一方面,那这位领导本人的礼仪修养乃至文明修养一定也有问题了。从领导到秘书都应注重自己的礼仪风范,那种视办公室为"家",在办公室挂满个人毛巾、衣服,塞满个人鞋袜、用品,摆满个人餐具、零食的作风,决不是科学的爱单位、爱企业的思想体现。还有人在自己办公室梳妆打扮或行为随便,说话口无遮拦,这种在办公室什么事都做,什么话都说的行为,也同样不是办公室应有的礼仪。秘书人员要明确地知道,办公室是自己的工作场所,虽然它与你在主观上十分亲和,但客观上它是严肃的,约束性的,它是单位组织的领导机构、会谈场所、接待窗口,必须保持其文明、礼貌、整洁有序;作为办公室的工作人员,秘书必须在这个常规的工作活动场所,以优雅的姿态、礼貌的语言、热情的态度、负责的精神,辅助领导,办理公务,处理事项,接待来宾,用工作的实绩来展现个人才智,体现单位组织的精神风貌。

### (二) 以工作大局为重

礼仪固然是重要的,但礼仪又毕竟只是一种辅助手段、外在形式,它可以有多种内涵,体现不同的精神和目的。办公室礼仪主要是反映单位组织的精神风貌的,因此,它的表现,就是以工作大局为重,以礼仪促进团结,促进工作。

协调关系是秘书部门、秘书人员的职责。为了保证工作大局的有序进展,这种协调是十分必要和十分重要的,礼仪则是协调的重要手段。有时,面对大光其火、大失其态的领导,面对一个故意刁难的同事,面对一个气急败坏的员工,秘书人员可以用理智来使对方镇静、清醒或收敛,然后再晓之以理。但是在具体的实践中,却往往发生这样的情况:某员工因违反操作规定而被处换岗,并扣发三个月奖金。员工不服,遂大闹办公室。秘书人员在接待这个员工时,虽然和颜悦色、心平气静,说的话却大有可推敲之处:"算了,胳膊拧不过大腿,你怎么碰得过他们呢?""吃亏是福。以后聪明些,抓住了是他狠,抓不住就是你凶了。"这也是一种动之以情晓之以理的劝谕之道、礼仪之术,那位员工很有可能会听劝,甚至可能感谢推心置腹劝慰他、为他倒水上茶的秘书。然而这种"礼仪"的举动所带来的却是"不礼仪"的后果,它没有增强凝聚力,没有启发员工为自己行为的错误而反思内疚,却从反面拉大了员工与企业的心理感情距离,使员工即使表面上平息了火气,心里却增加了隔膜、对抗。即使不产生这些情绪,至少员工不会在这位秘书的劝解下认识到自己错误的实质,不会把个人行为与企业的信誉联系起来从而产生愧疚,自觉下决心,以后再也不能违章操作了。因此,秘书人员的举动也许是礼仪的,但它的效果却是消极的。在日常工作中,秘书人员由于工作岗位特殊,会与各种不同人物打交道,礼仪自然也是一项常规内容。但是礼仪内容必须是积极的,健康的,有利团结、有利沟通的,倘将礼仪俗化为"和稀泥"、"淘糨糊",不求事情的本质性解决,但求表面化平息,其最终结局,很可能是导致更大的矛盾冲突,这与秘书工作的辅助性属性是相悖的。秘书人员在此时,口气要缓和,面容要平静,态度却应明确,坚决晓以原则、制度,诉诸理智。办公室礼仪工作必须围绕单位组织的工作大局,作为规章制度的补充,使一个单位组织不仅有规矩,而且在方圆之中充满理解和团结精神,从而使员工更科学、更理智地接受规矩制约,使单位组织的管理水平更上层楼。

(三)以共同进步为瞻

假如说对单位内部员工在处理中不妨更直截了当的话,对协作单位,对竞争对手,对社会公众,秘书人员在工作中,就更要注意礼仪的周到了。所谓亲者严,疏者宽,也可理解为对外单位的工作对象,就应该重礼仪、重友谊,以有助于互惠互利,共同发展,共同进步的目标的实现。

单位组织间的关系有各种形态,它的亲疏有利益的驱动,有历史的缘由,有社区组合的因素,这种相互关系也会随社会发展或单位具体情况的发展而变化。但对秘书人员而言,都要坚持真诚信用的原则,对任何外单位的任何人员都待之以礼,从而辅助领导完成各种对外交往的工作。由于对外打交道并非永远是顺利的,友好的,互惠的,有时会因各种不同情况而产生矛盾、冲突、误解,秘书人员在这时,就要起从中调停、斡旋的作用,礼仪也就是有效的工具。如向对方致信致电表示歉意或继续合作的诚意;向对方委婉转达本单位的最终决定;在对方的节庆日送上花篮并出席相关活动;不在公开场合议论双方之间的矛盾;在对方困难时适当地帮上一把等等。

作为一个单位的领导,一般都会以大局为重,但可能也会在某些状况下意气用事,或心里明白该怎么做,情面上却拉不开。秘书人员此时应主动担负起这些礼仪性的工作,使矛盾能有所化解,为领导出面最后解决作铺垫。从这个层面上来说,办公室礼仪不仅指秘书人员在"办公室"里应注意的礼仪,也泛指秘书人员在工作中处理各种问题的礼仪,以及用各种礼仪手段来解决问题的能力。秘书人员应懂得,礼仪手段是秘书工作的常规手段,要学会并善于运用这种手段来完成自己辅助领导的任务。但同时,又要千万注意,不使礼仪手段庸俗化,使工作关系、工作友谊变成了纯粹凭个人亲疏、个人利益所在而调动的私人关系,更不能在行业内、社会上搞不正当竞争,搞小集团垄断,搞地方保护主义。在中国特色社会主义的条件下,秘书人员必须有国家观念,有法律观念,礼仪手段是为了更好地促进社会繁荣,发展社会经济,是为了本单位与任何协作方,与任何社会组织的共同发展、共同进步,从而为社会主义的物质文明和精神文明的建设作贡献。所以,秘书人员的办公室礼仪,不仅是一种工作规范,也应是一种社会道德风范的体现,它应成为社会文明正气的示范,成为抵制以私情办公务的手段,成为扼制腐败现象的健康因素。广大秘书人员既要成为礼仪手段的娴熟运用者,又要成为礼仪文明的模范执行者,还应成为社会进步的积极促进者。

## 第二节 办公室礼仪工作规范

### 一、行为举止

每个人都有个性,有自己工作生活的行为习惯,这是我们的社会充满色彩充满活力的原因之一。在日常工作中,也由于这些迥异的个性和习惯,使我们的工作集体显得生机勃勃。但是,秘书人员在办公室的行为举止,除了个性显露之外,还要注意客观环境的允许程度,注意办公场地的礼仪规范,把握好言行的分寸,调节好与办公室同事的关系。

（一）办公室行为举止的基本要求

**1. 分寸得当**

秘书工作的整个过程,都要求掌握好分寸,换言之,有分寸感的人才能当好秘书。所谓分寸,在此指行为举止是否与办公场所的气氛、环境以及正在进行的工作内容相融洽,相吻合。办公场所总有各种特定的行为要求,秘书的言行应与之相谐调。

首先,应注重言语的分寸。有些单位,办公室里同事互相起绰号、互相以对方的家庭私事来开玩笑、或传播一些飞短流长,嘴总不爱闲着,议论其他办公室的什么事情,这些都是办公室氛围不健康的表现。同事之间,主要是建立在工作关系上的友谊,尽管有时可以深化为私人情谊,但工作场合就不宜太随便,也不宜与某些人形影不离,又与另一些人从不过往,却不妨等距相交。在对外场合,更应注意礼貌用语,有些行业制订了行业的礼仪规范用语和禁用词汇,这对秘书人员应该有所启发。秘书人员尤其要注意自己接打电话、处理信访时的言语分寸。有些人为了表示自己的"入时",说话好用俚俗之语,行文爱用时髦的却极不规范的新词或语法,这不仅对社会语言的规范化造成障碍,也会俗化办公室氛围。

其次,是个人情绪的表露要有分寸。工作中总会有感情的变化,如顺利时的喜悦,困难时的灰心,挨批评时的委屈,失误时的恼怒……人之为人,正在于他始终在起伏中奋斗,在情绪的高低涨落中成熟。但是,在办公室里喜怒哀乐皆形于色,嬉笑怒骂随心所欲,却是极无分寸的失礼表现,这种行为实际上无视他人的存在,无视办公室的严肃性。

三是行为的分寸。办公室是秘书人员的基地,但不是私人场所,因此,不能与朋友一聊半天而不做任何事情;不应在办公室梳妆打扮;非休息时不该吃东西或打牌下棋、玩电子游戏;生活用品如脸盆、毛巾、茶叶、零食都不可放在办公桌上。此外,着装打扮,都要与办公室的工作特性相一致,相配称。

### 2. 关心他人

为了掌握好分寸,办公室中应各自有一定距离,只有保持了恰当的距离,人们才能更好地尊重,理解,协作。但距离并不排斥互相的关心与帮助,相反,关心他人是办公室礼仪的重要内容。

首先,秘书人员在办公室工作时,动作宜轻、细。进出门、坐立、打开电脑、拉开抽屉,都不要旁若无人,尤其是当你与领导同处一室时,更要当心,不可因为你行为的粗鲁而分散领导的注意力,打断领导的思路,或使其他人厌烦。

其次,要主动为领导分忧解难。当领导被来自内部或外部的矛盾所困扰时,秘书人员宜为领导解围、缓冲,而不是躲起来让领导自己去解决。对外交往时,也应主动关心对方,而不宜因对方是竞争对手就忽略了对他的礼貌和必要的关照。

三是分工并不分家。办公室内,大家各司其职,各负其责,这是现代化管理应具的基本要求。但是,互相帮助,互相关心,才能使分工的意义更积极,更有效,人际关系才更和睦,集体才更具团队精神,更有凝聚力。所以,分工是明确了"各扫门前雪",而同时也须关心"他人瓦上霜"。我们前面已经论述过关于企业文化建设的问题,关心他人,互相帮助,也是企业文化建设的一个方面。秘书人员在自己的一举一动之中,一定要体现这种关心他人的精神。同时,对某些人群而言,对他关心并不是将他视为一个无助的对象或一个弱者,在物质上、行为上的关心表现的同时,秘书人员更应有自觉的人文精神,要在尊重、理解的前提下表示关心。如宁可建议单位为残疾人车的进出方便而修一条专用坡道,也不宜在每次背残疾人上下楼梯时表示嫌累、嫌麻烦的情绪;宁可鼓励后进者的长处,也不拿先进者来刺激他;宁可疑人不用,也不可用而不信。在办公室以及一切工作场所,作为管理层成员之一的秘书人员,行为举止中流露出的人文精神,是礼仪表现的重要支柱。

## （二）办公室举止行为规范

**1. 进出楼门**

办公楼的大门,办公室的房门,也许正是一个秘书人员礼仪修养的衡量之门。简单的进出门动作,一定要牢记"轻"、"敲"、"谦"。

轻,是指无论进出什么大门,开门关门的声音一定要轻,乒乒乓乓地摔门进出是有失礼仪的,也会对公物造成损坏。现在有许多漂亮的门上都镶着玻璃,开门关门太重,易造成玻璃破碎。平时在办公室中,为了防止风力太大吹上房门,凡开着门的时候,一定要将门固定在拉环上。

敲,是指去别的办公室,包括本单位其他部门和外单位办公室,都应先敲门,得到允许后方可入内。即使门开着,你也必须先在门上敲几下,并可同时问:"我能进来吗?"而假如你是办公室主人,面对来访者的敲门和问话,应立刻作答,不理睬来访者是不礼貌的。

谦,是指与别人一同进出门时,要谦让,而不可以我为尊,旁若无人。尤其是在与社会公众共同进出时,应该让社会公众先行。外国人曾对我国某些医院的"白大褂"进出门时从不对病人表示谦让感到不可理解,这应引起秘书人员的注意。

在一扇关着的门前,走在最前面的人,应主动打开门并为同行的后来者拉着门,直到大家都过去以后,假如那扇门不用拉着,走在最后的人应主动关门。同行时,下级应当为上级开关门,年轻人应当为年长者开关门,男士应当为女士开关门。当别人为你开关门时,你一定要表示感谢。

如果是陪同客人过大楼下的旋转门,秘书人员应自己先迅速过去,然后在另一边等着客人;而当你是客人时,就应让主人先行。

进出电梯门时,可先到者先行。但倘若是陪同客人,秘书人员就应为客人摁住按钮,不让电梯门关上,待客人安全进出以后,秘书人员自己再行。在电梯里,要为先出去的乘客让道,使他们能顺利出去;并应为被挤在里端的乘客摁下所到楼层的按钮。假如这些被帮助的人正是你自己的话,则应立刻打招呼表示感谢。注意,电梯是公共场所,说话招呼要轻声,不可在电梯里无限制地谈论任何话题。

至于上下楼梯或自动扶梯,一般总是先到先行。但秘书人员应为客人引路,所以要走在前面。上下时,位置要靠右,除非有特别急的事,可从前面人的左侧绕到他前面,但不该影响别人,更不该催促别人。

盥洗室的门要随手关好,必须将自己在盥洗室里收拾妥了才出去,而不能边收拾边推门而出。

**2. 吃喝洗涮**

随着单位后勤部门的社会化,不配备食堂的单位越来越多,喝水吃饭都在办公室的现象越来越普遍。作为人体的基本需要,吃喝当然必须得到保证,但这是在办公室进行的非公事业务行为,所以要特别注意礼仪规范。

无论喝水吃饭,都要文明。喝水不能喝一口,"啊"一声,或边喝茶边"呸"掉茶叶;吃饭不能筷子、汤匙碰得叮当响,边吃边咂咂作声,也不宜在办公室吃辛腥食品。吃喝完毕后,应立即收掉所有餐具并擦抹办公桌,倒掉弃物,还应打开门窗通风,让饭菜的味道散去。当工作重新开始时,办公室应是空气清新,桌几干净的,残留的饭香并不适宜工作场合。

喝水与吃饭都应避免污染文件。不小心泼翻了茶水,会把桌上的东西弄得一团糟,而被饭菜渍屑污损后的文件,将来归档后又容易霉变虫蛀。所以尽量不要在办公桌上吃饭和置放水杯,倘无法避免,则须小心,尽快处理掉这些食物和水,尤其是一次性的水杯,极易翻倒,要特别当心。

在办公室适当储备一些点心是可以的,但工作时将一包零食放在桌上边吃边干,既不卫生,又不符合工作场所的礼仪,却破坏了办公室应有的整齐和洁净,也不便于接待来访者。所以,可以在休息时或胃不适时稍稍吃一点东西,却不该不停地吃着,尤其是吃那些带壳带皮的零食。

办公室应成为禁烟区。秘书人员要努力禁烟,宣传吸烟的危害,自己决不抽烟,并坚决不为抽烟者提供抽烟的便利。

在卫生间里,要自觉维护其卫生状况,便池用完要及时抽水冲洗,茶叶果皮等垃圾切不可倒在水池里。即使拧开龙头发现没有水,也要将龙头再拧紧,以防万一通水后龙头漏水浪费。走道的灯,在白天要关闭。

假如到单位浴室洗澡、理发,不仅要守纪律,不能占用工作时间,还应注意不能把浴室里没做完的事带到办公室里做,如穿鞋袜、做头发、洗衣服等,一定要保持办公场所的严肃性,这是秘书人员的职责,不能将办公室视为生活区,自由随便。

**3. 琐细小节**

在食堂买饭是否排队,自己的自行车放得是否妥当,用完自来水后龙头是否关紧,便池是否随时冲水,茶叶渣倒在了哪里,到别人办公室借的东西还了没有……琐细小节,点点滴滴,反映出一个秘书人员的道德水准和礼仪风范。

　　正如前所述,不能将办公区域视作生活区域,但另一方面,又不能不关爱集体,不关爱单位环境,冷漠视之,随便糟蹋浪费。

　　来到单位上班,要将自行车停放在规定场所,不该随便停放于自己认为方便安全的地方,这样既破坏秩序,也会给万一发生的紧急情况带来处理上的麻烦。如遇抢险,你的自行车却停在走道上,会影响抢险人员进出行动,造成严重后果。

　　在工作时努力工作,到点了准时下班,应该说是一种好习惯。但离下班尚有几分钟,推着自行车等着下班铃响,一下飞车而去,却是失度失礼的不良行为,秘书人员决不能做出这种举动来。同样,怕排队而提前去吃饭也是不合礼仪,不合规章制度的。

　　办公室的自动化办公设备,使用起来非常方便,极大地减轻了秘书人员的劳动强度,因此也更要维护好这些设备,而不该滥用滥开,不可违章以公物为私事服务。倘需向相邻办公室借用某设备,应按章办理借用手续。别人桌上的文件、物品不能随便翻看、摆弄。

　　公用电脑中的程序不得随便改动,不该随便用别人的软盘或口令、密码,也别张望别人正在操作着的文件内容。在接到 E-mail 邮件和 Fax 时,要仔细看清收件人,不要误拆别人的邮件。发现有电脑病毒嫌疑或发生了电脑病毒爆发,要立刻通知大家,以免再造成别人的损失。借用的文件及时归还,下发的文件按时清退,不做违规复印文件材料的事。

　　开关门窗、橱柜、抽屉时,声音宜轻,动作宜缓,不影响别人工作。公用橱柜的钥匙用过后一定放回约定的地方。自己的私人物品放在自己的抽屉里,不要占用公用橱柜,而以公用橱存放相关物品时,要尊重照顾别人,不要乱动别人的东西,哪怕为了整洁而将别人的东西重新码放,也是不太合适的,不如在适当的时候对他说:"我们一起将橱柜里的东西整理一下好吗?"

## 二、事务处理

（一）办公室事务处理礼仪的基本要求

**1. 谦和**

在办公室各项繁杂事务的处理过程中,秘书人员首先要注意的礼仪就是谦和。无论是什么事,无论对方是否有理或有礼,秘书人员的谦和是礼仪的"必需",也是解决实际问题的"必须"。一般说来,秘书人员年轻于领导,在经验、见识、思想水平方面往往不及领导,所以谦和地倾听领导讲话,认真完成领导交办任务,是秘书人员的当然行为。即使秘书可以向领导提出不同看法和不同意见,但态度总应是谦和的。作为领导的助手,秘书人员会出现在工作现场、谈判桌旁、信访室里,无论什么场合,都应记得自己是替领导处理问题,解决矛盾,但并不因此就成了领导,所以态度总应该是谦和的。秘书工作的潜隐性决定了秘书人员只能忙碌于幕后,却不能风光于台前,剪彩、照相、讲话都是领导的事,而秘书却为此忙碌上几天。谦和在此时其实已不仅是礼仪风范而成为一种思想修养了,它可以帮助秘书人员调整心态,充分认识自己工作的特点,不计较个人得失而更好地投入工作。谦和也便于沟通,在业务往来和社会交往中,谦和的态度、谦和的举止,会使秘书人员得到更多的信任和尊重,在这样的人际环境中,秘书人员的工作展开就方便多了。

2. 主动

秘书人员替人着想,为人服务,不该是被动的,消极的,而要事事处主动积极地做在前面。"我能帮你吗?"这样的问话不仅要体现在语言中,而且也应该体现在秘书人员的行为上。作为决策过程中的辅助者,秘书人员要把有关文件、材料、相关物品都准备好,使领导在使用时得心应手,不致产生忙乱、麻烦。我们一再强调过礼仪的缓冲作用,这种缓冲得以实现,离不开秘书人员的主动。倘在紧张的空气中,在尴尬的场面下,秘书人员只是傻坐傻站于一旁,或只是自顾自地干着自己手中的事,别的全不在他关心之内,或全不知自己该怎么办,这样的秘书是不可能恰到好处地起到弥补和缓冲作用的。主动还体现在秘书人员在办公室工作中的超前性,如换季的时候,秘书人员应提前想到办公室的地毯、窗帘、电扇、空调、取暖器、饮水机等诸多问题,使领导感觉到工作时的顺畅舒适。对新来的成员,秘书人员的主动招呼和帮助,会使对方很快适应新的工作环境,融入新的集体。在接打电话时,主动既是电话礼仪的要求,也是通过电话解决实际问题的必须姿态,不能设想一个秘书在电话里全无主动性,既提不出问题,也回答不了问题,更不谈以自己的主动精神使对方信任和感激,这样的秘书人员难道能辅助领导吗?

## （二）事务处理礼仪规范

**1. 尊重领导**

领导是秘书的服务对象、工作对象，秘书人员的事务处理礼仪，当然包括对领导的礼仪。要注意的是，秘书与领导关系中的礼仪，不是说秘书人员要成天揣度上级领导的心思，看上级领导的眼色脸色，甚至谄媚、奉承，这些已经不是礼仪而是庸俗了。

与领导的礼仪，首先要尊重服从。领导的权威性必须在秘书人员的工作中体现出来。因此，无论秘书人员与领导的私交如何，在工作中，必须事事处处维护领导的权威性。凡事要多请示、多汇报，显要场合，秘书人员要考虑到让领导走在前面，坐在中心。向来宾介绍领导时，态度要恭敬，不能大大咧咧地说："这是经理老王。"较恰当的说法应为："这位是我们的经理王某某先生。"领导与人谈话时，秘书人员不能轻易插嘴，甚至应该离开谈话现场，但要记住，倘离开的话，一定不能走远而只能在随时能被召唤到的地方。当领导布置工作交代任务时，秘书人员必须认真倾听，假如秘书与领导意见不一致，不能立即插话打断，而要认真听完领导的话，分析领导意见的合理之处，婉转地提醒领导再作考虑，切不可轻易反对，更不能拒不照办。

无论在什么场合，与领导说话，都要有分寸，称兄道弟、油腔滑调不是应有的礼仪，即便是只有两个人在场，对领导说话也应尊重。而在众人面前，秘书人员绝不能非议领导，出语轻慢，或是语气随便，过于狎昵，有损领导的形象。

外出活动时，秘书人员应替领导料理生活琐事，并应将较好的座位、铺位留给领导，用餐、用卫生间都要先让领导。

秘书人员在与领导的交往中，还须注意为领导分忧挡驾。领导就是决策，领导人当然不必要也不可能事必躬亲，各职能部门应尽全力做好自己分管的工作。但有时，大事小事咸待领导一言决之的事还是会发生的，所以秘书人员应为领导挡驾。

挡驾，要分清轻重缓急。非领导亲自约见的人要见领导，必须预先登记，包括什么时候、谈什么问题、所需时间等，秘书人员都应一一了解，报领导同意后，按时约见。对造访的不速之客，秘书人员应尽量向他解释事情，帮他解决问题，而不可随便向领导引见。当有紧急事情必须由领导出面时，秘书人员应先问清情况，作出概括，然后请示领导，得到领导同意后，再将来访者引荐给领导。不能一听事情紧急,立刻往领导面前一推,自己既不了解情况,又全无主意。

在交际场合,敬烟劝酒往往不可避免,领导或是不胜杯酌,或是还将继续工作,或是身体不适,不能应酬,秘书人员也应在此时及时挡驾。可以向众人说明领导不宜多饮的原因,也可适当替领导代饮,但这种情况不宜多,烟酒只能作点缀而不可成为公务的必需。所以秘书大可不必"舍命陪君子",勉强多饮。

当领导休息或独自外出时,秘书应尽量不予打扰。要委婉向来电来访者说明领导不便接待,但不必告诉对方,领导正在干什么。可以记下来电来访者的情况,或相机向领导报告,或自己主动处理。

领导各有性格,也各有特长,秘书人员在与领导的交往中,不仅要了解领导的性格脾气以更好地合作,也应知晓领导的特长,不失时机地向外界宣传领导的特长,既能博得领导的信任,又能在公关行为中起到意想不到的作用。如领导的摄影作品、书法作品,秘书应在合适的情况下将之在公众面前"亮相",使领导在公众心目中的形象更丰厚、更富情趣。在文体娱乐活动中,邀领导唱一首、舞一曲、踢一场、打一局、杀一盘,不仅使领导的身心有所放松,也使领导在群众活动中与群众打成一片,乐在一起,有助于凝聚人心。因此,秘书人员对领导的礼仪规范,是切不可忽视这一方面的。

**2. 和睦同事**

在一个团结和睦的集体中工作,是令人愉快,催人奋进的,秘书人员由于专与人打交道,尤其要注意和睦同事。秘书人员必须具有团队精神,热心助人,以礼待人,善于接受各种新观点,新挑战,也乐于接受别人的帮助,而不是孤立地苦干或蛮干。此外,平时在办公场所,笑脸相迎是办公室事务处理礼仪的基本。和为贵,笑脸相迎,招呼同事,没有必要犹豫是否应该与不相识的人点头招呼,其他部门的人员,其他方面的员工,单位的领导,在见面时都应有所致意,最简单的就是含笑点头,也可道"早"、"您好"以及"再见"之类的问候语。当然这并不意味着见人就要套近乎,而只是一种应有的礼仪。

同事之间有时用善意的绰号来称呼,如"眼镜王"、"铁拐李"等,但这不适用于新到的成员或下级,不适用于年轻人对年长者。外资企业中,称呼老板或顶头上司时,不能只称其姓,还必须加上其职衔,即使对方要求你只称其姓甚至只称其名,在接待客人时,当着客人的面也不能这么做。

同事有病、有事未来上班,要主动打电话去问候,并根据情况决定是否安排时间去看看他。对同事的家事、感情不应抱有很大兴趣,必欲问清才松快,问病问事只限于同事愿讲的那些,不要究根问底。同事之间的误会、摩擦会影响工作,所以秘书要做的是消弭矛盾,化解矛盾,而决不是欣欣然介入其中,徒增其矛盾强度,激化矛盾。

对其他同事正在干或已干过的事,秘书人员不能以为"我可以帮你"或"我也可以干"而毫不怀疑地接着干下去。有些事,别人未必愿意让你帮忙或要与你一起干,所以"助人为乐"也要考虑问题的另一面。

对同事的成功、升迁、得奖应予以衷心的祝贺,但不要总挂在嘴上,说得太多反而使人怀疑你的祝贺是言不由衷的,是有着祝贺以外的其他含义的。

对新来的同事,应帮助他尽快熟悉环境,以助其尽快地投入工作。秘书人员可提议部门领导为新来的同事专门开一个迎新会,秘书人员要十分热心地将新同事介绍给将要与他打交道的人,使新同事更快地记住每个人的姓名和职务,初步了解自己的工作将与哪些人有什么样的关系。在最初的时期,要对新同事多交代,多帮助,甚至手把手地教给他某些工作,要不厌其烦地回答新同事的问题,因为这样不仅能使新同事尽快融入自己的工作集体,也可减少工作中的差错,有利大家。

当然,如果秘书人员自己是单位的新成员,则应从礼仪的另一方面去做,以与老职工搞好关系,有利工作展开,并让自己在新集体中一显身手。具体要注意:多听少说。初来乍到,不是说你以前工作如何如何,就是谈你觉得此处情况怎样怎样,这是十分不合礼仪的,只能起到负面作用,显示出你的无礼,并且在事实上也不会有人接受你提出的意见。所以,来到一个新单位一个新集体,多听少说,既能了解这个单位的情况和各位新的同事,也不失为给人留下良好印象的一个办法。保持距离。君子之交淡如水,初来乍到,要尽量克制自己而不必显得跟人天生就熟,把表现友好的机会让给老职工,以使别人感到你的文雅,你的待人一视同仁,同时,还可以避免结交将来可能使你后悔的朋友。然信诺。不要动辄向人许诺,这是浅薄之举,宁可说"试试"而在实际上努力实践,也不要诺而无信。而一旦承诺,就一定要做到。

### 3. 善待信访

信访工作是任何单位管理部门都免不了的。在今天,信访不仅是向有关部门诉说信访者本人的遭遇,检举某些人不法行为的途径,更是人民群众向有关部门提出自己的意见和建议,充分发扬民主,真正自觉参政议政的一个重要渠道,因此,信访工作的意义日益重大。除了政府部门设有专门信访接待机构外,一般单位的秘书部门往往承担着本单位的信访接待任务,秘书人员就成了信访接待人员。此时,秘书人员的礼仪便成了十分敏感和重要的细节,成了信访接待的有机组成内容。所以,必须注重信访接待中的礼仪。

首先,要充分理解信访者。无论是来信或来访,对方的心目中总以为自己的问题是重要的,有价值的,对此,秘书人员应予充分理解。由于身份地位不同,秘书人员可能一眼就看出对方反映的问题并无普遍意义或实用价值,却必须礼待来信来访的人,肯定对方提出的问题自有其价值意义,尤其应肯定对方能发现问题,思考问题,反映问题的积极态度。这样做不仅出于礼貌,也有利于保护群众参政议政的积极性。来信来访者有时只看到事情的一个方面,提出的建议、设想或批评往往片面,并不可行,而对方,尤其是来访者却都急切地期待着你的明确支持,最好是"立等可取"。此时,秘书人员一定要耐心,既对对方的心情表示充分的理解,又要委婉地向对方解释。你可以说:"相信这个问题是会引起有关方面重视的,您一定会得到满意的答复。"或回信说:"谢谢您给我们的提醒,您所反映的问题确是我们在考虑的,有关部门不久会对此作出回答。"但不应在复信中指责对方的意见不成熟不全面,或对来访者说:"你不懂"、"你不知情"、"你以为事情那么好办吗?"等等。这样的态度,会使信访者寒心,其结果是打击了群众信访的积极性,不利与人民群众的广泛联系,不利工作的长远发展。

其次,无论是什么样的信访者,秘书人员在接待时都应表示尊重。来信人所提的要求不一定都是合理的,我们在回信时,可以指出他的不合理处,但仍应尊重对方,不能在回信中表露出对对方的轻蔑、嘲讽。倘对方的来信有不当的措词语气,秘书人员回信时也不能"以其人之道还治其人之身",却仍须有理、有利、有节,语词可以严肃些,但决不能在信中"回骂"。对来访者,尽管他提出的问题是可笑的、无理的,秘书人员可以对其无理之处进行分析解释甚至批评,但却不可举止轻慢,出语伤人。有些秘书人员在接待来访对象时,手上的动作不停,头也不抬,嘴里一套一套地说些大道理,这是很无礼的举动,它表现出对来访者存在的忽视,有的甚至将来访者晾在一边,就更不合礼仪了。所以无论对方是否有理,秘书人员在接待中,必须放下手中的工作,认真倾听对方的陈述,让对方把话讲完,再向对方作解释、开导、劝慰工作。

  此外,要注意对信访者的承诺。秘书人员处理信访,总免不了要作出某些承诺。有时这些承诺是表面化的,如答应:"我们一定找有关人员谈一下这个问题",结果却不一定谈——因为反映者本身对问题把握不当,他的看法本身并不正确,对他的承诺只是礼仪的需要。有时,这种承诺则必须兑现,如将问题提交具体职能部门处理并予以答复,如"一定在五个工作日内替你办完"等,怎么答应对方就怎么做到,绝不可口头随便承诺,行动上从不按时按质地去做,甚至将事情忘得一干二净。这种表现,说明秘书人员的承诺只是敷衍,而非真实地承担责任,无论从礼仪角度,还是从工作认真负责角度来看,都是不可取的。

**4. 诚洽业务**

  有些来访者所谈不属信访内容,而属某些工作业务,对这些来访者,秘书人员的接待礼仪应与前面所谈的信访接待有所区别。

  (1) 接待要妥善

  无论是事先有约的还是不速之客,秘书人员都必须向来访者作自我介绍,并同时打招呼问候:"你好!"或"早上好!"。倘秘书人员的办公桌在办公室门口,就不一定非站起身来说话,尤其对年轻人或对与自己年龄相仿的人,此时不必太拘礼。但当对方伸出手来则应起身伸手与之相握。假如来访者在打完招呼后没有马上提供自己的信息,秘书人员可以问:"我能帮你什么吗?"如果是原本约见的客人,秘书人员的表现要更热情些,应立刻向领导通报客人的到来,并引导客人去见领导或替客人安排好恰当的座位以等候领导。

  (2) 来意应弄清

  有些不速之客只是某公司的推销员,只要礼貌地回答几句就可以了,但不妨通知门房或传达室,以后不要让这些人进入办公区域。有些来访者愿意说出自己的来访目的,秘书人员弄明白后,可相机处理,而不是一下都往领导那里送。倘来访者一心认准了要见领导,却不说什么事,秘书人员应明确告诉对方,"领导每见一个人都要求事先了解情况,你不说明你的情况,我就没法为你安排,你能不能告诉我一个大概的情况呢?""你可以不告诉我具体的内容,但你是否应将主题告诉我呢?这样我才能转告领导,为你安排呀。"对那些执意不肯吐露真情的造访者,秘书人员应予挡驾,而不可无奈地为他引见领导,这样做往往将领导推向一个没有意义或没有准备的话题前,不利于领导工作。

(3) 气氛需谐和

冬天，来访者帽子围巾一大堆，雨天，来访者雨衣雨伞湿淋淋，进入办公室后，来访者可能会觉得尴尬。这时，秘书人员应主动告诉对方把东西放在哪里合适，使对方感到放松。假如领导不在或有别的事需要来访者稍等，秘书人员不能将来访者晾在一边，而应主动与之交谈，或问一下客人有无要办的其他事，如打个电话等等，并主动为其提供方便。也可准备一些书报杂志，让客人随便翻阅，使其稳定情绪。但与客人谈话时，注意不能将工作中具体的内容、领导个人的最新信息告知对方，只能笼统地谈一些客套类的话，以防交谈中不慎泄密，引起麻烦，或使领导在与来访者交谈时陷于被动。

(4) 送客宜热情

客人谈完事情告辞，领导会让秘书送客。有时秘书人员可根据具体情况提醒领导准备另一个约见或出席某个会议——也是委婉提醒来访者离开——有时领导会与秘书人员事先约好怎样结束与来访者的交谈，客人此时总会知趣地告辞。秘书人员应帮助客人收拾东西物品，但不要动客人的包。应将客人送到电梯口或大楼门口，对不熟悉此地的客人，要为他们指点行走或乘车路线，并微笑地向客人道"再见"，等客人转身走开或上车，远离双方视线后，才回办公室。

**5. 妥接电话**

秘书人员离不开电话，而接打电话又是一个只凭声音话语传达意义的过程，"在电话里说话"因为不能凭借表情和身势，格外讲究说话的技巧，也格外讲究遵守电话接打的礼仪。

(1) 接听要迅速，注意力集中

铃声响了半天而没人应接，会使对方以为室内无人；而手拿起了听筒，思想却还在别的人别的事身上，尽管对方听到了你的应答，却得不到你认真负责的交谈对话，只是"唔"、"嗯"、"啊"，会产生怀疑，甚至会有受欺骗的感觉。所以，接电要迅速，反应要认真。接电时，要立刻自报家门："您好！新华公司办公室。"或"您好！海华公司。请说。"接听外国客商的电话，可按一般惯例说："Good morning, this is Mr. Smith's office. Can I help you?"或"Hello, Sales Department. Wang yunfei. Who would you like to speak to, please?"回答问题要全面仔细，不能草草了事，匆忙挂机。即使对方看不见你，也要让他感受到你的真诚。不过，我们也不主张铃声一响就接，这使对方没有思想准备,最好是铃响了两三下才接。

(2) 吐字清晰,声音平稳

嘴离话筒的距离不要太远,靠近些说话声音可低些,反而显得亲切。接听电话时嘴里不要吃东西,也不能边喝水边对着听筒说话。说话节奏一定不能快,这跟面对面不一样,在不能谋面的情况下,节奏快了,给人匆忙感、催促感,带来的是情绪的不安。而拖着长腔、懒懒散散的声音同样使对方怀疑你的工作热情和能力,留下的仍是满腹的狐疑不安。如有必要,还应重复、解释,如:"木子李,宽阔的宽,幸福的福,李宽福。"

(3) 暂不应接

如果使用了电话应答机或录音电话,一定要说明你这里是什么单位,现在该怎么做才能留下信息。"你好!这里是东兴公司,主人暂时无法接电话,请留言。"或"你好!这里是光华销售部,主人现外出,请与5314378联系。"并别忘了致歉。

当手头正忙于重要事务或接待客人时,电话铃却响了起来,此时,应向对方说明并致歉,同时答应一定及时主动去电。"对不起,我现在实在没法跟你细说,下午我给你打电话好吗?""对不起,我必须马上去参加一个重要会议,会后我一定给你电话。" "I'm sorry I can't take your call right now because I have an emergency to deal with. I'll be happy to get back to you as soon as I'm through."

(4) 请对方等候

倘需要来电者等待,可以说,"让我查一查,请稍候一下好吗?"当你再次拿起电话时,应向对方的等候表示感谢。但如需较长时间等待,要跟对方说明,让对方挂断电话,等你查到有关问题答案时再由你打过去。向外商表示对他久等的谢意,则可以说:"I am sorry to have kept you waiting so long."放下听筒时,要朝下轻放,以免办公室其他人或其他声音传入话筒,这既不礼貌,也可能因传过去的一句半句的话而引起不必要的麻烦。

(5) 打出电话

如果电话是由你打出去的,要耐心等待对方来接,不要铃响了三四下就挂机。电话接通后,可确认一下对方,如:"请问是海华公司办公室吗?""请问是5314378吗?""Is this Donghua Company, please?"得到确认的回答后,再说自己的事。"请找王云飞小姐接电话。""麻烦找一下杨光明先生。"对外商的电话一般要自报家门:"Hello. This is Yang Dongchao of Guangming Corporation. Could I speak to Mr. Mark White, please?"

(6) 结束电话

打电话要注意言简意赅,节约时间。应事先将要说的主要内容准备好,避免在电话里啰嗦或遗漏,引起对方厌烦,并应及时结束通话。结束时,应向对方表示感谢:"打扰您了,谢谢!""谢谢,再见!"对外国人,可以说成:"Thank you for talking the call." "I appreciate your talking the call." 但假如电话是对方打来的,结束时应说成:"I appreciate your calling." "Thank you for calling."

(7) 耐心对待来电

对有些脾气大、挑剔性强的来电,要有耐心。一般说来,对方声音越是急、快、强,你越要平、缓、柔,并表示对对方心情的理解和同情。"真的,是叫人着急。我愿意替你想办法,你慢慢说。""我来替你想办法,你别着急,慢慢跟我说清楚。""I'll be glad to help you if you speak in a natural voice." 而对声音特别轻的来电,确认不是机械故障后,你可以提醒对方声音响些:"对不起,我这边听不清楚,您能大声点吗?""I'm sorry, but I have trouble hearing you. Could you speak up?"

(8) 注意去电时间

各国各地有时差,打国际长途电话时要注意不同地区时差。不要将公务电话在人家休息时打过去,不要以我国的公休情况为考虑,而应以对方的公休情况法定假日为考虑,不要在人家放假时打电话过去。假如遇到紧急情况必须在对方休息时去电,应表示歉意。如说:"I'm sorry to have called you this late (early), but..." 也可以说:"I'm sorry to have waked you up." 即使是在对方办公时间打电话,也应向对方表示打扰的歉意,如应说:"I'm sorry to call you when you are very busy."

(9) 转达电话

如果打电话找人不果而请别人转告,应将要转告的事情明确简洁地作好交代,以免别人转达不清;假如是接电替别人转告,则应重复一下对方交代的事情,尤其是时间、地点、人名、数字等,要准确无误,使对方放心。

(10) 开会时接电

在开会时,电话铃响了,秘书人员应立即拿起听筒,以免铃声干扰会议。要低声回答对方来电,一般说来,开会时对来电都予以挡驾,但必要时,可将有关内容记在纸条上,传给领导或有关人员,既不影响开会,又及时传递了信息。如果电话是打给正与领导谈话的来访者,秘书人员可以在对打断他们的谈话表示歉意后,问来访者:"王先生,你们公司的李小姐有事来电找您,您接一下吗?"并应指给来访者接听哪部电话。假如来访者表示现在不接电话,但他过一会再打过去,秘书人员应将意思传给来电者,并将来电者的电话号码记下,以提醒来访的客人。

### 三、办公室布置

办公室布置指办公室内外环境的安排装备。环境,应是自然和社会条件相统一的生态因素的综合。在礼仪行为中,环境的好坏是重要因素,它不仅体现出环境为人服务、以人为本的现代精神,也反映出活动在这个环境中的人的精神面貌、审美情趣、工作作风,也给来访者留下深深的印象。

(一)办公室布置的基本要求

**1. 精神引导**

我们在许多单位的办公室所看到的,大多是千篇一律的布置:桌椅、电脑、沙发和个别生活设置如微波炉、饮水机等。在明亮的门窗和高级的照明设备之下,这些办公室确也很有现代化气势。但是,如果只有这些硬件设备,是体现不出其特有的文化品位、人文精神的,要显现本单位的主题,必须让人一踏进办公室、一走进此单位的工作区域,就感受到它的独特精神。所以,办公室的布置,不是单纯地为了追求漂亮气派,而首先应给人一种精神的引导。办公室良好的环境布置和工作秩序,有助于提高工作效率,也是企业文化的一种体现,办公室布置必须突出本单位的特点,显示本单位的独特精神。这种独特精神,就是企业的精神。每个企业有各自不同的目标和要求,在不同时期里,也有不同的措施和口号,办公室的环境布置,就是要突出这些东西。它可成为本单位员工奋斗的目标,成为团结员工、凝聚力量的纽带。某化妆品厂的标志是一抹淡粉红,除了它的产品包装一律用这一抹淡粉红外,它的办公室、车间,甚至食堂、医务室里,都饰以这一独特的颜色,员工的工作服也改成由一抹淡粉红镶嵌的香槟夹克。你甚至会发现该企业办公室的沙发、办公桌、茶杯,都有专属于这家企业的一抹淡粉红,这些在外在风格上,就已体现了企业的特色。来到这里,人们明确地感受到该企业的精神——热爱美、创造美。在实际生活中,淡粉红极易被污,为了让这一抹淡粉红永远鲜亮,每一个员工都必须处处当心,时时拂拭,不让它蒙尘,这同时又在提醒每个员工,必须时时关心产品质量,处处维护企业信誉,不让自己的品牌蒙尘。办公室布置就应该这样,不脱离企业的背景,围绕本单位的特点,强调自己的主题。这样的布置会使每一个来访者对这个单位产生不同于其他地方的独特感受。

精神引导还表现在办公室环境布置的民族特色上。作为一个在中国的单位或企业,无论它从事的是什么工作、什么项目,在其环境的礼仪氛围特色中,所突现的应是"中国"、"中华民族"这一鲜明特色,即使是外商独资企业,既在中国境内,也应注意与我国的本土特点结合,使员工在接受另一种生产管理方式的同时,仍可感受到本民族的精神文化环境,使身心愉悦健康。

**2. 以人为本**

强调企业自己的个性,从而形成专属于"我"的一种精神,是每个企业、每个单位的文化品质,工作管理的内容,而从礼仪的角度来说,还应强调管理过程中的人文关怀,一切从"人"出发,使这个企业、这个单位的精神主旨真正成为员工的精神面貌,并在这样的环境中产生心理上的归属感。

在办公室布置上,体现以"人"为本,强调为"人"服务,这里的"人",既包括领导干部、秘书人员及其他本单位员工,也包括进出此地的各色人等:上级领导者、业务洽谈者、关系往来者、咨询来访者……对本单位的人来说,办公室要舒适,家具用品要顺手,互相联系要方便;对外来者而言,进得办公室要感觉自在,不能因空间安排的零乱而使人摸不着地方,不能因场地拥挤而使人产生局促不安的感觉,更不能因声音嘈杂而使人头昏脑胀。办公室墙上写着的有关口号、措施、规章,其语气、措辞都应从"人"出发,以"情"为尚,虽然办公室是严肃的工作场合,却仍有人情的温馨。某企业办公室从楼道到每一间屋子,都有这样醒目的警示性口号:"谁砸企业的牌子,就砸谁的饭碗!""今天不努力工作,明天努力找工作!"从道理上说,两句口号都明确、形象、意义深刻。但是,使员工觉得缺乏人情味,缺乏对"人"的尊重和关心。于是在职代会上,代表们一起重拟了两句口号:"企业是我家,质量关系你我他","今天努力工作,明天工作更好"。本来在口号中的那种严肃无情被诉诸人的感情的新口号代替了,人们在心理上的压力也轻了许多,而以自己是"家"中一员的心态来维护企业的牌子,确保自己的工作更上层楼。这种口号更多强调人的主动性,鼓励大家以"家中一员"的身份参与管理,而本来的提法,却更多使人被动地不得不努力——因为不努力会砸饭碗。

有家企业为了强调办公室的整齐,规定办公室内不许挂毛巾,桌上不许放茶杯,报纸只能在报夹上看,连热水瓶也请了出去。如此一来,办公室确实整洁了许多,但人人都抱怨工作不方便:报夹被一个人占着,别人就无法看报;毛巾不敢弄湿,怕没地方晾挂;喝水只能到门外,喝完后水杯必须立刻收起……这种状况维持了两个星期,终于被员工群起反对而否定了。这种做法只强调了企业精神的需要,却忽视了真正活动在这个空间、体现实践企业精神的主体——人,这是不利于调动人的积极性,不利于增强企业凝聚力的做法。又有一家公司,追求豪华气派,将走道、楼梯直至办公室内都铺上了漂亮的瓷釉地砖,美则美矣,却带来两大问题:一是地面稍一潮湿,便异常滑碌,人走在上面,十分容易滑跌受伤;二是冬天的严寒中,地砖不仅在感官上、也在实际上增添了室内的寒冷程度,尤其是在没有取暖设施的条件下,实在是很不宜的。而这种做法的根本原因,就是没有把"人"放在第一位加以考虑。所以,办公室乃至一切环境布置,都不该忘记:环境是为人服务的,"人"才是环境的主人。

### (二)办公室布置中的礼仪规范

#### 1. 清洁卫生

清洁卫生是办公室布置礼仪规范的第一要求,有了一个清洁卫生的工作环境,人才能放松身心地投入工作。环境的清洁卫生能从客观上刺激人的主观精神,使人振奋,也使人爱惜这个环境。一间办公室,始终保持清洁卫生,一尘不染,这也体现了对人的尊重。不仅尊重办公室的主人,也尊重了来办公室的客人。

要做到清洁卫生,秘书人员不仅要勤扫勤擦,还要注意安排好污物的去处。往往有这种情况,因为没有垃圾袋,所以桌上撒满纸屑、铅笔屑等;因为没有烟灰缸,所以地板上蒙着厚厚的一层烟灰。这说明,垃圾污物是伴随人的活动而时时产生的,清洁卫生不是不许产生垃圾污物,而是对产生的垃圾污物及时地清除,并妥善地处理好这些脏东西,不使其污染办公室环境。清洁卫生也不能平时只打扫最表面的一块,要应付检查了,赶紧突击大扫除。它应该是秘书人员日常的工作之一,每天扫地抹桌,都要彻底干净。清洁卫生的事,是秘书人员分内的事,不能边做边埋怨:"我跟领导同处一室,凭什么他抽烟我倒烟灰缸呢!"一个合格的秘书是必须学会清扫的。除了窗明几净,没有墙角、桌脚等卫生死角外,室内的每一个物件也应该是干净的,如各种自动化办公设备的遮盖物、电源开关摁钮、物件拉手、电脑或电话的每一个字符键等。有些办公室置有饮水机或微波炉,这给生活带来了方便,但饮水机和微波炉的清洁工作需要立刻跟上,倘只管用,不管擦洗,这些东西马上就会脏得不成样子。因此,要订出制度,谁弄脏的谁马上擦干净,不可留下渍垢。现在人们已经不提倡在办公室等公共场所摆放痰盂了,因为这反而不卫生,但是,同时就需要备好卫生用纸,有污物以卫生纸接着,裹好后扔进垃圾袋。

清洁卫生还应该注意的一点就是:由于办公室是人进进出出的地方,必然也是各种病毒、细菌活跃的地方,所以,对办公室的空气、室内物件都应定时消毒,以确保健康安全。

### 2. 整齐有序

在办公室的空间安排上,要做到整齐有序,既有效利用空间,又便于工作人员行动和联系。如果说清洁卫生的礼仪效果是使人精神振奋,那么整齐有序的礼仪效果则是使人态度积极。现代管理科学认为,办公室宜取大而开放的空间,有利采光通风,也有利工作联系和监督。办公桌的样式、质地、颜色、大小应一致,以体现整齐与平等,但主要领导人的办公桌可大些、精致些。文件架、档案柜、书橱等应统一规格,尽可能倚墙倚角呈直线置放。人员的座位应按工作流程顺序排列,以保证各工序之间的交流顺畅。随着办公自动化的相关设备日益增多,这些设备也应统一安放,既便于使用,又不会因一人使用而影响其他人的正常工作。而办公室的电源插座则应多接一些,以免不够,有机器不能用,或到处是接线板拖出的长长的电线,既不美观,又不安全。

为了保持整齐有序,秘书人员平时应注意将废弃不用之物毫不可惜地清除出去。旧桌椅、破窗帘、坏电扇、要销毁的文件、过期的报刊……都要坚决彻底"扫地出门",最忌讳的就是将破旧物品弃之不用却又弃而不丢,于是办公室垃圾越堆越多,有了卫生死角,别的地方再整齐干净,这里总是一团糟。所以,处理废旧,秘书人员不妨大胆些,包括那些锦旗、奖状、各种挂件摆设,也不要又多又滥,稍作一些点缀即可,更多的都应清除。过时的口号、破损的张贴物,都必须及时清除,不能让不合时宜的、残缺不全的东西留在办公区域,显得主人不思进取。

办公室的小件物品也特别多。信笺、信封、便条纸、稿纸、胶水、笔、小刀片、修正液、订书机、回形针、软盘、等等，都是少不了的办公必需品，摊放在桌子上，再加上台灯、电话机、玻璃板等东西，凌乱的样子显然是对整齐有序的违背，而这些又是必不可少的用具，因此，需将这些办公小件按使用频次、使用方法归放在文具盒内，固定于桌面一端，既用来顺手，又不致凌乱丢失。

报纸、文件、资料之类，是秘书人员必不可少的工作内容。对文件材料，可按照文件处理的有关规定执行，该传送的传送，该清退的清退，该销毁的销毁，并做好平时归卷的工作，对需要保存的文件材料，要分门别类，专题存放，以便查找，也为组合案卷移交档案作准备。而报纸杂志等材料，有些需要剪贴，有些需要复印，那就尽量随时做好，不要积压在桌上，越堆越多。

假如没有另外专用的会客场所或休息场所，办公室不得不兼作客人招待之用或供工作人员休息之用，那办公室免不了会有生活用品，如饮水机、热水瓶、茶杯，甚至冰箱、微波炉等；此外，办公室总会有扫帚、废纸篓、拖把、吸尘器之类，稍一摆放不慎就会破坏办公室整齐有序的总体形象，因此一定要将这些东西归类放好。可以专辟一个地方，置放生活用品，但不宜在一进门显眼处，一般多取门后、门旁、阳台、或套在办公室内的卫生间过道等。秘书人员要为大家的生活考虑，但也应时时监督提醒大家不要乱放生活用品，以免破坏办公室这个工作场所的整齐有序的严肃性。

### 3. 明亮安静

办公室环境布置如能体现明亮安静要求的话，它的礼仪效果就一定会给人温馨亲和的感觉。明亮不仅带给人们一种精神面貌，同时也是清洁和整齐的基础。

明亮首先是办公室的采光条件要好。自然的光照会给人愉悦的心情，也有利头脑心神以及眼睛的健康。同时，办公室的人工光源也非常重要，在自然光照不足的条件下，人工光源可以提供给人们在办公时所需要的充足光源。对人工光源的选择，要与各办公室的具体职能相吻合。会客室的灯光以白炽灯为宜，它的光线比较柔和，与"会客"这一场景显得匹配谐调，可以使人情绪放松；而荧光灯则耗电省，光线强，是一般办公室的良好照明光源。说到明亮，必须重视窗玻璃和窗帘的恰当选用。办公室以无色玻璃窗为宜，选用茶色或蓝色玻璃固然有它的优点，但从办公室的气氛、办公室中人员长期工作活动于此的角度考虑，会产生沉闷、压抑的感觉，所以办公室不该选用这种有色玻璃材料。办公室的窗帘除了应与家具的颜色、纹饰谐调之外,还应与办公室的明亮要求谐调,所以多取以蓝色为主的各种不同材质的窗帘,但有些办公室由于特殊需要,也可选取深浅两色的窗帘。人们在明亮的工作室内办公,心情更舒畅,行为也就更自然放松,这显然有利于提高工作效率,秘书人员在办公室事务管理中,要在这些方面多作一些礼仪效果考虑。不过,在讲求明亮的同时,不要忘记防止视觉污染问题。对刺激眼睛的光线,不和谐的色彩,布置张贴不当的标语、宣传品,要及时调整,不能每天看着难受,却还得看了一天又一天。

安静是办公室环境礼仪要求的又一重要因素。办公室环境嘈杂,会使人心烦意乱,难免无端发火,当然会有悖礼仪要求。安静不仅指办公室选址要恰当,也指工作于其中的人们要自觉保持室内工作时的安静状态。只顾自己脾性而不顾工作纪律,不管他人情绪,叽叽哇哇地废话说个不停;或得意忘形,哼唱不止;甚至在电脑前工作时,将立体声音响一起传了出来,这首先已违反了尊重他人、遵守纪律的最起码礼仪。此外即使是办公室里必要的交谈、磋商,都应轻声,既不影响他人工作,也给说话对象一种松弛的感觉。作为一个秘书人员,与领导交谈,当然更应稳重、轻声,虚虚慌慌、粗声莽气都会显得缺乏修养,也破坏了办公室的安静。办公室内各种家具和自动化办公设备,在使用中都会发出各种声音,秘书人员应时时关注这些声音,觉察它的强度,尽量减轻它的强度,以维护办公室环境的安静。此外,在办公室装修时,要选择隔音、吸音的材料,以降低办公室噪音。

有了明亮安静的工作环境,活动于其中的人会产生一种平和宁静的心态,这种心态有助于工作效率的提高,有助于人际关系的和睦,有助于矛盾的化解。当我们远离嘈杂喧嚣而专心于自己的本职工作时,我们的主观积极性会更充分更主动地体现。因此,环境是礼仪工作的一个重要内容。

## 第三节 异常情况下的礼仪处理

### 一、异常情况下处理与领导关系的礼仪

除了在一般日常工作交往中要尊重领导、维护领导的权威外,当领导在

决策过程中发生失误时,当领导集体内部发生矛盾时,特别是当领导者本人犯了错误时,秘书人员应如何把握好此时的礼仪分寸呢?

(一)异常情况下处理与领导关系的礼仪基本要求

**1. 坚持原则　出于公心**

无论发生什么事情,作为一个秘书人员必须明白,自己是通过为领导服务的方式而对工作负责,对单位对企业负责,对国家负责。"对领导负责"只是表面形式,其背后的真正目标要远大得多,也严肃得多。自己并不是哪个个人的附属品,私人化的工具。因此,在充分尊重服从领导的同时,不能忘记上有党纪国法,下有规章制度,任何人不能豁免。当工作正常展开时,秘书人员按常规工作,这种"常规",自有习以为常的纲纪在其中。但当情况发生异常时,是以纲纪为重,维护国家利益,集体利益,还是以私人感情为重,以私人关系为重,打掩护,搞小团体,这就是衡量一个秘书的原则性是否强,是非感是否鲜明的重要标准了。在异常情况下,秘书人员必须坚持党性原则,坚持法制原则,坚持集体原则,而不能光考虑与领导的个人关系,私人感情。即使身不由己,卷进了旋涡,也要从长远发展的角度来认识目前发生的情况,不要深陷于其中不能自拔。事实上,此时,能使自己和领导都从麻烦中解脱出来的惟一正确途径,只有"坚持原则,出于公心",积极寻求解决问题的办法,就是对领导真正的尊重,也是礼仪的积极意义的体现。另一方面,有些领导干部自身不正,其秘书与之沆瀣一气,同流合污,完全丧失了原则,甚至丧失了做人的起码道德。此时,秘书与领导的关系已完全无礼仪可言,只是互相利用、互相交换、互相钳制,结果是双双落入法网,一起受到党和人民的审判,共同沦为罪囚。因此,无论什么时候,无论秘书与领导的关系怎样融洽和谐,原则、纪律、国家、集体,总是至高无上的,任何礼仪都在此基础上衍生,而不是与此相悖,与此抵触的。

**2. 宽容大度　体谅领导**

作为一个有独特个性的血肉之躯,领导当然也会像常人一样有情绪的高潮低潮,包括情绪的不合理状态。秘书处于领导近旁,许多事情又是与领导一起处理,共同面对的,当领导情绪异常,肝火上升时,可能最直接承受领导的异常宣泄。如领导借口把你痛骂一顿,领导将别人的过错算到你的头上,甚至领导将他自己的失误怪罪在你的身上。这时,假如秘书人员"以牙还牙",就是不买账,非跟他吵个明白,争个清楚,其结果就一定是两败俱伤——领导更不愿反省自己存在的问题,秘书又扯去了礼仪的韧带,大家就"实打实"地干一场罢!但这样做对哪一方是有利的呢?我们在前章叙述过秘书礼仪基本原则中宽容的重要性,此时,如何宽容地对待领导,体谅领导,就是一个秘书人员以礼仪体现修养,体现品质、品位的重要时刻了。秘书人员要有一颗善解人意的心,要善于体谅他人,尤其体谅领导。在巨大的工作压力面前,在各种矛盾和机遇面前,领导身负千斤重担,神经自然也高度紧张,倘有宣泄,甚至是不择时地的宣泄,都是心理的必然需要,我们大可不必去丁是丁、卯是卯地较真,暴风雨过后,领导自会为自己的失态后悔,会向你表示歉意,而你的宽容则给领导更多的信任。宽容还表现在当领导犯了错误时。领导犯了错误,秘书人员首先应检查自己这方面是否有原因、有责任,倘有,则应坦然承担。对犯了错误的领导,不该立刻换了一副脸,而应仍保持自己的谦和,也许,说话会有些不便,有些尴尬,但决不佯装不睬,更不侮辱对方人格。

### (二) 异常情况下处理与领导关系的礼仪规范

**1. 怎样面对领导的非理性行为**

清早,一个盛怒的领导要求秘书立即写信给公司的合作伙伴,宣布与之断绝一切往来,秘书小姐不动声色地应下了。傍晚下班前,秘书小姐拿出一封写好但未发出的信问领导:"信写好了,您看,是现在就发吗?"——这是国外秘书培训教材中一个案例。编撰者对女秘书的做法赞赏有加,因为这是最合乎礼仪而又最有利工作的。当场顶撞领导,批评他欲与对方绝交的做法太意气用事,显然是火上浇油;听话地照办,立刻写信发出,可能引起严重后果。这位秘书既按领导的要求做了——立即写好信;又在时间的延宕中给了领导充分考虑、全面权衡的机会——一直到八小时后才问领导是否真要发出。作为下级,秘书人员服从了领导;作为智囊助手,秘书人员帮助了领导,提醒了领导。这种帮助和提醒又是多么巧妙,领导的权威没有受到丝毫影响,却有了重新考虑再作安排的机会。可以想像,当秘书小姐的信交给领导后,领导可以冷静地处理它,无论发出与否,都将是更成熟更理智地考虑的结果,其合理性肯定超过清早盛怒下的决定。

这位秘书小姐为秘书人员在领导的非理性行为发生时应如何应对,作出了一个很好的榜样。我们曾专门谈过礼仪的润滑缓冲作用,在秘书与领导的关系中,恰当运用礼仪来缓冲紧张空气、缓解矛盾是非常必要的。如果这时是用说服、劝解、争辩的方法来阻止领导的行为,绝对不会收到好的效果,越是在非理性时,一个人越不能接受理性的劝说,可以说,此时惟一的途径只有礼仪。所以,尊重却不原样照办,服从却仍坚持明辨是非,是秘书人员应有的礼仪品质和工作手段。

当遇到各种困难、挫折、麻烦时,领导可能会失态,或大光其火,或醉酒流泪,秘书此时同样可能是情绪最糟糕的时候,也极易进入非理性状态,以非理性对抗非理性,其结局将不可收拾。在这时,秘书必须提高自己的心理承受能力,给领导充分的宣泄机会。也许秘书的内心十分委屈,但这种维护领导、顾全大局的忍耐,会使领导在冷静下来以后,格外尊重你的人格。在公共场合领导的失言、失态,或被众人弄得很难下台时,秘书要适时地为领导寻找恰当的台阶,或转移话题,使众人的注意力从领导身上转开。

在与异性领导相处时,主观上大家都会不由自主地在尊重对方的同时再加上一重对对方性别的尊重,这是文明的必然表现。但有时由于种种原因,女性秘书会受到来自异性领导的某种不尊重的行为干扰,这也是一种非理性的表现。面对这种状况,女秘书应作仔细分析:倘领导在醉酒或某种压力下一时失态,不妨少作计较,因为领导在事后会因自己的失礼而后悔,甚至主动向你道歉,以此为把柄而要挟领导反而是无礼的。倘领导心存不轨,则应正色提醒批评,但不要出语太重,也不用直接的责骂之词,主要以自己的正气和正言来唤醒领导的良知,从而使他收敛自己的邪念。倘这位领导就是一个用意险恶、心存淫邪者,那秘书就应在坚决痛斥批判他的同时,考虑是否继续与他共事,甚至诉诸行政或法律手段,因为对社会的邪恶现象,坚决打击才是最应取的办法。而防止这种无端侵害的关键,是秘书人员的自尊自重,一身正气,行为检点,即使有人心存邪念,也不敢放肆。

### 2. 怎样面对领导的错误

领导也是凡人,会因失察、失职而犯各种错误,也可能会因私心膨胀、欲壑难填而触犯法律纲纪,作为秘书,面对这时的领导,在礼仪上该怎样表现?

对待领导工作中的一般失误,秘书应及时予以提醒。"经理,昨天他们已经催过了,今天再不发送,会显得没道理吧?"一个问句,比"会显得没道理!"的肯定语气更有余地,更照顾到领导的权威。倘领导问题重大,群众反应强烈时,秘书人员的日子确实也不好过,但此时,行为更要有礼仪的分寸,不要让领导觉得自己一旦有难,连秘书都不屑与自己过从。秘书人员此时应仍像往常一样尊重领导,只要领导并未离职,就仍服从他的安排;同时,更要帮助领导分析事情的前因后果,主动寻找有关人员共同协商解决的办法。错误,除了有客观因素外,还有主观的因素,秘书人员长期处于领导的近旁,也许比别人更了解领导,因此,秘书人员可在适当场合如私下交谈、领导层内部会议、党内民主生活会上对造成领导此次错误的主观因素作出恰当的分析,但切忌夸大其辞,也不要由此事而扯到其他的事情上,这既可能使矛盾复杂化,也不利领导对目前问题的认识。因为事情严重,领导一定情绪低落,秘书人员要主动关注领导情绪并予以开导、劝慰,主动替领导倒水、打饭,给予生活上的关心,不可见领导垂头丧气的样子幸灾乐祸,装聋作哑,也不必惟恐避之不及,敬而远之。只有真诚地帮助领导认识问题,处理问题,才是真正尊重领导,也才真正有利于上级处理问题。

　　涉及领导个人品质的缺陷,是秘书人员最为难的问题。一般不宜向领导指出这些问题,但当组织要求秘书反映情况,或事涉重大原则时,秘书必须以组织原则为重。至于领导触犯了法律,等待他的将是法律的制裁的时候,秘书就不能以礼仪为考虑,而应该协助有关部门调查取证,彻底查清问题,对国家对人民负责。

　　更多的时候,不是由于明显的错误,但因工作无起色,内外困难重重,领导思想消极面占了上风,情绪低落,干什么都变得畏缩不前,秘书应鼓励领导坚持下去,打起精神。这时候的秘书人员在礼仪上应格外周到,多请示,多汇报;与领导外出时,多向外界介绍领导的特长,让领导有可能施展一下自己在工作以外的其他才华或爱好;组织会议时,多让领导讲话;为领导准备文稿时,言词尽量积极昂扬。这一切,都有可能给领导情绪以刺激,在秘书殷勤周到和不动声色的影响刺激下,领导会慢慢进行心理调适,慢慢从低谷中走出来,重新振作,投入工作。当然,一旦领导振奋精神大干时,秘书人员不可居功矫情,却只能更好地配合辅助领导,开始新的冲刺。

　　另一种情况是正确对待领导的隐私。一般说来,秘书人员无权,也不可能得知领导的隐私,但由于与领导关系密切,难免会在某些偶然的机会发现领导内心的隐秘,如读到了领导自己写下的内心独白;听到了领导家人的电话;看到了领导与家人不和的场面;听说了领导家人出了什么事情的传闻;甚至知道领导在某些公共场合的尴尬故事……对这些,秘书人员应听过看过算数,让这些事情"死"在自己的心里而决不向任何人传扬。而当领导愿意向秘书人员诉说自己内心的烦闷痛苦时,秘书人员应以朋友的身份听其倾诉,任其宣泄,并予以劝解,或尽可能予以帮助。但即使是在领导告诉过你之后,秘书人员也不必主动提起这些事,除非是领导托你就这些事情帮忙,你可以就自己所涉的这部分情况向领导交代。有些人以为既然领导已经告诉了我,那我就可以作为知情者关心过问一下,其实并不一定恰当。领导在倾诉宣泄之后也许会后悔自己失言,也许会觉得让秘书了解太多没有必要,更反感秘书将领导私事挂在嘴上,因此,一个知礼的秘书,不要过问领导的私事,即使是出于真情关心,也只要"做",而不要"说"。

**3. 怎样面对领导群体**

秘书人员与领导群体的关系远比与单个领导者的关系复杂。虽然领导群体从根本利益、根本目标和根本原则上而言是一致的,但由于领导集体内各自分工主管的内容不同,也由于在各自思想观念、领导风格和个性特征等方面的差异,领导者之间产生一些矛盾分歧是必然的,正常的。但若矛盾激化,分歧扩大,或由于秘书人员处理失当,秘书与领导的关系便较难把握。秘书人员应如何处理与领导群体的礼仪呢?

首先,秘书人员可利用自己的特殊身份在各领导之间传递一些有益的信息。当领导之间产生了隔阂,缺乏交流沟通时,秘书的桥梁作用便显得重要起来。秘书可主动适时地向各位领导提供上级的精神和政策动向,使各位领导者统一认识,消除分歧。在传递这些信息时,秘书可同时向领导者说说其他领导人的"好话",如"王主任,李副经理看了这份文件后,说您的看法是最符合上级精神的。"但倘领导者矛盾深化为对立的情绪时,秘书又应适当地"吃掉"某些不利化解、不利沟通的信息,如只传递肯定的话,不传递否定的话,以避免矛盾尖锐化。

倘若领导者各执己见,相持不下,秘书不妨取各方意见作一折衷。这样做,既顾全了各方的利益,使各方都在作出某些让步的前提下得到一定的满足,而且都保全了相当的体面,有利于以后的协商与合作。

对领导之间有些长期积累、无法在短期内消弭的矛盾,秘书应巧妙回避,避免夹在当中,既尴尬,又容易惹出事端。领导间的矛盾形成有多种因素,秘书甚至不必去弄清它们是怎样形成的,却一定要对矛盾各方都尊重,不能在言行中表露出支持一方或偏袒一方的倾向,这既不利自己的工作展开,也不利领导人之间的矛盾化解,因此,学会回避是十分重要的礼仪手段。当矛盾双方争执激化,呈不可避免的爆发之势时,秘书可借故离开,回避这个激烈冲突的场面。倘有时回避不及,后来被别人问起时,则应回避这种提问,不要因自己的扩散而在单位里引起闲言碎语,这对领导对秘书都有百害而无一利。当个别领导者想通过秘书人员来了解矛盾另一方的有关情况时,秘书也应回避,可以佯装不知,可以岔开话题,但与对其他群众的询问不一样。其他群众问及领导矛盾,秘书人员在回避和岔开之余,还可以实说自己"无权奉告",请其他群众谅解。对领导者的询问,不能以"无权奉告"回答,只能佯作不知,或避此答彼,避重就轻,避贬答褒,无论怎样回答,既定的宗旨就是不在领导之间的冲突中增加不利因素。秘书人员的特殊地位也许可以化解矛盾,但不要以为秘书就一定能化解矛盾,于是热着心肠,凭着一厢情愿的真心去企图解决问题,有时,这种行为的后果适得其反,矛盾着的双方反而以为对方与秘书已有沟通,更加反感与恼火。因此,秘书人员淡化低调地处理矛盾,搁置一边少去触及,使大家在日常表面上相安无事,于消极中却可能取得较积极的效果。

但有时矛盾难以回避,领导者之间的分歧扩大,甚至将一些历史上的恩怨、个人的情感牵扯了进来,秘书人员夹在其中进退两难。这时,秘书仍应从尊重领导的原则出发,严守中立,不偏不倚,决不介入恩怨,对领导人之间的严重原则分歧和情绪对立则一定全面、准确、实事求是地理解对待。倘需秘书人员转达意见,则决不以个人情感倚重和好恶取舍,决不在领导意见中掺入自己个人的意见和态度,也不按自己的理解去解释领导的观点态度,只作客观转达。至于有意在领导间搬弄挑拨,或眼看一个将在矛盾中退下、失势而落井下石,另攀高枝,都不是秘书人员应取的礼仪,也反映出秘书人员的人品道德。

## 二、异常情况下处理信访的礼仪

处理来信来访,包括电话来访,都是秘书人员代表本单位形象的过程,这些信访者有不同的问题,有不同的情绪,有时会有特别激烈的言词和过火的行为,在这种情况下,秘书人员接待处理这些对象时,应注意哪些礼仪呢?

(一)异常情况下处理信访的礼仪基本要求

**1. 维护本单位的形象**

由于安排的不当、计划的不周、客观条件的恶劣、偶然因素的促成,等等,都可能使我们的工作发生失误。对我们的失误,群众自然意见很大,便会来信、来电、来人批评指责我们,甚至去信、去电、去人到大众传媒部门,给我们来一个"曝光",结果闹得满城风雨,沸沸扬扬,其中又增添出许多节外生枝的故事来。领导为处理这事已经焦头烂额,终于躲出去了,秘书则必须按领导的交代,做好接待处理的善后工作。在这种场合,一个秘书人员,首先要维护本单位的形象。这种维护形象必须是客观的、积极的,而不是死要面子,拒不认错。因此,面对这些对象,一定要以负责的态度来接待,作好解释,也勇于承认错误,承担责任。一家化学品公司生产的驱虫防蛀片产生了始料不及的对织物的损害,当公众纷纷投诉时,公司的接待秘书不厌其烦地道歉,并安排退款和赔偿,为了向群众表达歉意,秘书向领导建议专门安排人员向传媒发稿,在大众传播媒介上公开道歉,并承诺在三个月的时间内每天接待投诉并予退赔。结果是虽然这家化学品公司经济损失巨大,却保住了牌子,改进后的驱虫防蛀片立即在第二年春天占领了市场。因为群众看到的是此公司真诚的改进和实在的信用。这种接待投诉来访的诚意化坏事为好事,不避讳错误,不推卸责任,才能取得谅解和信任。越是怕砸牌子,越是推卸责任,越是会失去群众的信任。所以,接待信访,处理信访中的麻烦问题,要从维护自己的形象出发,给人真诚,换来信任,使自己可能在社会上、市场中长远地生存发展。虚情假意、鬼话诳骗,也许暂时可以平息事态,却永远失去了市场。

**2. 头脑冷静　按章办事**

宪法、法律、法规、规章、政策既是信访者的根本利益的体现,也是信访处理工作的依据。尽管秘书人员在处理中要讲礼仪,但信访工作中根本遵循的还应是有关章法。同时,对信访的及时处理也是规避矛盾激化,防止问题扩大的重要措施。有时,来访者为满足自己的要求,无理取闹,以要挟手段将老弱病残或某些实物带到接待现场;或邀集数人、数十人一起来访,试图造成压力逼你就范。这时,秘书人员要头脑清醒,不为压力所迫,而以法律、政策为武器,有理、有利、有节地接待处理,打不还手,骂不还口,劝说受蒙骗者,善待老弱病残。要记住,坚持原则,按章办事是最大的礼仪——真正有益国家、社会和人民利益,而对落后、自私的姑息迁就只会造成更大的矛盾,对社会安定造成隐患,因此不要一看到起哄的场面就头疼,而应格外冷静,宣传法纪、宣传政策、宣传科学、劝说群众、孤立其中的主要成员;当秘书人员对着来访者承诺,宣布有关措施、做法时,一定要有政策、法规的依据,也一定要保护那些没有参与此事的群众的合法权益,不能在群众中造成"会哭的孩子多吃奶"的印象。矛盾的激化总有个过程,因此,要及时地处理好群众的来电、来信、来访,不要在平时一般电话接听、来信拆阅时漫不经心,以为小事一桩不予重视,或将来访者三言两语打发走,事后又忘记了自己的承诺。这样都会造成对方的不满,也许由这些小事而积聚起来的情绪会酿成严重事态,所以平时在一般信访处理中的实际工作必须有效地解决问题。

(二)异常情况下处理信访的礼仪规范

**1. 对来访者的礼仪**

面对情绪激动的来访者,首先要使他冷静下来。秘书人员可以和颜悦色地对他说些家常话,如"今天真冷","你到这里远不远?"或"你热吗?要喝些水吗?"不管对方是否要喝水,都要为他送一杯水。有些来访者会眼泪鼻涕地诉说,秘书人员可递上纸巾,但不要马上劝他停止哭泣,可以让他一个人坐一会儿,平息一下情绪。有些来访者只是为了一点小事想不通而非要找领导解决,让领导"给个说法",秘书怎么劝也劝不走——就是认准了死理。此时,秘书人员可以让他与领导通个电话,让他在电话里向领导倾诉一下内心郁结,其效果是一样的——但电话应限时,否则也许一小时也打不完,可以利用限时投币电话机或通话时间设定的电话机,将通话时间限死,但不必让来访者见领导的面。倘来访者是社会公众,秘书人员要注意与对方交谈接触中的分寸,话能说到什么程度,应允能做到什么地步,都必须留有充分的余地。有时,社会公众不愿与基层工作人员接触交涉,直闯办公室,秘书人员在接待时应维护自己单位基层工作人员的形象,向来访者解释为什么下面的工作人员要这么做,以争取来访者的谅解。这样既保护了基层工作人员的积极性,又消了来访者的不平之气。

对超出接待人数的集体来访者,一定要冷静礼待,不能痛加训斥。可以跟领导人的态度互相配合,领导以"刚"性原则为主,秘书则以"柔"性情感为主。并按接待政策,要来访者选出代表,秘书应对来访者代表晓之以理,让代表再去做来访者的工作。

倘来访者中有老弱病残,一定不可直接批评这些人,而且不论对方是否有恶意,都要先留意这些老弱病残者的健康状态,千万不可掉以轻心而授人以柄,造成工作的被动;对有些受了坏人蒙蔽而上当或无聊起哄的来访者,要明以真相,晓以大义,把有关观点政策细作解释。此时,秘书人员周到的礼仪,耐心的宣传劝解,会使一部分来访者自我反省,从而有利于问题的解决。

有些来访者心存不善,并动手动脚,口出秽言,秘书人员应义正词严地予以驳斥,但不能与之相打相骂。对一些撒泼者,秘书人员要以自己的正气去震住他。一家公司的职工在下班回家时遭遇车祸身亡,其家属纠集亲戚朋友冲进公司,要拉经理去向死者磕头,经理回避了,秘书人员冷静地向死者家属说:"我们公司的员工,自然是我们的亲人,他的不幸罹难,我们都很悲痛,我一定代表经理前来吊唁,并参加治丧。与此次交通肇事有关单位的交涉,我们企业职工的善后处理,我也一定会向经理请示和与有关部门协调,尽快给你们答复。但是公司经理要做那么多重要的事情,也并不能对这桩交通事故负责,领导又比死者年长,让他去磕头,是什么道理呢?"一席话,说得对方哑口无言,虽然还有人蛮不讲理地坚持要领导出来,但许多人已对此失了兴趣,不想再胡搅蛮缠,一场风波暂告平息。

至于那些别有用心的人,煽动群众借搞上访,故意闹事滋事,那就是另一性质的矛盾了。秘书人员在处理这类来访者时,要观察事态动向,发现其中的为首分子,要与上级、与公安司法部门联系,坚决打击这些制造混乱、制造麻烦的人,这时所需用的不是礼仪手段而是法制手段。还要注意的是那些进行威胁的来访者,秘书人员应避免与之正面冲突,而万一真的遭了伤害,要及时与保安部门、公安部门联系,以在最短的时间里制服这些人。

**2. 对来信者的礼仪**

来信,当然不像来访那样正面冲突,毕竟只是面对着一张信纸。但是,有些来信反映了紧急事情、涉密事情;有些来信又充满污言秽语;有些来信是恶语中伤;还有些来信是因为沟通交流不够造成的隔阂误会。秘书人员在处理这些来信时,先要甄别其真伪,是属实的事,就该重视,认真办理。来信处理得好,群众上访也就少。

事关重大、事涉机密,自应按有关程序特事特办,秘书人员对此类来信需清醒认识,严肃办理。对不签真实姓名的来信,处理一定要克制。有一家小学校长在收到群众不具名的反映该学校乱收费的来信后,将所怀疑的几十名可能写信的家长召来训斥一番,并挖苦说:"对困难户,我们可以奉献爱心,你们打个补助申请来我们立刻免去你孩子的书杂费。"这种做法至少是很不礼貌的,对家长的不知情,完全可以通过解释沟通来增强互相的信任和了解,讽刺挖苦却只能反映这位校长水平的低下,并且,在没有具体对象的情况下,打击一大片,会引起极大反感。有时,信是从电台、报社等大众传媒部门或上级领导机关转来的,媒体或上级同时派员了解情况。秘书人员在接待时,应该配合有关人员的采访和调查询问,接受批评,承认问题,澄清事实,阐明立场。看到一封来信引起舆论或上级的关注而心生怨怼,采取不配合、不协作的态度,不是处理信访的应有礼仪规范,也不利于问题的解决。有时,群众来信反映问题,秘书人员的回复很好,却迟迟不予兑现,结果群众拿着秘书的回信来访或上访,指责光承诺不实施的行为。秘书人员此时一定要勇于承担相关责任,能立刻解决的予以立刻解决,不能立刻解决的给以明确的保证,并坚决兑现。倘这并不是由于秘书人员的过错,也不能一推了之,而要主动与有关部门、有关方面联系,给群众切实的回答和解决。

至于那些充满恶意的来信,假如就是冲着秘书本人的,则完全不必理睬,因为对方不是真诚善意的批评,用心险恶,手段卑劣,为此伤心动气太犯不着,只要自己问心无愧即可。如果是冲着领导人或其他成员的,则不一定要告诉其本人,秘书人员应压下这封信,不要让这封可能引起人生气、动怒,或引起办公室内部混乱、矛盾的信的内容有很多人知道,更不要影响当事人的情绪。对由于不理解的误会造成的矛盾,则不应该纠缠于来信中的措辞语气,秘书人员可直接与来信者联系,或写信给对方,把有关情况作个详细的交代,信中不仅要解释清楚,而且语词一定要恳切,决不也以强硬的、不友好的语气行文。这种以礼待人的行为,会使对方在明白事情真相或了解相关政策后,为自己的无礼而愧怍,也教育了来信者。

倘来信者在网上发电子邮件,或直接将信的内容公开发在网上,秘书人员仍要以礼待之,不能因它是电子邮件而不予理睬,但也不能任其在网上发一面之词而不作任何反应。由于互联网是公开的,所以更要讲究克制,以理服人,使秘书人员本人及其所在单位企业的形象升华,而不是由于网上一封恶信而砸了自己的牌子。

**3. 对来电者的礼仪**

这里的来电者,主要指那些情绪激动,语不成章,或怒火中烧,出言不逊的来电者。这些来电者,有些是故意骚扰,以妨碍别人正常公务活动为乐,这些电话可能不断地打来,在接听了一两次以后,发现是这种无聊的电话,可以不再接听,如果吃不准是不是这种电话,可以换一个人接听,如将女性换成男性来接听,使对方发现失去了对象而终止骚扰行为。

对情绪激动的来电者,不要催促他"快说呀,哭什么!"应该劝对方"平一平气,慢慢说,我听着呢。"使对方放松,从而可能平心静气地叙述。电话里看不见人，对那些不愿自报家门的匿名电话，要尊重对方的选择，但可以问："我怎样找您呢？""我可以跟您联系吗？"假若对方大动肝火，秘书可以不作声，待对方发作后，再说："您这样难道能解决问题吗？现在还是请您把情况说一下吧。"或"您怎么能说这种话呢？请您听我解释。"对方如仍不中断恶骂，可以挂断电话不接，但对方如仍肝火旺，听不进劝而只顾自己批评责怪，秘书人员就该忍住气，耐着性子听对方宣泄之后，再作解释。

有些电话内容事涉领导隐私，秘书在接听这样的电话时不要追问，不要质疑。领导以自己的行为对社会、对企业、对家庭负责，秘书在不了解情况的条件下，不必硬去刨根问底，当然更不要介入。

### 三、处理突发事件时的礼仪

秘书辅助领导处理日常事务，一般都根据每个单位的不同情况，形成一套有效、完整的工作常规。但工作中毕竟会产生许多始料不及的突发事件，甚至可能发生重大事故，在这种情形下，一个秘书人员的"礼仪"表现往往又对事态的发展和处理产生重要影响。

（一）处理突发事件时的礼仪基本要求

**1. 人的因素第一**

世间一切事物中，人是第一个可宝贵的，以人为本的思想古已有之。马厩失火了，孔夫子只问"伤人乎？"却并不问马的情况，可见孔夫子已有非常鲜明的"人的因素第一"的观念。现代社会，人们格外重视"人"的价值和尊严。秘书工作是与人打交道的工作，自然应尤其重视人的因素。因此，平时事事考虑以"人"为本，在工作环境布置、规章制度制订、标语口号提出、工作作风表现上，都显示出这个特点，是秘书工作的原则内涵，而当处理突发事件时，以人为本，从"人"的角度出发考虑问题，是温暖人心、解决问题的重要途径。尤其是当发生意外事故造成人身伤害时，领导可能会为巨大的经济损失所震惊而暂时不可能周全考虑，秘书人员此时则应从"人"的角度出发，提醒领导，帮助领导，先考虑事件中"人"的问题。人的因素第一还表现为在突发事件面前的礼让。当各方都遭到损失时，强调自己一方的损失，强调自己一方的利益，会使协作者寒心而产生反感。因此，既要算经济账，更要算"人情账"，如果在意外灾祸中能谦忍、礼让，不纠缠于眼前而放眼长远，那么经济的大账也许将是十分可观的双赢。说到底,社会的一切都是人际交往的过程,只有注重了"人"的因素,才会引起积极的效果,并促进社会的健康发展。

**2. 虚实综合**

突发的事件,当然是始料不及的,有时,它的后果又很严重。此时为了缓解这意外带来的不幸、矛盾,领导会要求秘书先作一番礼仪性的慰抚和表态,然后再商讨实质性的责任及赔偿。这种慰抚和表态,只是实质性解决问题的前奏,却又是必不可少的程序,秘书人员倘在此时将这种礼仪程序全部表面化"表演"一番,说些无关痛痒的安慰话,作些可从各个角度理解都不错的表态,自然也是完成了任务,但这就与上文我们所谈的对"人"的关注相悖了。所以,既是作为解决实际问题的一个环节,一定要做得实实在在,让人感到秘书所带来的是有关方面的诚意,让人相信有关事件一定会得到妥善解决。然而,从另一方面来看,前奏程序与后面实质性解决方案毕竟不是一回事。事关重大,领导及领导层、上级其他各有关方面对究竟如何处理尚不能一下子定性,具体的处理必须在全面的调查研究之后,现在就将话说死了,会对后面工作的展开带来被动。有时甚至真相大白之后的处理可能与先前的估计完全相反。所以,对突发事件的礼仪处理,必须虚实相生,即情是真的,话是活的;态度是真诚的,表态是原则的。这样做,既不致给领导及有关方面对问题的处理带来麻烦,又不致在真相大白之后因不得不改变做法而尴尬,也不致引起当事各方和当事人的不满,给后期工作的顺利进展作了铺垫。

(二)处理突发事件时的礼仪规范

操作失当、人为破坏、自然灾害等,都可能造成突发事件,在这个过程中,由于各种不同的原因,发生了意外的伤亡事故,这是每个领导者都感到十分棘手的问题。首先要处理的是对伤员和亡者的安排。秘书应在第一时间赶到现场,不要一到现场就问"怎么搞的?"而应先问"人呢?"并立刻安排用车,电话联系救护,必要的话,应跟车到医院,至少要派人跟车到医院,以便保持与医疗救护方面的联系,及时处理相关问题,如抢救费用、手术用血等。对现场的其他人员,要先询问他们各自的情况,是否受伤,是否受惊,并安排他们休息和伤势检查。不管这些人是否有责任,不要在第一时间见面就是批评指责,而应予更多的关切。如果发生了死亡事故,一定要亲眼看到亡者遗体，做到心中有数，以便后期相关问题解决时，可向领导提供一些有效的参考资料。不要让亡者遗体暴露在外，除了需公安部门或事故处理相关部门查验之外，应立即将亡者移到较安静的地方，安放在床上或搁板上，盖上被单，等待下一步的处理。还应立即弄清亡者的身份、家庭情况等，准备在领导下令后与亡者家属联系。

　　与伤者亡者的家属联系，要分清轻重。一般的伤员，可电话联系其家属，口气要轻松缓和，以免家属受惊紧张。"您是张师傅的太太吗？您好！我是张师傅的同事刘林。刚才张师傅的脚不小心被烫了一下，现在中心医院。您别急，他没事，已经住进病房了。医生说，只要观察几天，伤口不感染就可以回家的。假如您现在去医院的话，我用车来接您好吗？要不，我在医院门口等您？"假如不打电话直接就派车去，会使对方起疑心，认为事故可能十分严重而神经紧张；但光打电话通知却不派车或不在门口等着陪同，又太无礼仪。这种方法用于伤势较轻者，但也要了解一下其家属的身心健康状况，如果家属缺乏承受能力，是不能光用电话通知的。

　　对重伤员或死亡者家属，一定要与领导一起上门通知其家属并表示慰问。一般还应有一两位其他领导干部，必要的话，要请一位医务人员带上急救用品一起去，以防家属得知噩耗后惊厥。倘伤亡者是由于自己的主观原因而酿成灾祸，在第一次与家属见面时，不要立刻就宣布，而要从人道的角度考虑，先作安慰，再作处理。

　　伤者亡者家属得知噩耗，难免情绪激动，秘书人员此时一定要冷静。要记住，陪着流泪哭泣既不是礼仪规范，也有碍你进行工作。当你忍不住落泪的时候，必须立即擦去眼泪，调节情绪，着手解决问题，并劝慰那些家属。当有些家属得知噩耗后呼天抢地，做出一些非理性的行为时，秘书人员不要鄙视，应竭力以好言相劝。但倘家属拉住领导，提出各种合理或不合理的要求时，秘书人员要准备为领导解围，在特殊情况下，要及时帮助领导离开，以免被困，造成更大的矛盾和麻烦，因为此时往往还来不及考虑如何满足家属的要求和愿望。

　　一旦发生重大伤亡事故，会立刻惊动新闻媒体，记者的捷足会使出事单位不及反应，记者的发问尤会使秘书难以招架。此时，秘书必须注意公关形象，有自觉的公关意识。虽然还未及对事故作深入调查，更谈不上处理方案，但可以给记者一个明确的态度，即对事故一定会调查，对问题一定会处理，善后工作一定会妥当。这样的回答既合乎礼仪，也是通过传媒向社会的一种表态,可以借此树立自己的公关形象。倘因事故骤发,措手不及而对传媒记者接待不当,则既不利问题的解决,又失去了重塑企业形象的机会,反倒让传媒从反面报道你事故后还态度生硬,引起一片指责声,这无论从哪个角度来看,都是划不来的蠢事。

在处理突发事件时,秘书并不能忽视自己的仪表形象。不仅在与家属接触时要注意自己的形象衣着,不能太鲜亮,不能太随意,以免与气氛情绪不符合。而且这是一个非常时期,倘秘书在事故现场办公,难免会弄脏衣服,甚至会弄得头发散落蓬乱,双手和脸颊上都沾上了脏污。此时,秘书既不该计较工作的脏累,但也不能蓬头垢面,而仍应以健康昂扬的姿态投入工作。不是脂粉依旧裙裾飘逸,但仍应整洁、干练,并给领导以这方面的提醒——在遭逢意外时,领导的精神面貌将给广大员工带来信心和重新振作的勇气。

## 思考题:

1. 怎样理解办公室礼仪的基本要求?
2. 办公室礼仪中生活琐碎处理的意义何在?
3. 试述秘书与领导的礼仪要求与秘书辅助领导决策的关系。
4. 秘书接待不同对象时,各礼仪环节的核心是什么?
5. 办公室布置在企业文化建设中有什么重要作用?
6. 异常情况下坚持礼仪规范有什么意义?

# 第五章 会务工作礼仪

秘书办会,是秘书人员的常务工作。秘书人员几乎每天都要与各种会议打交道,从几个人的核心会议,到成百上千人参加的大型会议,都是秘书所操办、所参与的。操办会议时,方方面面都要考虑周全;出席会议时,仪态、精神都要与会议内容、会议主题吻合。当一个重要的会议举行时,往往是秘书人员才华显现的机会,又是秘书人员礼仪修养和礼仪业务水平的表演舞台。

## 第一节 会务工作礼仪综述

### 一、会务工作礼仪的基本内容和意义

会议是多种多样的。有些常规例会在礼仪工作方面无甚要求,只要做好会议准备工作,确保会议顺利召开就行。有些会议本身就是礼仪性的,如迎送会、慰问会、表彰会等,这些会议的礼仪讲究与会议的规格成正比。还有些会议,其中有相当大的成分是特定的仪式,如开闭幕式、审批会、追悼会等,这些仪式如不能在会议活动过程中体现,那么这项会议活动是无法正常进行或无法达到会议目的的。秘书办会,就必须对会议工作的礼节要求、仪式过程了如指掌:邀请哪些人员与会、会议通知如何措辞、会议的标题、口号、徽记怎么设计、仪式顺序怎么安排、会场怎么布置、礼品奖品怎么颁发、照相时怎么安排位置、怎样调节会议节奏、怎样对外宣传会议、怎样做好会后扫尾工作……只有了解了这些会议礼仪工作的基本内容,才能在每次会议召开之前,有条不紊地作好充分准备。现代社会,人类的每一个进步,生产的每一次发展,都离不开科学的决策,科学的决策有赖于民主化,因此,会议是必不可少的民主决策的环节。世界需要对话,人类需要沟通,集体内部

需要凝聚起合力,会议,也为这种对话、沟通和凝聚提供了必要的形式。今天社会的发展,使我们难以想像"假如没有任何会议"。会务礼仪,正是适应会议工作内容的需要而产生的。

## 二、会务工作礼仪的基本要求

### (一) 周全考虑

除了特殊情况,大型会议的召开,一般说来总有个酝酿的过程,除了会议的主题、内容、议程等重大核心类问题外,礼仪是大会秘书处及秘书人员的重要工作。会务工作礼仪的周全考虑,是指在酝酿会议时,对会议活动过程中的各个环节,各个细节都要作全面的考虑,以防差错,以防闪失。大型的会议活动,一旦通知发出后,所有准备工作都进入了倒计时状态,倘没有事先的周全考虑,是无法应付可能发生的紧张忙乱的。

周全考虑,不仅指对会议的各项议程的考虑,还包括对一切可能影响会议顺利举行的因素作充分的考虑,如天气状况,就是一个重要因素。天气的阴晴,气温的高低,对在室外举行的会议的影响当然十分重大。雨水可能将事先准备的会标、鲜花、旗帜冲坏,与会者也会因天气原因而产生人数、纪律等方面的混乱,雨中的节目表演难以进行,雨中的扩音设备易出故障。或者气温骤升,烈日炎炎似火烧,群众抵挡招架不及,会出现多人中暑昏倒,会场秩序由此骚动混乱。即使是在室内举行的会议,天气也是影响其正常进行的因素,太冷、太热、太闷都不利会议顺利召开。天气因素影响交通顺畅,与会者可能没法准时到会。所以,根据天气情况,充分考虑会议期间可能发生的天气变化,是会议礼仪的一个重要方面。把各种可能发生的情况充分考虑到了,才能对会议期间的复杂忙乱状况应付裕如。会议的场所定在哪里,也是周全考虑的一个方面。要适宜于开会,不受干扰,便于集中,但却忘了交通的便利,虽然目的地选得不错,一路却饱受颠簸之苦,这也是考虑不周的表现。外地与会者鞍马劳顿,毕竟费时费力又费钱,所以会址选择是否恰当,远离交通线,或正在翻修、扩建的路况,秘书都应了然于心,以随时调整,方便与会者。

一个会议,总有许多后勤方面的工作要做,这些是周全考虑的内容,但在会议出席者的安排上,更要周全。有些会议往往是一种政治待遇的体现,随意确定与会者不利会议的积极效果。周恩来总理每年对出席国庆招待会的人员名单仔细斟酌，就是为了通过名单的公布，传达文革中人们极其期盼的安定团结的信息，这种邀请的意义，远远超出了礼仪本身，而负载着特殊的政治目的。有些会议，倘考虑不周，邀了这一方面的人员，忘了另一方面的人员，也许有一定的理由，或只是偶然的疏忽，却会引起另一方面的不满和猜疑；有些会议的届别、会次搞得含混不清，使人摸不着头脑，如单位一会儿并一会儿分，其职工代表大会开了多次"第一届"；又有一家单位是在原三个单位的基础上新组合的，并改用了全新的单位名称，开职代会时，却沿用其中一家单位的原有届别会次，使来自另两个单位的代表大为不满，影响了他们的积极性。

会议是为形成一致的看法、达到一致的目的而举行的，周全考虑可以避免矛盾的产生，缓和矛盾的尖锐程度。秘书人员在安排会议工作时，一定要从客观条件、主观因素等诸多方面来考虑会议的礼仪工作，以确保会议圆满成功。

（二）周密安排

在周全考虑的前提下，作出周密安排，努力使会议开得顺利，是秘书人员办会的宗旨。周密安排，指秘书人员必须事事周详细密，不得有差错，也不容有混乱。

周密安排首先体现在会期安排上，既要张弛结合，又要紧凑高效。与会者参加会议，总是放下手头的日常工作而来的，如果不考虑与会者的情况，只顾在会议过程中过分穿插文艺活动，宴请活动，这种安排是不科学，不合理的。但报告连报告，讨论连讨论，又会使与会者疲劳，从而不易产生良好的会议效果。会期太长，与会者疲沓退场；会期太短，来不及反映有关情况，信息得不到充分的交流与反馈。所有这些，都说明只有周密安排会议，才能保证会议的目的实现，起到会议的真正作用。

周密安排还体现在会议准备工作是否充分上。与会者来了，秘书处却发现未给与会者准备足够的文件袋；会议临开场了，发现代表证未配好别针，没法佩戴；表决投票之后，计票结果迟迟未能公布，场内与会者闲坐空等，走也不是，留也不是；会议开始了，才发现文件袋内少了一份昨晚刚赶出来的文件，与会者只好闹哄哄地等着……一切安排的不周，都会影响会议的气氛和与会者的情绪。

与会者的入场和退场,怎样接送与会者,邀请来的嘉宾、领导怎么入座、怎么休息,也是会务礼仪周密安排的方面,会场布置中的安全通道、工作人员工作区和记者席,都要便于其工作的展开。一些庄重的仪式性会议,其仪式所需要的各种用品、设备,事先都应作充分检点,以防万一的疏漏。唱片、录音、录像等都应在正式使用之前先试放一下。而对重大活动,则应在事先作一下排演。

会议工作安排周密,能使会议自始至终保持着一股精神,使会议真正起到团结凝聚的作用或澄清思想、明确方向的作用。有些会议场面不大却内容严肃,关系到对一些人士的罢免和批评,如果事先安排不周密,会使其严肃性大打折扣,某些与会人员在会议表决前后的身份大不一样,如果事先没有周密安排,会出现场面的尴尬。而仪式性的会议更讲究在周密安排下的一气呵成,倘中途发生些许细小的枝节闪失,都会造成整个仪式的失败或不完满。

(三)周到服务

礼仪工作与服务有着密切的关系,会务礼仪的一个重要内涵就是会议的服务工作。保证会议圆满完成各项议程,保证每个与会者精神振奋、情绪饱满地参加会议,并保证会议和与会者的安全,是会议服务工作的出发点和最终目的。

会议的服务,其对象主要有与会领导和贵宾、与会普通成员、采访会议的新闻工作者等。秘书人员办会时,要注意对不同对象的礼仪服务,使会议的主题不仅在会内得到体现,而且在会外得到延伸。

领导是会议的灵魂。秘书人员为会议服务,首先是为领导服务。秘书人员应根据会议的主题、目的,为领导准备好相关材料,提供可靠翔实的数据,引证真实充分的事实。在会议进行期间,领导的其他工作,秘书要妥善安排,或由别人代理,或延期改期,或取消。当然,这一切安排都必须在领导同意批准之下才能实施。打搅干扰领导出席会议的事情要尽量少做,会议进程中的各种情况应及时报告领导,使领导始终在统领全局的高度参与会议,而不是和普通与会者一样,被会议既定议程牵着走。

与会贵宾身份特殊,他们的到来往往就是一种会议礼仪的需要。他们不一定有正式与会者的全部权利,却享有比正式与会者更高的礼遇。他们往往是上级,是前辈,是功臣,是协作对方。会议过程中为贵宾服务,要本着敬重、照顾的原则,使他们也被会议的气氛所感染,从而在精神上融入会议,真正为会议锦上添花。

对普通与会者的服务,应是实实在在地提供方便,从发会议通知开始直到将与会者送走,会议纪要下发,都要让与会者对会议的精神、目的了然于心,并且没有任何工作和生活的不便,从而安心开会,行使权力,有所收获。

有许多会议需要邀请新闻界或本单位本系统的宣传部门人员参加,一旦邀请了这些人,就说明会议是可报道的,因此,要为新闻宣传提供便利服务。会议之前,秘书人员要与领导商量对会议报道到什么程度,统发稿件要及时准备。免得会议在进行中,却突然不许报道,结果与新闻宣传方面发生矛盾,影响会议形象,破坏会议气氛。

## 第二节 一般会议礼仪

### 一、会议环境礼仪的布置

会议的环境礼仪,是将会议现场作一番配合会议主题精神的布置。即使是一般的常规小型会议,如每周一次的经理办公会议、部门负责人碰头会议、中层干部例会等,会场也应布置得井井有条,干净明亮,从而使与会者精神振奋,情绪饱满,以保证会议的顺利进行。各种会议的议题、议程和出席对象不同,会场环境布置就有不同的礼仪要求。

(一)会议环境布置的基本要求

**1. 强化主题**

会议环境,即指会议会场的内外布置情况,它是衬托渲染主题的重要手段。从会议选址到大小会场的布置,从会议标语、旗帜到鲜花、座位的安排,都必须根据会议的主题来统一筹划,按不同主题分别布置成或庄严隆重,或喜庆热烈,或轻松和睦,或肃穆深沉,使与会者一进入会议区,一踏进会场,就会被会议的精神、会议的气氛所感染和引导,全身心地投入会议。

会议环境布置上要强化主题,首先要求办会的秘书人员自己要吃透会议主题。如一个职工代表大会,其主题是关于企业的调整,话题严肃,涉及职工切身利益。若将会场布置得太喜庆,与主题不符;但太庄重,又增加了压抑感,格外使人沉闷、焦虑。秘书人员办会,倘不能把握好其中各种因素的分寸,是不能将会场布置得恰到好处的。强化会议主题,要求秘书人员在办会时,还要注意环境与主题的统一性。如会议是强调环保的,而会议本身却使用了不可降解的一次性饭盒和一次性木筷,这与会议的主题是南辕北辙的。统一的要求还表现在会议的徽记、色彩等方面。代表证、文件袋、请柬、通知等都印有一致的徽记和同一颜色,既体现会议的主题精神,也便于会务管理和以后存档的辨认、整理和分类。

**2. 勤俭节约**

办会是一桩花钱的事,所以,不可动辄开会。一旦会议非开不可,秘书人员一定要做到勤俭节约。勤俭节约首先是利用本单位现有的条件开会,安排会场不要热衷于借场地、借宾馆,更不要动辄找风景名胜,借开会之机大肆游山玩水。每次会议结束后,相关物品要收好,以便今后必要时再用,而不能热热闹闹来开会,会后一走了之,旗帜、灯彩、音响设备无人问津,待以后要用时,才发现这些东西早已污损破坏,只好再办新的。勤俭节约还表现在开会用品不该滥发,文件、文具和奖品、礼品都要严格控制。与会者来开会,主要是会议本身的精神意义,在会上大送其礼就失去了会议的严肃性,即使是展览性、展示性的会议,也应多发宣传资料,而滥发礼品则不是应有的礼仪。

供与会者休息的场所,也不必竭尽豪华,而应保持与会场内一致的气氛,不能场内开着严肃的会,与会者在场外喝酒行令,轻歌曼舞。会议需要张弛有序,但会议的精神应该内外一致,浑然一体。倘在会议环境硬件布置上完全是两种意境,其实正反映出办会人员政治水平的高下。

会议设备当然越先进越好,但不能一味追求先进而不顾实际经济力量,能修旧利废就不一定要买新的,国产花卉的效果未必比进口花卉差。这些看似鸡毛蒜皮的小事,都把一个单位、一个秘书人员对会议环境礼仪的认识真实地反映了出来。

**(二)会议环境礼仪规范**

**1. 会场选择**

大型会议的会场选择,对会议主题的深化很有关系,对与会者参会的情绪也有很大影响。秘书人员办会,首先要选准会场会址。要考虑交通便利、设施齐全、环境安静的地点,使外地与会者方便地到会,安心地开会。在具体会场的选择上,要把与会人数、与会者职位、是听报告还是讨论、看文件等不同内容作一一考虑,安排恰当的会场。会场大了易散,聚不起"精、气、神",会场小了易杂,事事不方便。大型会议,并应配有候会休息处、小组讨论处、秘密写票处、资料查询处等,使与会者能方便舒适地参加会议,行使自己的政治权利。

**2. 会场布置**

一般的小型会议,常规例会,会议室只要清洁、明亮,有足够的桌椅,能让与会者方便地看文件,作记录,讨论发言就行了。秘书人员应保持会议室的整洁,设施完好,用品齐全,使会议室处于随时可以被利用状态。大型会议的会场准备则比较复杂:

(1) 会标

会标即会议全称的标题化。应将会议全称用大字书写后挂在主席台的正上方,这是会议礼仪十分重要的一点,点睛的一点。它能增强会议的庄重性,揭示会议的主题与性质,使与会者一进场就被在精神上引导。

(2) 会徽

会徽是体现或象征会议精神的图案性标志,要选择具有强烈感染和激励作用的图案,一般可向社会征集,也可在单位组织内部征集。图案要简练,易懂,寓意丰富。有些会议可用本组织的徽志作会徽,如党徽、国徽、团徽、警徽等,这些都可起到渲染突出会议精神的作用。

(3) 画像

纪念性会议,针对某人物成就功绩的专题性会议,将相关对象的画像挂在会场内,表示尊重,纪念,缅怀。也可以配合会议主题在会场内外挂上几幅不同时期不同人物的画像,表现一段历史,表彰各位功臣。

(4) 标语

标语当然是会议主题的体现,会场上的气氛往往就是被恰到好处的标语、旗帜等渲染起来的。标语的拟定制作,是秘书人员在准备会议文件时就应拟就、并报请领导批准的。会议标语要集中体现会议精神,简洁、上口、易记,具有宣传性和号召力。

(5) 旗帜

会议的旗帜包括主席台上悬挂的和会场内外悬挂的。主席台上的旗帜应围挂在会徽两边,显得庄严隆重;主席台的两侧插上对应的红旗或彩旗,又可增添喜庆气氛。而会场门口和与会者入场的路旁插上红旗或彩旗,会议的热烈气氛就可更多地洋溢在会场内外,更衬托会议的精神。

(6) 花卉

花卉是礼仪不可缺少的重要道具,在会议上,花卉还能解除与会者的疲劳。

选用花卉,应突出中华民族文化的民族特色,而不要热衷于选用进口洋花卉。以梅花、牡丹、菊花、兰花、月季、杜鹃、山茶、荷花、桂花、水仙等十大名花为代表的中国原产花卉,早已被赋予浓馥的文化色彩,以这些花材为主构成的花卉艺术品如插花、盆景等以无声的语言向人们传播文化,表现礼仪。因此,越是重大的、越是涉外的会议,越应选取有代表性的中国原产花卉作为摆放的主体花材,并将中国传统的艺术花卉的插放造型作为会议花卉的礼仪形式。

(7) 灯光

会议场所的灯光应该明亮,柔和,给人适宜的照明,也可减缓会议时间过长而带来的疲劳,会场灯光应有几套,以便于会议颁奖、照相、演出等多种需要。

### 3. 主席台布置

主席台是会议的中心,也是会场礼仪的主要表现。主席台布置应与整个会场布置相协调,并作强调突出。

(1) 座位

主席台座位要满座安排,不可空缺,倘原定出席的人因故不能来,要撤掉座位,而不能在台上空着。主席台座位若有多排,则以第一排为尊贵。第一排的座位以中间为贵,依我国传统,一般由中间按左高右低顺序往两边排开,即第二领导坐在最高领导左侧,第三领导坐在最高领导右侧,以此类推。如 2002 年 11 月 8 日召开的中共十六大,主席台前排便以此法排列。若人数正好成双,则最高领导在中间左侧,第二领导在中间右侧,也以此类推(具体见下附"主席台座位排图"1—4)。但目前国际流行右高左低,因此安排涉外会议时,可按国际惯例使用有关规矩。每个座位的桌前要安放好姓名牌,既方便入座,也便于台下与会者和新闻采访人员辨认熟悉有关人士。主席台座位不要排得太挤,桌上也不要摆放鲜花之类,却要便于主席团成员打开文件,作记录,翻讲话稿,并置放茶水、眼镜、笔墨等物。

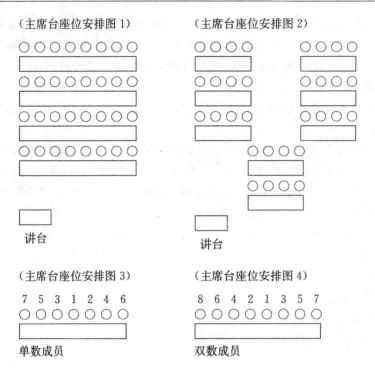

(2) 讲台

主席台的讲台,应设于主席台前排右侧台口,讲台不能放在台中央,使主席团成员视线受妨碍。讲台上主要放话筒,但也可适当放上一盆花卉。讲台桌面要便于发言者打开讲话稿或摆放相关材料。整个主席台的台口,可围放一圈花卉,但要选低矮些的绿色品种。

(3) 话筒

发言席和主席台前排座位都应设有话筒,以便于发言者演讲和会议主持人或领导讲话。一般发言席和主持人话筒专用,其他主席台前排就座者合用两三个话筒,但一般置放于主要领导面前。

(4) 后台

主席台的台侧与后台,应设为在主席台就座领导和与会者的休息室,以便于他们候会,并尽可能在后台排好次序上台入座,以免造成混乱。有时会议也许发生了一些小故障,后台还可以让有关人员作商量对策,排除困难之用。主席团成员开会,也可利用后台休息室。所以,秘书人员切切不可忽视了后台的作用。

**4. 会议其他用品**

为方便会议进行,秘书人员应为会议准备各种工作文具用品,如纸、笔、投影仪、指示棒、黑白板、复印机、电脑数据库等。不同会议自有各种不同的需求,满足与会者的需求是秘书人员安排会议、布置会场时必须的考虑。

## 二、会议服务礼仪的安排

如果说会议环境是会务礼仪的硬件设施的话,那会议为与会者提供的服务就是会务礼仪的软件了。软件的优劣,直接关系到硬件作用的发挥。常规小型会议,秘书人员的服务也简单,而大型会议、会期长的会议,秘书人员的服务就是方方面面的,从政治到生活都要妥善、到位,软件工作做好了,会议的成功率才高。

### (一) 会议服务安排的基本要求

**1. 政治第一**

无论什么会议,总有其政治目的,即使像茶话会、团拜会这种礼节性的会议,也有其鲜明的政治目的。因此,会议服务工作首先是一项政治工作。在为会议服务时,秘书人员要自觉提高对会议本身意义的认识,不要以为办会是常规工作而忽视应注意的诸如保密、谨慎、原则这些问题。在执行会务工作时,要按会议的规章条例办事,如不同颜色的会议证件,说明与会者身份不同,享受不同权利,必须严格区分;会议尚未有定论的话题不在会外与人谈说;各小组讨论情况不随便搬弄;会议上的提案、意见要妥善处理;选举程序要合法;不在会议上搞不正当串联活动;不介入会议中形成的争论和分歧。表面说来,这是秘书人员办会的礼仪常识,但实质上这是一种政治原则的反映,是秘书人员政治素质的体现。秘书人员做好会务工作,提供良好的服务,必须在政治第一的前提下,才能真正促进会议的成功和完满。

**2. 宏观把握**

秘书人员办会,为会议服务,往往千头万绪,十分繁杂忙乱,但秘书人员又必须注意从事务堆中跳出来,从宏观上把握会务礼仪,而不是事必躬亲,一头扎在琐细之中。宏观把握,一是指秘书人员要会安排,将缜密考虑后的安排和具体措施向普通工作人员一一交代,给他们分配任务,让他们去完成,这样秘书人员可以腾出手来做别的事情,或更集中精力投入会议的主要内容本身。二是指全盘考虑,不要只着眼局部,还要从会议的全部过程甚至会议以后的相关事情来考虑问题。如会议借用某饭店举行,秘书人员向饭店方面提出了许多要求。对与会者而言,秘书人员尽量满足了他们的需要,而对饭店而言,他们也许觉得这位秘书"很难伺候"。姑且不论饭店方面的想法是否正确,但秘书人员应做好饭店和与会者之间的调节器,这样才能既解决目前问题,又有利长远发展。在会议服务中,忘记宏观把握,一定被动,一定不利于工作深入进行。

### (二)会议服务礼仪规范

**1. 会议准备阶段**

(1) 时间选择

开会时间选择要合适。企业的生产关键时期,学校的开学与考试时期,农村的农事繁忙时期,不宜安排会议;节假日前后旅途拥挤,一票难求,不宜开会;会期太长,影响日常工作,所以会议不能耗时太多。某些紧急事情发生时,可以取消或延期举行的会议应让位于眼下的紧急事件。

(2) 邀请对象

对出席会议的对象,各种因素要考虑周到,既要有与会资格,又要有参与能力和水平修养。被邀与会者不能完成会议的有关任务,会感到痛苦或尴尬,与会成了一次不愉快的经历,对秘书来说,也是礼仪考虑的不周。所以不能光考虑一点,不及其余,以免会议不能较好地完成预定目标。

(3) 详尽通知

会议通知要做到发得早——既便于与会者安排手头工作,又便于与会者为会议内容作准备;内容细——会议名称、届次、主要议题议程、出席范围、与会者应递交什么材料或作哪些准备、会期、会址等,都应明明白白,使与会者有备而来,从而提高会议效率;交代明——食宿如何安排、费用多少、交通线路怎样,都要交代清楚,以免造成麻烦。对特邀贵宾的通知,应派员登门呈送,以示郑重。

**2. 会议召开阶段**

(1) 接站

一般会议都规定了报到日期。在报到日期,应安排好接站。在车站、码头、机场等主要交通站点,用醒目的牌子标明"××会议接站",使与会者一下交通工具就看见接站牌而安心。对所接到的与会者,要表示欢迎,并慰问其旅途劳顿。

(2) 登记

对与会者,首先都要求签到、登记、收费、预订返程票、发放会议资料、发放会议身份证件等。这一过程,应尽量在登记处一揽子解决,并应迅速办理,让与会者早点到客房休息。登记时,对与会者的民族宗教禁忌,南北方不同室温要求等应予满足。本地与会者应将条件好的房间让给外地与会者。东道主应在会议召开前一天晚上,到会议各住宿地看望与会者,尤其是特邀贵宾和与会领导。

(3) 联络

会议进行期间,要注意与各小组联络,不使一位与会者有被冷落的感觉。会议简报要对各小组相对均衡报道,不要只将视点聚焦于有大人物、有热点的小组,使其他小组产生不愉快心绪。各小组的意见要尽量满足。

(4) 安全

要确保每一个与会者的安全,包括其人身安全、财物安全以及食品卫生。涉密会议还必须强调文件安全。秘书人员要尊重每一个与会者,但事涉机密时,必须按章办事。

(5) 娱乐

会议期间,可安排一些影视放映和文艺演出,以调剂精神,也应鼓励与会者主动参与文体活动。可组织一些自娱自乐的卡拉OK演唱或球类、棋牌活动等,活跃会议气氛,调节与会者情绪。还可组织与会者参观游览,使会议节奏张弛得当。

**3. 会议结束阶段**

(1) 照相

如果会议有照相一项,应早作安排,免得个别与会者提前离会而不能参与。早安排也可使与会者在离会前拿到照片。

(2) 材料

发给与会者的材料要有口袋,便于集中携带;收回的材料要早打招呼,发现有人未交,应尽早查问。不一致的意见不要写到会议的决议或纪要中去。要乐于为与会者提供复印材料,邮寄材料或其他物品等有关服务。

(3) 送客

将与会者所订票交给其本人时,要仔细核对车次、航班或船期,并仔细向与会者交代。若有不对或不周处,应主动承担责任。倘有人需要照顾,应向其他人解释，争取大家谅解。每一个与会者离开，都要热情相送，对集中离开的与会者，要准备车辆送他们去车站、机场或码头，对贵宾则必须送至机场等处。

## 第三节　几种常见会议的礼仪须知

### 一、代表大会

代表大会是常见会议，如党代会、团代会、职代会等。代表大会的气氛应严肃热烈，在礼仪方面，要与会议气氛相配合。由于此类会议除正式代表外，一定还有其他人员，所以代表证颜色应作区别，将正式代表、列席代表、特邀代表、嘉宾的会议证件分门别类，以便于他们各按自己的权利行事，并便于会务管理。会议开始前，要将会议所奏的乐曲先试听一下，以免差错。

代表大会提案应有专门处理部门，并一定要负责向提案人作出处理汇报或交代。

### 二、公关类会议

新闻发布会、产品展示会、股东大会等，是公共关系活动中常见的会议形式。它们虽然在形式上各不相同，却有其共同的礼仪要求，即直接面对社会公众，以实质的工作向公众负责。因此，时间选择上，要根据新闻界、社会公众、广大股东是否有可能报道或出席会议为考虑。同时，要有礼品准备，以发送给与会者，这既是实物广告，又是睦亲手段。开股东大会时，除了面向社会股东，还应面向本公司职工股东，因为他们也享有股东的权利，也有权参与会议。

### 三、仪式类会议

宣誓仪式、授奖表彰仪式、开幕闭幕仪式、欢迎或欢送会、审批会等，要注重仪节形式,不可马虎。宣誓、审批要突出其庄严神圣性,所用的旗帜、法律或章程书本等都要事先准备,并请有资格有身份的人领誓。开幕闭幕是会议的锦上添花仪式,要做得热烈、隆重、值得纪念;在开闭幕词中,要具宣传鼓动性。而迎送、表彰则是弘扬一种精神的会议,会场气氛要热烈、昂扬、喜庆。

### 四、睦亲类会议

团拜会、茶话会一般在节日前举行,要注意茶水和点心水果的适宜。容易污染环境的、吃起来不方便的东西不宜选用,如西瓜、柿子、山核桃、胶姆糖等。

### 五、电视网络会议

只闻其声不知其人或互相通过镜头屏幕传递信息的现代化会议手段,虽缩短了会议和与会者的空间距离,但同样需要礼仪的规范。开会时不专心,不关心,打呵欠,谈笑自若,或搔首挠痒等,通过镜头传向另一端将格外出丑,所以在现代会议手段中更要恪守礼仪。

### 六、涉外会议

涉外会议一定要准备好语言翻译,包括书面和口头两种翻译,也可准备现代化的翻译程序或设备,以显示对母语外其他语言的尊重。秘书人员直接作翻译,除了意思贴切通顺外,还要注意语气连贯,不要在话语中老是哼哼哈哈或将"就是说"、"好像"等作为语气词大量重复出现在句子中。涉外会议的名次安排,一般以英语字母表的顺序排列。

### 七、悼念类会议

追悼会的气氛庄重,色调深沉,色彩以黑、白、黄三种为主,一般除代表性的旗帜是红色的外,不见其他颜色。甚至鲜花也多不取暖色、艳色,除非是另有纪念寓意。与会者不宜化妆,也不能高声说笑。有些因逝者生前有嘱,不播放哀乐而改播逝者生前演唱、演奏或喜爱的乐曲,但与会者却不宜因此而谈笑无忌。追思会、逝世纪念会的气氛可缓和些,鲜花的颜色可绚丽些,音乐也不再播放哀乐而可播放具有纪念意义的其他乐曲,会场上可挂上一些逝者生前具特殊风采的画像。总的说来,追悼会重在"悼",礼仪偏沉重;思念会重在"念",礼仪偏深远。

## 八、与会礼仪

秘书人员不仅办会,也经常出席各种会议,往往又代表着领导,代表着单位,因此必须注重与会礼仪。

(一)得体大方、合乎身份

秘书人员与会,有时以贵宾身份,有时以一般代表身份,秘书人员的会议举止,一定要合乎身份。

以贵宾身份与会,可能被邀至主席台就座,此时,不要过分谦让,倒是大大方方地根据主人安排落座更合礼仪。在主席台上,精神要饱满,倘被要求发言时,则应紧扣主题,简明热情地发表自己的看法,但切不可长篇大论——你不是报告人,只是作礼节性发言而已。倘代表领导出席会议,则只表示对会议主席的感谢,或说几句客气话,也可事先向主办方说明自己代领导前来开会,不作发言。在主席台一旦就座,不到散会就不能退席,并且必须始终聚精会神。

以一般代表身份与会,要按引导员引领的座位就座,不要尽量往后靠,造成前排座位空虚,对东道主显得不礼貌。

以列席代表的身份与会,可以在讨论时发言,但没有表决权,不要贸贸然表决,给计票造成麻烦。另一方面,也不能因为自己是列席者,人到心不到,一副局外人模样。

(二)专心开会、不做私事

秘书开会,就要把会议的精神带回去,利用开会之机,只顾走亲访友,游山玩水,不是出席会议应有的礼仪。开会时聊天,侃大山,看书报,做自己的私事,都是对会议主办方的不尊重,也有损自己的礼仪形象和社会影响。

### （三）听从安排、随遇而安

外出开会，要随遇而安，不应过分挑剔，要体谅主办方的不易。开会时要遵守会议纪律，按时到会，按时作息，有事要请假。倘主办方邀请参观旅游，更要遵守时间，不要让别人等你。照相留影要照顾别人，不该自己一人抢尽风头。

## 思考题：

1. 怎样理解会议工作礼仪的基本要求？
2. 会议环境布置对强化会议主题、开好会议有什么好处？
3. 会议服务礼仪有哪些环节？

# 第六章 旅途与宴请礼仪

随着我国社会的开放和发展,秘书的"活动空间"必然越来越扩大。因公务出差,因工作应酬等是免不了的。在出差旅途中,在宴会酒席上,如何在与陌生人的交往过程中,在种种"临时"人际关系的处理过程中,处处体现完美的礼仪,就成为现代秘书人员的"基本功"。

## 第一节 旅途与宴请礼仪综述

### 一、旅途与宴请中秘书礼仪的基本内容和特点

旅途与宴请中秘书礼仪,指的是秘书在公出旅途中和在必要的宴请应酬中与社会上各色人等的交际礼仪。它包括个人的衣着打扮、谈吐修养、行为举止、突发事件的应对处理等。这些内容反映的是秘书人员作为个体,在维护和巩固已有人际关系和积极开拓新的人际关系方面的能力。

在人际关系中,个体交往一般有三个交际圈:第一交际圈局限于家庭内部,由血缘、姻缘关系形成;第二交际圈局限于同事、朋友之间,由地缘、业缘的关系形成;第三交际圈范围更广,往往扩展到全国各行各业、各色人等。那些在旅途中遇到的陌生人,在宴会上结识的新面孔,就属于这第三交际圈的范畴。

随着社会的进一步发展与开放,人们的生活节奏加快,人员也高度流动。作为秘书,每天接触的人,大概多数不是熟人,而是萍水相逢的陌生人。在旅途和宴请中恐怕更是如此。因此,第三交际圈中的个体交往活动往往更具有典型的社会意义。由于在这第三交际圈中,有许多人际关系带有"萍水相逢"、"稍纵即逝"的特点,属于人们观念中的"关系"之外的关系,也似乎是人生道路上可有可无的关系,因此,它往往不被人重视。但是在现代社会

中,这种看似纯粹偶然的、无足轻重的"路人关系",正在悄悄地把人们连结成一张特殊的社会网络,从而发挥它那特殊的威力。因此作为一个现代秘书,千万不能掉以轻心,而应当针对它的"临时性"、"短暂性"和"松散性",最大限度地争取更多的朋友,从而获得更多的支持,使事业走向更大的成功。

## 二、旅途与宴请中秘书礼仪的基本要求

### (一)文明礼貌、谦和礼让

文明礼貌、谦和礼让,就是要求秘书人员在公共场合自觉做到"七不"规范,待人接物豁达大度,只要不是原则问题,凡事"礼让三分",不要遇事斤斤计较,一点亏都吃不得。相传,古代有一个宰相,家里的人为了一堵院墙位置靠里还是靠外,与邻居发生纠纷,便写了一封信给他,希望他以宰相的身份出面教训教训邻居,宰相看后,笑着挥笔写了四句话回复家里人,这四句话是:"千里修书只为墙,让他三尺又何妨。万里长城今犹在,不见当年秦始皇。"就此避免了一场争纷。这位宰相的做法很值得我们今人学习。

然而,我们有些同志却是在单位里很彬彬有礼,一派君子风度,而一到外面,置身于陌生人中,就觉得没人看着自己了,可以为所欲为了,甚至仗势欺人,毫无顾忌,想泄愤时就满口脏话,想吐痰时就随地吐痰;或喝酒喝得酩酊大醉,失言失态;或为了一点小事大打出手等等。殊不知这些时候正是对一个人道德修养的真正考验。古人尚且能够深明大义,谦和礼让,何况现代社会一个受过良好教育的秘书人员,更应该时刻提醒自己:不管有没有人看见,你的一言一行要与自己的身份相符,不能自我失控,贻笑大方。当然,关键是要加强平时的道德修养,养成文明、谦和的良好习惯,做到"随心所欲不越矩",即使在陌生人中间,也能以自己的人格魅力影响周围的人,从而为树立组织的良好形象添砖加瓦。

### (二)尊老爱幼、助人为乐

尊老爱幼,助人为乐,就是要求秘书人员具有"老吾老及人之老,幼吾幼及人之幼"的"博爱"精神。常言道:"在家千日好,出门一时难"。出门在外的人,难免碰到一些难处,这时就需要人与人之间相互帮助。有的人虽然在单位里也可算是个肯帮助人的人,但一到外面,就抱着"多一事不如少一事"的心态,待人处事十分冷漠,甚至在路遇不平时也"明哲保身",退避三舍。

因为在他们看来,大千世界,芸芸众生,萍水相逢,稍纵即逝,帮助了别人也不可能得到什么"回报";如果路遇不平,挺身而出,仗义执言,见义勇为的话,恐怕自己要吃大亏,因此,还是"事不关己,潇洒清闲"为上。

这种想法和做法都是不足取的。在生活中,每一个人都要与社会发生交往,从表面看,陌生人之间似乎没有多少联系,但只要是处在接近的空间,相互之间就存在着很强的依赖性,就有相互帮助的需要和义务。例如,在外患病、受伤、迷路或遇到火灾、地震、歹徒等,谁都希望在危难之时得到别人的帮助。特别是那些老弱病残,他们是社会上的弱势群体,理应得到更多的关爱和帮助。俗话说:"人"字的结构就是相互支撑。只有形成"我为人人,人人为我"这样一种社会风气,生活在这个社会中的每一个人才会有安全感、温暖感。这也是一个社会文明程度的问题。因此,作为一个秘书,无论何时何地,都应当履行自己作为一个"社会人"的职责,自觉做到与人为善,助人为乐。

(三)坚持原则、灵活应变

坚持原则、灵活应变,指的是秘书人员应当为人正直,不搞不正之风,并且要有保密意识,能巧妙地应付各种场面。

大千世界就好比是一只万花筒,难免鱼龙混杂。三教九流,各式人等,都可能遇到。由于秘书的工作性质,使得秘书掌握的内部情况比较多,也比较了解领导层的情况,其中有不少是属于机密性质的。因此,秘书人员在社会活动中,说话应当谨慎小心,对国家机密绝对"守口如瓶",这是一个原则问题。有些人在一般情况下能够做到这一点,但往往在老同学、老熟人、老乡等亲朋好友面前容易放松警惕,所谓"酒逢知己千杯少",几杯下肚,就滔滔不绝起来,也有人在"权钱交易"的"糖衣炮弹"攻击下,飘飘然起来,有许多不该外传的信息就这样在不知不觉中扩散了出去,后果往往不是马上显现出来的。如果对方是有意而为之,投你所好,企图达到不可告人的目的,那么你这样口无遮拦就相当危险了,轻则泄露本组织的"商业机密"、"人事机密"等,损害组织利益;重则可能泄露国家机密,损害国家利益,陷入犯罪的泥潭。因此,秘书人员必须养成一种职业习惯,保持职业敏感,时刻保持清醒的头脑。

作为秘书,在坚持原则的同时,也应该随机应变,灵活处理好某些关系。据传,罗斯福在当美国总统之前曾在海军某部服役过。有一次,一个当记者的老同学向他打听美国在某岛屿核潜艇的配备情况,这可是给罗斯福出了个难题,因为这是军事机密,不可泄露;但这记者又是自己的老同学,不讲吧,情面难却,怎么办呢? 这时罗斯福灵机一动,故意朝左右看了看,压低了声音问老同学:"这可是军事机密,你能绝对保密吗?"那位记者立即回答说:"你放心,我保证能做到绝对保密。"罗斯福马上接着说:"我和你一样,也能做到。"那位记者开始一愣,然后哈哈大笑起来,罗斯福也笑了,两人在笑声中达成了谅解。我们应当从这个小故事得到启迪,学会既坚持原则,又灵活应变,做到不伤害对方的自尊心,在理解的基础上使友谊得到升华,从而更好地维护自身和组织的形象。

## 第二节　旅途中的礼仪规范

秘书人员常常可能因工作需要,或陪同领导出差,或与同事一起出差,或自己一个人出差。无论是哪一种形式出差,都意味着要与许多萍水相逢的陌生人打交道,可能要与陌生人相处几小时,也有可能要相处几十小时。比如,你乘火车从上海到北京,与邻座的同路人相处约十几个小时,而如果你乘火车从上海到乌鲁木齐,那么与邻座的同路人就要相处几天几夜了。在这段时间里,秘书人员首先要有公德意识,无论在什么场合,都要自觉遵守社会公共道德,主要体现在以下几个方面。

### 一、行李物品要放好

无论是飞机、火车、轮船还是长途汽车,由于空间有限,每个人安放行李物品的空间也是有限的,因此不能只顾自己,多占放行李的地方。有的人每到一个地方,临走时,自己买的、别人送的土特产一大堆,一上车就先抢占了很多地方,丝毫不顾别的旅客,这是很失礼的。

### 二、卫生习惯要注意

旅途中,尤其是在几天几夜漫长的旅途中,人们离不开吃、喝、拉、撒、睡等日常生活琐事。在狭小的空间与陌路人一起进行这些生活琐事,首要的是务必注意个人卫生和公共卫生。有的人在旅途中用餐、吃水果、喝饮料、嗑瓜子,常常弄得满地狼藉,随处可见果皮、瓜子壳、空瓶子,甚至还有鱼骨头、肉骨头等;更有人习惯于随地吐痰、擤鼻涕,然后再用鞋底擦抹,这是极不卫生的陋习。据说国外有不少地方只有一条公益广告语是用中文写的,那就是"请不要随地吐痰",这分明是专门写给中国人看的,其中的深意不说自明。作为秘书人员,在这些方面应当自律,并要主动积极配合乘务人员搞好清洁卫生。

另外,出差前还应当特别注意换上干净的鞋袜,免得在旅途中一脱鞋就飘出一股脚臭味,这对人对己都是极为尴尬的。

## 三、娱乐消遣要文明

有时候旅途中难免有些寂寞,于是不少人喜欢喝酒、打牌等,以为娱乐消遣。这本也无可厚非,但有的人可能觉得在陌生人中间不必太拘礼,可以放肆一下,于是或旁若无人地大喝其酒,大啃鸡腿,吃相极不雅观;或三五成群打牌抽烟、烟雾腾腾,喧闹扰邻;或与人大谈荒诞离奇、耸人听闻、黄色淫秽的"故事",这些都是缺乏修养的表现。秘书人员在旅途中即使要娱乐,也应该适时适度,要抽烟也应礼貌地避开公众,去到专门指定的地方。

## 四、路人相处要融洽

就像世上没有两片相同的树叶一样,世上也没有性格完全相同的人。旅途中,路人之间的关系虽然短暂,但由于各人性格脾气、兴趣爱好、生活习惯的不同,相互之间也有一个如何和睦相处的问题。比如,喜欢高谈阔论、性格外向型的人和习惯沉默寡言、性格内向型的人之间;年轻人和老年人之间;急性子和慢性子之间,干部、知识分子和工人、农民之间;手头阔绰的人和经济拮据的人之间,男同志和女同志之间……都难免有些隔膜和矛盾,甚至是冲突。如果处理不好,就必然影响双方的情绪和关系。

作为秘书,首先要有宽容精神。如果感到与人相处不和谐,首先要从自己身上找问题。对有些事情,要意识到这只是双方的性格类型不同而已,并不涉及谁对谁错的价值判断。对生活中的一些细枝末节,要能容得下,放得开,要有"难得糊涂"的精神和"让他三分又何妨"的气度。

其次,还应该学会在不同类型的人之间寻找共同语言。比如沿途的名胜古迹、风土人情、气候特点、特产小吃等等,只要用心去找,总可以找到一些彼此共同感兴趣的话题。同时要充分尊重别人的兴趣和爱好,切不可觉得"谈不拢"就嫌弃和讨厌别人。要知道,也许正因为对方是与你不同类型的人,你才可能在与他的交谈中学到不少同类型人身上所不具备的东西,得到不少平时你不太注意的信息,了解不少从另一视角观察社会的种种体验,这样不仅对自己有益,而且也能体现对他人的尊重,有利于融洽彼此之间的关系。

另外要注意的是,如果你的邻座是年龄相仿的异性,那么在交往时,应当遵从男女间的习惯礼节,做到既热情大方,又保持一定距离;如果邻座是老人、儿童或残疾人,那么应当主动给予他们更多的关爱和帮助;如果是不同民族、不同国家、不同宗教的人,则应当尊重他们的风俗习惯,尽最大努力与他们友好相处。

总之,秘书人员在陌生人中,应当时时处处维护个人形象和组织形象。

## 第三节 宴请中的礼仪规范

宴请是人们在社交活动中经常采用的一种交际方式。小到个人、家庭,大到社会组织、国家,都免不了要用宴请的形式来迎送酬酢,以表达某种感情,或实现某个目标。因此秘书人员应当熟知宴请礼仪,这包括作为宴请主办方的礼仪和作为宾客应邀赴宴的礼仪,也包括中餐和西餐的不同礼仪要求。

### 一、宴请主办方的礼仪

宴请的组织工作是一项非常细致的工作,要考虑的问题和要做的准备工作很多,其中每一个环节都有一定的礼仪要求,主要有以下几个方面。

#### (一)确定宴请的规格种类

根据工作需要,有各种性质的宴请活动,如:迎宾洗尘、送宾饯行、纪念庆典、节日聚会、工作交流、会议闭幕等等。宴请的规格就是指出席上述各种宴请的人员的身份、地位等。一般以主办方活动的性质和准备出席的人的最高身份地位、或宾客方可能应邀出席者的身份地位来确定宴会的规格。规格过低或过高都不合乎礼仪。

宴请的种类就是指根据宴请的性质和目的而选择的具体形式,如:宴会、招待会、茶会、工作餐等,现分别作一简单介绍。

**1. 宴会**

(1) 国宴(State Banquet):它是规格最高的宴会,是国家级庆典宴会。举办方是本国政府首脑或国家元首,也可以是来访的外国元首或政府首脑。宴会厅必须悬挂主客两国国旗,宾主入席后乐队要奏两国国歌。举办者作为宴会的主持人。宴会上主人和主宾要发表讲话或致祝酒辞,席间要奏音乐。

(2) 正式宴会(Banquet, Dinner):它适用于宴请规格较高、活动内容较正式严肃的场合,重点在于突出给予对方较高的礼遇。它除了不挂国旗、不奏国歌、出席者级别不同外,其余都与国宴相似。

正式宴会必须有桌次、席次之分,主、宾围桌而坐,由服务人员依次上菜。它是国内外重要活动中最常见的宴请形式,有午宴和晚宴之分。按照中国古典传统,午宴比较正式、隆重;而按照西方和现代中国都市的新习惯,晚宴更为正规。

(3) 便宴:它属于非正式的宴会,形式简便,不排桌次座次,不作正式讲话,菜肴道数不必过多,气氛随便、亲切,有利于各方自由交往。官方和非官方的宴会都可采用这种形式。它有午宴和晚宴之分,也有早餐会。此种便宴都是坐着进食,由服务员顺次上菜。

① 午宴(Luncheon):常安排在中午12时至下午2时之间。邀请客户或好友餐叙,利用午间商谈工作或业务。由于现在生活节奏加快,这种形式越来越普遍。因餐后仍须工作,所以午宴时间不宜太长,也不宜多饮酒。业务性的午宴(Businesslunch)更为简单。此类宴会可以纯为男性,或纯为女性,也可男女成对,全随主人之意。

② 晚宴(Supper):按照欧美人习惯,晚宴一般安排在晚上7时以后;而按拉丁美洲人习惯,则多安排在晚上8时以后。较正式的晚宴,不宜纯为男性,而应邀请夫妇一起参加。晚宴一般都要安排余兴节目,如电影、音乐、游戏、跳舞等。

③ 早餐会(Breakfastmeeting):一般安排在上午7时至9时之间,席间

或洽谈商务,或通报信息。这种形式虽比午宴晚宴采用得少,但却有上升的趋势。在广东沿海等地,这种形式是相当普遍的,称为"早茶",其中式早点,相当丰富,且很有特色。

(4) 家宴:它是指在自己家中设便宴招待宾客的方式。可以由主妇亲自掌勺,也可请厨师上门做菜。可以广泛用于亲朋好友聚会,也可以用于官方宴请或业务洽谈宴请。席间全家人共同招待客人,气氛亲切、随和、友好,容易创造融洽的人际关系气氛。家宴上下午都可举行,但请柬上一定要注明时间。

(5) 自助宴[Buffet Supper(lunch)]:这是一种相当自由的餐饮形式,除了不必排桌次座次外,来宾人数也不受拘束,也不用服务人员上菜,宾客自己动手选择食品;可以先后参差进食,不必等客人到齐才能进食。这样的宴会形式便于宾客之间有较多的彼此认识的机会。

**2. 招待会**

(1) 酒会(Cocktail):亦称鸡尾酒会。一般适合于规格较高的庆祝性、纪念性活动,是正式宴会外最常采用的招待会形式。形式较轻松、活泼,不设座椅,宾主可随意走动,自由交往畅谈。时间一般安排在下午4时以后,宾客到达或退席的时间不受限制,来去自由。

所谓鸡尾酒,就是用多种酒按一定比例混合而成的一种"混合酒"。现在的酒会不一定都备鸡尾酒,但应备种类多一些的酒,一般不用烈性酒;再同时备有以果汁、汽水、矿泉水等混合的饮料,供不喝酒的人挑选。摆放在桌子上的食物多为三明治、小香肠、炸春卷、清蛋糕、面包托等,也可以略备菜肴。正规一些的鸡尾酒会应该由调酒师和服务员站在专门摆放各种饮料的大桌子旁,为客人调酒和斟酒。

(2) 冷餐会(Buffet-dinner):它适合于宴请规格不太高,出席人员众多的礼节性、纪念性活动,也是常用的招待会形式。它不备正餐,以冷食为主的菜肴都集中摆放在大餐桌上。简单的冷餐会只有一两样正菜,再配备一些色拉、奶酪和甜食。较丰盛的冷餐会可多备些冷食,也备一定数量的热菜,用保温托盘盛放。冷餐会在室内室外都可举行。

冷餐会也不排座次。除主宾席可设座椅、排座位外,客人们可以随意坐在外围墙边的椅子、凳子、沙发甚至地毯上,也可以站着进食。酒和饮料可以自取,也可由服务员递送。宾主可以自己取餐具后,根据需要自由选取食物,可以边走边吃边谈。冷餐会可以在中午、下午、晚上的任何时间举行,形式较为灵活,宾主比较轻松自由。

(3) 咖啡宴(Coffee Party):它是以咖啡来招待宾客的一种聚会形式,一般适合于外交场合招待女宾,是作为中外女宾彼此结识的一种非正式聚会方式。咖啡宴比较讲究饮品的香浓纯正,追求环境和情调的优雅。席上一般可准备些蛋糕之类的点心,时间通常安排在上午11时至12时的午餐前,或是下午4时之前。

### 3. 茶会(Tea Party)

茶会适合于各种场合,是一种较简便的招待形式。茶会主要是请客人品茶,因此,应根据客人的习惯和爱好选用上好的茶叶,不能用袋泡茶招待客人。茶具要精致,宜用陶瓷盖杯,不用玻璃杯和热水瓶,应尽量体现一定的茶文化特点。茶水不要沏得太浓或太满,约七成左右即可。应把茶杯放在茶托上一同敬给客人。茶会上可以略备风味小吃和咖啡。茶会的时间一般安排在上午10时左右或下午4时左右。

### 4. 工作餐[Working Breakfast (Lunch/Dinner)]

工作餐是人们在特别繁忙、日程安排不开时采用的一种既节省时间,又达到招待目的的宴请形式。它可分为工作早餐、工作午餐和工作晚餐,适合于以谈论或从事某项具体工作为目的的招待场合,其特点是宾主共同进餐,边谈工作边进餐。工作餐一般只请当事人,不请客人的配偶,也不请其他与工作无关的人员。在国外,有的工作餐采取"AA制",即参加者各自付费。

## (二) 选择宴请的时间、地点、范围

选择宴请的时间首先要根据活动的实际需要,太早或太迟都会带来负面效应,削弱甚至丧失宴请的意义。如果本组织安排的宴请恰好是逢年过节,或是遇上其他组织有庆典活动,就应设法避开,以免影响原定的规格和效果。一般是采取适当提前的办法,推后举行的效果较差。

其次,选择宴请时间还应当避开宾客方的禁忌日。如宴请日本人,选择的时日应避开"4"和"9"这两个数字,因为在日语中"4"与"死"同音;"9"与"苦"同音,日本人普遍忌讳这两个数字。又如宴请西方人,一是要避开数字"13",二是要避开圣诞夜,因为西方人把"13"看成是一个不吉利的数字,他们那儿有许多门牌号没有"13号",有的楼层不设"13层",电影院里你也找不到"13排"和"13座"。而圣诞夜对西方人来说,正如除夕夜对于中国人一样重要,一般是不安排宴请活动的。

宴请活动的地点应根据宴请的目的、性质、规模、形式和实际可能等因素进行选择。一般应选择交通方便、环境优雅、设备齐全、服务优质的场所，如有特色菜肴，也可作为选择的一个因素。

宴请范围应当以少、适、和、偶为原则。少，即人数尽量不要多；适，即宴请的范围尽量适合宴请目的和性质；和，即应注意到邀请的各方人员是关系和睦的，以免到时候造成尴尬局面；偶，即应考虑到邀请的人数是偶数，以便宴会期间每个人都有谈话对象。除工作餐外，可以邀请宾客的配偶一起出席宴会，充分体现主办方的礼貌和体贴。

### （三）预订菜谱和制发请柬

选菜要体现尊重宾客的原则，应主要考虑宾客的饮食习惯和口味，特别要考虑宾客的禁忌。世界各国、各民族、各宗教派别的饮食禁忌是不同的，如印度人忌吃牛肉、满族人忌吃狗肉、伊斯兰教徒忌吃猪肉、马肉、驴肉等。宴请主办者只有事先作好充分的考虑和准备，才能在宴请中收到良好的礼仪效果。如是大型宴会，出席的人员比较复杂，为了适应各地区、各民族、各宗教的特殊需要，应尽量分灶制作菜肴，上菜时服务员应明示菜肴的原料特色。正式宴会的菜谱定好后应印制成精美的菜单，每桌放置三五份。

一切准备就绪之后，就要印制请柬了。除有些工作餐可现场告知外，其他比较正式的各种宴请都应制发请柬，这是主办者正规而有礼的一种邀请方式。大型宴请可以组织名义发邀请，也可以组织领导个人名义发邀请；小型宴会可以个人名义或夫妇名义发邀请；工作餐一般由组织名义发邀请。如何制作请柬请参阅"文书礼仪"部分的有关章节。

请柬的发送一般需提前一至二周，这是为了让被邀请者有充分的余地安排自己的工作日程，保证宾客的出席率，也有利于宴会能按预定的规模如期举行。

### （四）桌次、座次礼仪与餐具摆台礼仪

**1. 桌次的排列礼仪**

现代中餐餐桌一般采用圆桌。桌数在两张以上，就应按一定的礼仪次序进行排列，并在桌上摆放桌次牌。桌次的高低原则上以离主桌位置远近而定，右高左低。具体如何排列，还要根据场地的条件和美观的原则来选择是横排、竖排、还是花排。常见的桌次排列方法参见下图。

秘 书 礼 仪

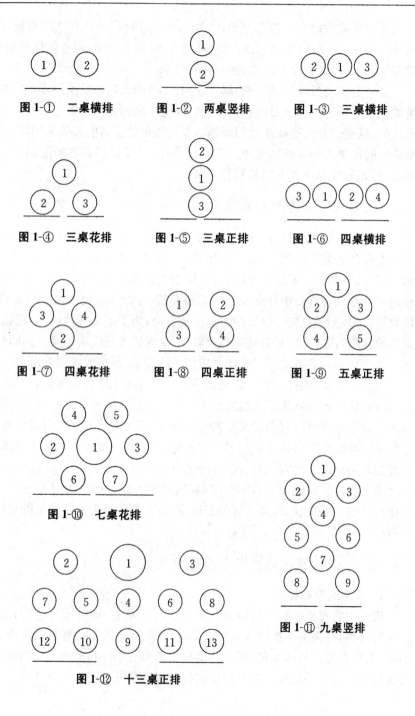

西餐餐桌一般采用长桌。长桌的摆设方法应根据场地条件和出席者人数的多少而定,常见的摆法参见下图。

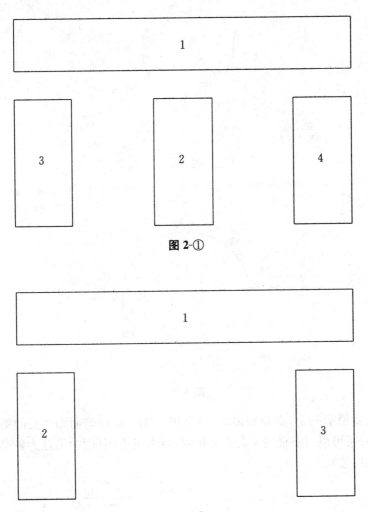

图 2-①

图 2-②

**2. 座次的排列礼仪**

在正式宴会上,宾主的座次排列很有讲究,稍有"造次",就可能得罪宾客,而使整个宴请事与愿违。

中式宴会中,常见的宾主座次排序可参见下图。

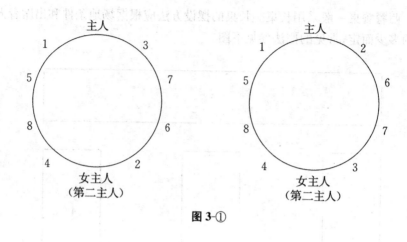

图 3-①

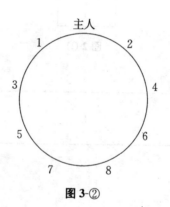

图 3-②

需要说明的是,桌数较多时,各桌第一主人应尽量面朝主桌的第一主人,有时也可以与主桌的主人位置相同,可参见下图(图中黑点为各桌第一主人的位置)。

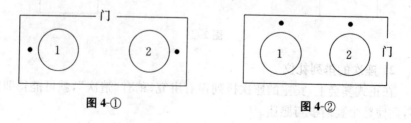

图 4-①　　　　　　　　图 4-②

第六章 旅途与宴请礼仪

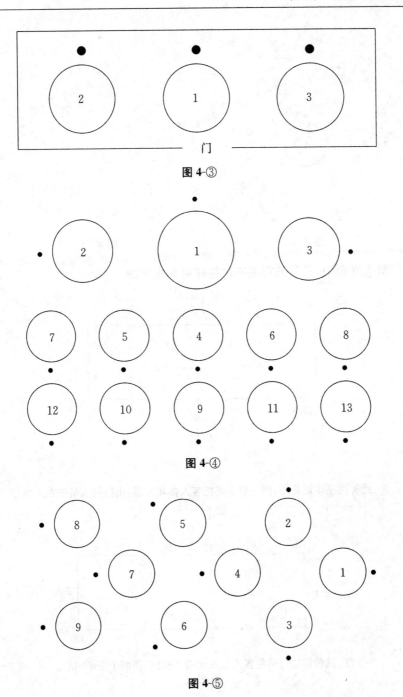

图 4-③

图 4-④

图 4-⑤

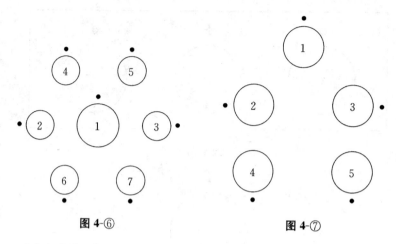

图4-⑥　　　　　　　　　　图4-⑦

西式宴会中，常见的宾主座次排序可参见下图。

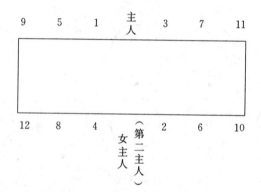

注：此种摆法谈话集中，但一般不能把客人排在末端，由陪同人员坐在末端。

图5-①

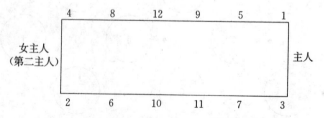

注：这种摆法可避免客人坐在末端，同时提供两个谈话中心。

图5-②

第六章 旅途与宴请礼仪

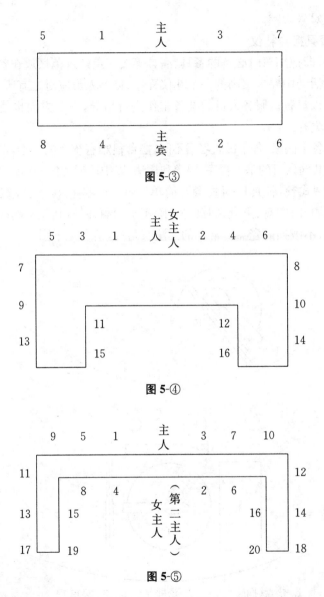

图 5-③

图 5-④

图 5-⑤

需要注意的是,按外国习惯,餐桌上座次以女主人为准,男女掺插安排。如:主宾在女主人右方,主宾夫人在男主人右方。而我国习惯于把女方排在一起,即主宾夫人坐在女主人右方,主宾则坐在男主人右方。因此主办者除了在每桌上摆放桌次牌之外,还应当提前在各桌上标明来客应坐的位子,方便大家能对号入座。

**3. 餐具摆台礼仪**

摆台,即把用餐时必备的餐具、酒具等按一定的规范摆放在餐桌上。摆台是宴请活动中要求很高的一个礼仪程序,秘书人员应对之有所了解,以便一方面可以对餐饮服务人员的准备工作进行指导,另一方面也使自己在使用时避免失礼。

由于各个国家,各个民族习俗不同,摆台很难有统一的标准,但其中也有一些大家共同认可的基本程序、要求和摆法,以中西餐为例分别介绍如下。

(1) 中式餐:餐具比西式餐要简单一些,主要有:筷子、饭碗、碟子、调羹、汤碗、酒杯、圆盘、条盘、搁盘等。除筷子和酒杯外,其他餐具都应该是质地优良的、不破损的瓷器。常见的摆法有两种,请参见下图。

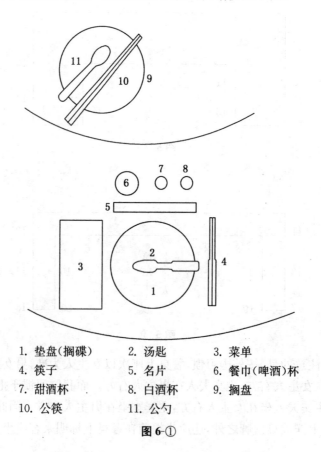

1. 垫盘(搁碟)　　2. 汤匙　　3. 菜单
4. 筷子　　　　　5. 名片　　6. 餐巾(啤酒)杯
7. 甜酒杯　　　　8. 白酒杯　　9. 搁盘
10. 公筷　　　　11. 公勺

图 6-①

第六章　旅途与宴请礼仪

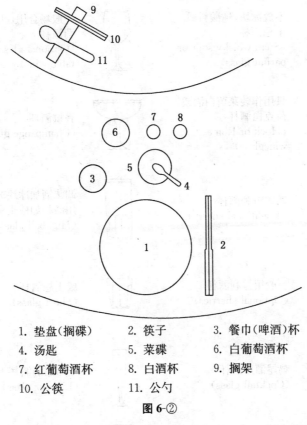

1. 垫盘（搁碟）　　2. 筷子　　　　3. 餐巾（啤酒）杯
4. 汤匙　　　　　　5. 菜碟　　　　6. 白葡萄酒杯
7. 红葡萄酒杯　　　8. 白酒杯　　　9. 搁架
10. 公筷　　　　　 11. 公勺

**图6-②**

这是每位宾主面前餐具的摆法，除此之外，每桌还应备有公用的筷子和公用的汤匙两份，分别放在专用的座子上摆在主人和第二主人面前，以便两位主人向宾客劝菜时使用。另外，每桌还应备两份酱油、醋、辣油等佐料，并要备好牙签和烟灰缸。如有外宾，还应备好刀叉，以方便不会使用筷子者。

（2）西式餐：餐具比中式餐复杂得多，取食用的主要有刀、叉、匙三大类以及各种专用器具。酒具也分四类，即葡萄酒杯、白兰地杯、鸡尾酒杯、香槟酒杯，每一大类中又有好多种酒杯，总共约有二十四种酒杯，可参阅下图。

酸料威士忌酒杯
(Delmonico or whisky sour)

正式宴会用红酒杯
(Large bowl glass)

图 7

比较高雅的西式宴请还往往采用银器餐具,品种也很繁多,这里就从略了。

世界各国高规格的西式宴会摆台要求大体一致,其共同原则是:餐盘居

图 8

中,直径约10英寸,上放餐巾,离台边一手指距离(也有把餐巾折好后置于座位前桌面上,而省去餐盘)。叉左刀右,叉尖刀尖向上,刀口向内。刀与叉之间相距约12英寸(刀、叉中间是餐盘),有多少道菜就摆多少刀叉。调羹应横放在餐盘前方。酒杯数目与上酒的种类相符,从右至左排列摆放烈性酒杯、甜酒杯、啤酒杯等,参见上图。

有时主菜用完,服务员再送上甜品的杯、碟、匙、叉,并按甜食的要求摆台。

西餐的正式宴会很讲究桌面的布置,通常是餐桌中央放置鲜花,旁边还要放置几座烛台,上配艺术型蜡烛,参见下图。

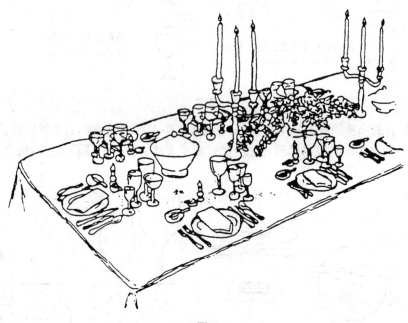

图9

(五)宴会进行中的礼仪

**1. 迎候宾客的礼仪**

宴会即将开始时,主人应在门口迎接客人,有时还可安排少数其他主要人员陪同主人列队欢迎客人,客人抵达后,宾主相互握手问候,随即由工作人员引领至休息室休息。此时,应有专人负责照应,可以茶水、饮料等待客。如无休息室,可直接引入餐厅,但暂不入座,等待主宾。主宾到达后,主人应陪同他进入休息室与其他客人会面,然后进入宴会厅。此时,全体人员方可入座,宴会可以开始。

为了方便宾客,主办方可事先将大型宴会的桌次排列简图制作好,挂在宴会厅门口,也可将事先印制好的桌次简图发给每一位来宾;也可由工作人员、服务人员引导客人入座。

**2. 席间招待宾客的礼仪**

等到大家坐定后,主人取下餐巾,表示宴会开始。如有宾主致辞,主办方应事先作好准备。致辞内容短的可不作书面准备,内容长的或需要翻译的都应事先打印文稿,提前安排好译员。也有的致辞是安排在热菜之后、甜食之前进行的。致辞时,服务人员应停止一切工作,站立一旁。如有可能,最好还应安排一位服务员用托盘准备好一至二杯甜酒,以便致辞结束时送上。致辞完毕,主方人员应主动起立向席间宾客碰杯祝酒。祝酒一般由主人、主宾先碰杯,再由主人和其他宾客一一碰杯。人多时,也可同时举杯,不一定一个个碰。碰杯时注意不要交叉碰。

向客人斟酒时,应走到客人右侧。除啤酒外,酒瓶瓶口不能碰到杯沿,酒杯也不应提起。斟入酒的多少,应根据酒的种类和客人的需要酌定。在中式宴会上,斟酒一般斟七成即可。

中餐上菜一般是先上冷盘,后上热菜,再上汤菜,最后上甜食、水果。但在广东一带,通常先上汤菜。宴会过程中,如果上鸡、龙虾、水果时,应要求服务员先上一杯水盂(通常用水晶玻璃碗或瓷碗),水上漂有玫瑰花瓣或柠檬片,供洗手用。

宴会上,每一桌上作为东道主的主办方人员不能老是低着头只顾自己吃,而应当作个热情的东道主,招呼好同桌的宾客,尤其要招呼好女宾。为活跃餐桌气氛,可以不时主动向宾客敬酒、布菜。给客人夹菜应用公筷。主人在宴会上千万不要说谦虚过头的话,如"今天的菜不好,请多原谅","招待不周,请多包涵"等,因为这样会使人觉得你的宴请没有诚意,你明知不好,为什么还要宴请呢?

宴会上如遇到客人碰落餐具或碰翻酒杯,不要紧张慌乱,要沉着应付,一边讲些幽默的话安慰客人,一边请服务员迅速为客人更换干净的餐具、酒杯,努力创造愉快和谐的餐桌气氛。

宴会结束时,主方人员应将宾客送出宴会厅并一一告别。也可接下来安排别的休闲活动,如打保龄球、唱卡拉OK,或举行舞会。

## 二、应邀出席宴会的礼仪

宴请是社会交往中最常见的交际方式之一,秘书人员因工作需要赴宴应酬是不可避免的。因此,秘书人员应当了解和熟悉出席宴会的种种礼仪,从而更好地在宴会上自然得体地表现自己,为自己、更是为自己所在的组织,塑造良好的形象。

(一)及时给予答复

收到请柬后,能否出席,应尽早答复主人,以便主人安排席位。对请柬上注有"R.S.V.P"(法文缩写:敬请赐复)字样的,则不论出席与否,都要尽快答复。对注有"REGRETS ONLY"(不能出席时要答复)字样的,则不能出席时才回复,但也要尽早。有的是口头已约妥再发书面请柬的,请柬上注有"TO REMIND"(备忘)字样的,只起提醒作用,可不用答复。答复的方式可采用打电话和复便函两种形式。比较重要的正式宴会,如被邀者不能出席,可派代表出席。接受邀请后不可随意改动,如有特殊情况确实不能出席,尤其是主宾,应尽早向主人解释、道歉,甚至亲自登门致歉。

(二)赴宴须知

赴宴前应稍作修饰打扮。切忌衣冠不整、蓬头垢面地赴宴,也不能穿着工作服、带着倦容赴宴,这是对主人极不礼貌的举动。有时,请柬上有对服饰的明确要求,那就必须严格遵守照办。

赴宴时应事先搞清行车路线和路上所需花费的时间,以保证能按时到达宴会地点。一般应该早于或晚于规定时间的二三分钟,过早、过晚都是失礼的。如果请柬上写明桌席号码,要记住,免得到时乱找座位,或坐错座位,贻笑大方。如请柬上未注明桌席号码,那么到达后应立即了解自己的桌席号码。入席时,应从席椅的左侧入座。女士的坤包可放在身体和椅背之间。别忘了带上名片,以备席间自我介绍和被介绍时使用。

入座后,坐姿应轻松而不懒散,双手可放在膝上或椅子扶手上,腰背挺直,前胸应离餐桌约20厘米。千万不要用手托腮支于桌面或将两手前臂平放在餐桌上,不要把脚伸得很远,也不要急于翻菜单,或东张西望,摆弄餐具、餐巾等,这些都是有失风度的。如是正式宴会,切忌用餐巾或餐巾纸擦拭餐具、酒具等,这是对主办方卫生工作不信任、不尊重的举动。

当主人示意用餐开始,方可将餐巾全部打开或打开到对折为止,平摊在自己腿上。要注意,那种把餐巾塞在胸前领口内的做法是古典式传统,现早已改变了。

(三)中餐进餐礼仪

中餐吃法不同于西餐那样一人一份,各吃各的,中式菜讲究"同食共餐",大家在一个盘里吃菜,主人为客人夹菜、劝酒,席间自然产生和谐融洽的气氛,有利于增进各方友谊。

中餐开始时,服务员要为每人送上一块热毛巾,这是供给用餐者擦嘴和双手的。有的人用它来擦脸、擦脖子、擦手背等,是不合礼仪规范的。

用餐时,要注意吃相的文雅,要小口进食,以食物就口,不可将口就食物。不要大口地往嘴里塞食物,狼吞虎咽是极不雅观的。食物带汁,不能匆忙送入口,否则汤汁滴在桌布上,会造成尴尬。咀嚼食物要把嘴闭起来。喝汤或羹都不要啜,不要发出很响的声音。如果汤、菜太烫,切忌用嘴吹,可稍待凉后再吃。嘴内的鱼刺、骨头等不要直接吐在桌面上,应用餐巾纸掩嘴,用筷子取出,放在骨盆里。如果发现菜肴中有碎石或小虫,也不要大喊大叫,可等服务员走近时,悄悄告知并请更换。不要把盘内的食物翻来翻去,自己口中有食物时,或对方在咀嚼食物时,不宜与人讲话或敬酒。离自己较远的调味品或菜肴,不要站起来伸手去取,更不要越过别人的头伸长了手去取,可等中间活动桌面转过来再取,或请邻座帮助传递,也可请服务员递送。自己面前的菜盘里一次不要盛菜过多。如由服务员分菜,一般是一人一份,不宜再要求增添。进餐速度应和大家保持一致,最好与男女主人同步,不要显得太急或太慢,要从容不迫。如有食物嵌牙,切忌用手指抠牙,应用牙签,并用另一手或餐巾、餐巾纸遮掩。尽量避免在餐桌上咳嗽、吐痰、打喷嚏、打饱嗝,如果熬不住,应起身去洗手间,万一来不及而失礼,应马上说"对不起"或"很抱歉"。宴会上不要随便脱衣或解开衣服纽扣,如需宽衣,应征得主人同意后去盥洗室。宴会上也不宜抽烟,如要抽烟应征得主人同意。席间,女士若要整装打扮,应去衣帽间或洗手间,千万不要在餐厅当众打扮。

如果是参加酒会、冷餐会、自助餐等,要注意取食随大家一起行动,先取一个空盘排队取菜,不要一下子装得很满,应遵循"一次少取,多次取食"的礼仪规范。取完菜应马上走开,以便别人取菜。如果遇服务员送菜,不要抢着去取,要等送到自己面前时再取。如遇到自己不能吃或不爱吃的菜肴不要拒绝,可取少量放在盘内,并应表示"谢谢,够了。"周围的人未拿到第一份菜时,自己不要去取第二份。

注意,赴宴不仅仅是去吃,更重要的是一种人际交往的形式,因此宴会中自始至终要注意与人们的交往。但当主人或主宾致辞祝酒时,应暂停交谈,也不要进餐或趁机抽烟,要注意倾听,尽量多了解情况,以便与人谈话时涉及这些话题。

最后,宴会结束告辞时,应有礼貌地向主人道别,可以感谢主人的热情款待,也可以称赞宴会的成功。如主办方备有小纪念品赠送,应稍作赞扬,略表诚意,不必过分客气。餐桌上的东西,除主人特别示意作为纪念品外,一般其他用品,包括糖果、水果、香烟等,都不要拿走。

出席正式宴会一般不可中途退席,如确实有事需提前退席,应事先向主人说明,到时再告别悄悄离去,不必惊动太多的其他客人。通常主宾和女宾先告辞,其他客人再告辞。如席间有别的客人还未离开,也要向他们道别。同桌的客人中也有尚不相识的,不用说什么,男子躬身致意,女子点点头就可以了。

另外要特别指出的是,筷子是中餐中最具特色、使用最多的餐具。筷子的使用也有一套礼仪规范,不要以为"是中国人都会用筷子",而忽略了这些礼仪。有人把筷子的使用礼仪归纳为九点:

1. 筷子不要握得太高或太低,上端露出手背三四厘米比较合适。
2. 握筷子时各手指应轻松自然地贴在一起。
3. 不要用筷子在菜盘里胡乱翻动选菜。
4. 每次夹菜不要太多。
5. 不要在夹菜途中滴汤滴水。
6. 不要用嘴吸吮筷子上的汤汁,更不能吮出声音。
7. 不要用筷子敲打盆碗。
8. 不要在说话时用筷子指指点点。
9. 不要在拿筷子的同时又持匙。

(四)西餐进餐礼仪

西餐的规范与中餐有很大的区别,它非常讲究礼节,并且有着许多繁文缛节,对大多数中国人来说还不是那么熟悉。为了尊重对方,体现修养,塑造良好的形象,秘书人员必须认真学习西餐礼仪。

首先,要了解西餐的"4M 原则":第一:Menu,精美的菜单;第二:Mood,迷人的气氛;第三:Music,动人的音乐;第四:Manners,优雅的礼节。西餐宴会自始至终要贯穿这"4M 原则"。

其次,要重点了解其中的第四个原则,即"优雅的礼节"。西餐桌前的一举一动,都有讲究的礼仪规范。现简单介绍如下。

**1. 入席**:赴西式宴会应首先向女主人招呼握手,然后再转向男主人,这是西方的习俗,颠倒了次序是失礼的。女主人的右边是男主宾,男主人的右边则是女主宾。男宾入席时如发现左边有女宾时,应替女宾拉开椅子,待其就座后,方可自己坐下,女宾此时也应表示感谢。

西式宴会上一切以女主人的行动为准。女主人如起立迎客,或举杯祝酒,大家都应陪同起立、举杯,以示礼节。

**2. 餐巾**:餐巾是西餐特有的。入座后摊开餐巾或离座前收起餐巾,都要以主人为先。干杯、致词,或中途要临时离席,可将餐巾放在椅子上。宴会结束离席时,应将餐巾大致折叠一下放在桌子上,表示不想再吃了。用餐中途可用餐巾轻轻擦去嘴边和手上的油渍和脏物,女士要注意擦嘴时不要让口红弄脏餐巾。不能用餐巾来擦餐具和桌子。

**3. 刀叉的使用**:刀叉是西餐中最主要的进餐用具。习惯用法是左手持叉,右手握刀。欧洲式吃法是:左手用叉按住食物,右手将食指按在刀背上,用刀把食物切成小块,再用左手握的叉子叉住切下的小块食物送入口中,切下一小块吃一小块。美国式吃法稍有不同,即按上述方法将食物切成小块后,将刀斜放在盘子上,腾出右手改持叉子将小块食物送入口中,甚至可以将叉齿向上,把食物铲着送入口中,然后,叉子再改用左手持,右手再持刀切割,周而复始。不论哪种方式,都必须切割一块吃一块,而不能将盘中食物先全部切碎,再持叉一块接一块吃。有的食物如用叉子可以分割,就不一定非用刀不可。

盘中的食物如需推移,应用刀推移,必要时可用左手持刀推移。不能转动盘子以转变食物堆放的方位。所有的食物,都要用叉子取食,切忌用刀叉着进食。吃面条也是用叉,但要用叉卷起来送进口,不可挑起来吃。刀、叉等餐具用毕后,要放置于盘碟上,不能放在碗内。

刀叉取用的顺序,按上菜的顺序由外向内取用,吃一道菜,用一副刀叉,用完后将刀叉并排放在盘中央,刀右叉左,叉面向上,汤匙把向着自己,表示用餐完毕,服务员见了会将餐具撤走。如有事暂离餐桌,可将汤匙斜放,刀叉交叉摆放在盘中或摆成八字形搁在盘边,刀叉头均朝外,这表示还没有吃完,服务员就不会来撤去餐具。千万不要把刀叉并在一起横放在盘子上,头向左前方,刀刃对着自己或他人,这是西餐桌上的禁忌。

**4. 就餐**:西餐的菜肴由左边上,饮料由右边上。大型宴会通常由服务员用大托盘托着菜肴至宾客面前,由宾客自己取食。宾客对每一道菜多少总要取一点,放入自己的盘中,尽量不要多取吃剩。西餐的上菜顺序是:面包、汤、各类菜肴、甜点、水果、咖啡或红茶。正式宴会的内容可能更加丰富。因此,出席西餐时应先熟悉一下菜单,不要一上来就吃饱,接下来就无法应酬了。

**5. 汤**:除主食外,西餐的第一道菜往往是汤。在主人拿起调羹(汤匙)以前,客人不得先动手食用。汤上来时,应用右手持汤匙,先斜斜地沉入汤碗,再由身边往前向上舀出,而不是由外向内舀汤的中式吃法。这时要注意的是汤匙不可盛得太满,不要让汤水滴下来。喝汤时,要从匙的旁边喝,不要从顶端喝。第一次舀汤宜少,先尝试温度,温度适宜时,连匙带汤一起送入口中,而不能啜,更不能啜出响声,也不能一匙汤分几口吃完。如汤的温度较高,应待它自然冷却,而不要用匙任意搅和或用口吹凉。汤匙接触碟子时,尽量不要发出声响。汤将喝完时,可用左手持汤盘向外倾斜,以便取剩在盘底的汤。有的宴会用两侧有耳的杯盛汤,这时,可用两手持杯耳,端起来喝。喝完汤,汤匙应搁在汤盘上或托汤杯的碟子上,汤匙应指向自己。

**6. 面包**:属于主食。一般西餐中,面包在宴会开始前5分钟先摆上餐桌。但在正式宴会上,面包是等喝完汤后才开始吃的。吃面包时,不能用刀切割面包,也不可用口咬,而应用手撕成小块吃,吃一块撕一块。如果要涂牛油或果酱,不可先涂整块,再撕下来吃;而是先撕下小块放在餐碟上,再用刀把牛油或果酱涂在小块上,送入嘴中一口吃下去。不能一次只吃半口,又剩半口接着吃。不能拿自己用过的牛油刀到牛油皿或果酱皿里取牛油和果酱。

如果吃面包配汤喝,应一口面包一口汤交替着吃。撕面包时,碎屑应用碟子盛接,不要弄脏餐桌。用叉子叉着面包吃或把面包浸在汤里再捞出来吃,都是不合礼仪规范的。如果是法式面包,则可以在面包上先涂上几口都吃不完的一大片牛油或果酱,然后再撕成一块块来吃。

**7. 蔬菜和色拉**:配制在主菜里的蔬菜都可以吃,如菜叶太大,应用刀在盘中切割,然后再用叉子送入口中。色拉用叉子铲着吃。青豆等豆子可用叉子先压扁,再用叉面舀起来吃,不要一颗一颗叉着吃。小片的番茄、芹菜条可用手拿来吃,也可用叉取食。玉米段插上牙签、木棒,可以拿起来啃,当然也可用刀叉弄下玉米粒后,再用叉舀着吃。

**8. 鱼、虾、海鲜**

在正式的西餐宴会上,有时第一道菜可以是开胃小菜(小吃),主要有虾、海鲜、蜗牛等。但鱼总是在汤后面上来的。吃鱼片,可持叉进食,少用刀。如吃一条完整的鱼,应先将头、尾、鳍依次切除,推在盘子一旁,再用刀将鱼身的上层肉轻轻切割成小块,再用叉子叉小块鱼肉吃。吃完鱼的上层肉,切忌翻身,应用刀叉把鱼的主骨从左侧挑起放在盘子边缘,然后再用同样方法吃另一半。要用刀叉去除鱼骨,不能用手代劳。如吃到骨头,不能用口吐出,而应先用一手掩口,再用另一手拇指自唇部取出,也可吐在叉子上再放到盘子里。如鱼盘里附带有柠檬片,可用刀叉挤汁将其汁液滴在鱼身上以去腥味。如吃贝类海鲜,应以左手持叉,刺其肉挑出来吃。如吃龙虾(一般是去头的),应以左手持叉,叉起虾尾,右手持刀,插进尾端压住虾壳,再用叉将虾肉拖出来切食。龙虾脚可用手指撕去壳再吃,吃完后用送上的放有柠檬片或花瓣的水盂洗手指,切不可把这盂水喝了。

**9. 肉类**:西餐中的牛排,其熟度通常分为四种:带血的、半生的、七成熟的、熟透的。如服务员问你"要几分熟的牛排",你要一次回答正确,否则你不敢吃或让人去重烤,都是失礼的。切牛排应由外侧向内侧切,如一次未切下可再切一次,但不能像拉锯子似的来回切,也不能拉扯。切下的肉大小要适度,不要大块往嘴里塞。猪排和羊肉都要吃熟透的,吃法与牛排相同。吃烤鸡或炸鸡,也用刀叉。如果是整只的雏鸡或乳鸽,可先将它自胸部剖成两个半块,然后用叉压住,用刀割下腿肉和胸肉吃,不要去翻身。嚼肉时,双唇应合拢,不要有响声,口中食物未咽下,不要再往嘴里塞。遇有骨头,也不能吐,处理方法与吃鱼时相同。

**10. 甜点**:吃点心要用点心匙和中号叉子。一般蛋糕和派、饼,可用叉分割成小块,较硬的可用刀切割成小块,都用叉子叉着吃,也可用叉面铲着吃。吃三角形蛋糕要从顶点一头开始吃。冰淇淋、布丁等较软的甜点,可用匙取食;如小块硬饼干,可用手取食。注意不要让蛋糕屑、奶油等沾在嘴巴边,也不要用手拿点心给别人,可用叉或刀托着送过去给别人。

甜点以后,还有水果和咖啡,这在后面再介绍。

### (五)烟酒礼仪

**1. 烟的礼仪**

宴会上少不了以烟酒招待客人。先说烟:宴席上除备香烟外,还应备上雪茄烟和烟灰缸。香烟要备国产的,还要备进口的,品种可有几种,以供不同习惯和爱好的宾客选用。烟盒要打开,或把烟支放在桌上的小碟里。现在提倡公共场所不抽烟,因此有的宴会可省去备烟这一项目。需要吸烟的宾客,须事先征得旁人、特别是主人的同意。最好是取烟后,主动到专设的休息室或吸烟室去抽烟。在较隆重的宴会上,中式餐要等到送来水果甜汤后才可抽烟;西式餐要等到喝过咖啡后才能抽烟。烟蒂和烟灰一定不能扔在地上。

**2. 酒的礼仪**

宴会上最好能备名酒或地方名酒。如果知道宾客中有喜欢某种酒的,则应多备一些。正式宴会上主办方都有敬酒之举。敬酒时,态度要热情大方,主人应上身挺直,双腿站稳,双手举起酒杯,以不超过自己眼睛高度为限,待对方饮酒时,再接着饮。在规模较大的宴会上,主办方负责人将依次到各桌上敬酒,而后,每一桌可以推派一位代表到主桌向主办方负责人回敬一杯。需要干杯时,应按礼仪顺序首先由主人与主宾干杯。在场的人较多时,可同时举杯示意,不必一一碰杯。在国外正式宴会上,一般应由男主人首先举杯,或建议为某某人的健康干杯,或请大家共同举杯。记住,客人、晚辈、女士一般不宜首先提出为某某人干杯。干杯时,酒杯中的酒应一饮而尽,酒量不大的人应事先少斟些酒。女士接受别人祝酒时,不一定要举起自己的酒杯,只要以微笑表示感谢即可,当然如能稍微喝一点酒更好。

作为宾客,在饮酒前应有礼貌地先欣赏酒的色彩和香味,然后再轻呷一口,慢慢品味。不要举起酒杯看也不看,便一饮而尽。也不宜一边饮酒一边抽烟,更不能在社交场合猜拳行令。为了避免酒后失言和失礼,饮酒的量宜控制在自己平日酒量的三分之一左右。

有的国家饮酒习俗与我国不同,因此,接待外宾之前或参加外方宴请之前,应当注意了解。比如日本人对于酒后不检点的言行是不以为怪的,因此日本人大都喜欢开怀畅饮。而穆斯林是不允许敬酒的,甚至不能上酒。也有的国家很讲究酒杯的握法,如一般酒杯,应用整个手掌握住,而高脚杯,则应以手指捏住杯脚;喝啤酒不能互相碰杯,但可举杯互祝健康等。

在西餐中,饮酒更是讲究,不但注重什么酒要配什么酒杯,而且还讲究什么场合喝什么酒。西餐用酒通常分饭前酒、饭中酒和饭后酒三类。

(1) 饭前酒,或称开胃酒,是在入席前请客人饮的酒类。这类酒又浓又香,能刺激胃口,常见的有:鸡尾酒、威士忌、杜松子酒、包朋、施高趣、伏特加、雪利酒、麦亨登、浮毛斯、马丁尼、溴泛、兰酒及啤酒等,还有掺上奎宁和其他香料的甜酒。另外应备果汁、汽水、可乐等饮料。餐前人手一杯,各取所好,夏天能消暑去渴,冬天可御寒提神。

(2) 饭中酒,又称席上酒或进餐酒。西餐中,每上一道菜,都要配上一种酒,但只限于葡萄酒系列,通常有固定的搭配,如:吃鱼和海鲜时,配白葡萄酒,因白葡萄酒略具酸味,可去腥味;吃肉类时配红葡萄酒,因红葡萄酒略带苦涩,可去油腻;喝汤时要配颜色较深的马德拉酒或雪利酒;吃干酪时要配以带甜味的葡萄酒;吃核桃等坚果时要配浓度较强的强力酒,如马德拉酒。上最后一道菜或上甜点时,应配以起泡的葡萄酒,即香槟酒。席间如宾主有演说,也以香槟酒来举杯互祝。

(3) 饭后酒,或称消化酒。此类酒要求浓、香、烈,如白兰地;也有要偏甜者,如白兰地加适量糖水,再配以薄荷、咖啡、可可、香蕉、李、梅、桃等果实的香料混合而成;也可用雪利酒、薄荷酒等。饭后酒可在客厅上咖啡时同时送上。饭后酒不能斟满,如白兰地只需斟五分之一杯即可。

不论是西餐还是中餐,在宴会上不会喝酒或不想喝酒的人,都可以有礼貌地谢绝他人敬酒,但至少要喝上一点汽水、果汁或其他饮料,如茶水也可,以使大家尽欢。谢绝他人敬酒可采取三种方法,其一是主动要一些汽水、果汁等饮料,并说明自己不饮酒的原因;其二是接受对方的少许斟酒,然后用手轻轻推开酒瓶。杯子里的酒可以不喝,这是符合礼仪的;其三是当对方向自己杯中斟酒时,用手指轻轻敲击酒杯的边缘,以表示"谢谢,我不喝酒"。千万不要把酒杯翻过来倒放以谢绝别人的敬酒,更不能把别人敬的酒悄悄倒在地上。当然作为敬酒者,也应根据情况,不可强人所难。

## (六) 饮茶、喝咖啡礼仪

**1. 饮茶礼仪**

茶是中国人最喜爱的一种饮料,饮茶体现的是一种文化。因此,待客以茶,不能马虎大意。要特别注意茶杯或茶碗有无破损、裂纹或茶垢。茶具以陶瓷制品为好。茶叶的品种可多一些,如绿茶、花茶、乌龙茶等,以备宾客挑选。如是外宾,一般来说美国人喜欢袋泡茶,欧洲人喜欢红茶,日本人则喜欢乌龙茶。宴会上,一般由服务员给客人上茶,客人应对服务员表示感谢。

在宴会上不应大口喝茶,甚至喝得咕咚咕咚直响,而应当慢慢地一小口一小口地品尝。遇到水面上飘浮的茶叶,可轻轻吹开,或用茶杯盖轻轻拂去,不可用手去杯里捞茶叶来扔在桌上或地上,也不要吃茶叶。我国古时流传下来有以再三请茶作为暗示送客的做法,因此,在招待老年人和海外华人时,要注意,不能一而再、再而三地请其喝茶。

## 2. 喝咖啡礼仪

欧美人都有喝咖啡的习惯,喝咖啡体现的也是一种文化。通常西餐最后一道程序是喝红茶或咖啡。如果是喝咖啡,应当要知道,盛放咖啡的杯碟都是特制的,杯耳朝向应在饮用者的右方。咖啡匙是专门用来搅咖啡的。喝咖啡时可以加入牛奶或糖,称为牛奶咖啡;也可以什么都不加,称为清咖啡。也有人喜欢在清咖啡中兑入啤酒饮用。如果在咖啡中加方糖,应当用专用的夹子,而不能用咖啡匙去取。也不要用咖啡匙去用力捣碎已放入杯中的方糖,可轻轻搅拌,促使方糖溶化,但不可以咖啡匙碰撞杯壁发出声响。要喝咖啡时应当先把咖啡匙取出来放回咖啡碟上,千万不要用它来舀咖啡喝,这是不符合礼仪规范的。如嫌咖啡太烫,不能用嘴去吹,而应等它自然冷却,或用咖啡匙在咖啡杯内轻轻搅拌使之冷却。

喝咖啡时,应用右手食指和拇指拿咖啡杯的杯耳,左手轻轻托着咖啡碟,慢慢移向嘴边轻轻地喝,不要发出响声。不能满把抓杯,大口地喝;也不能低下头去就咖啡杯。喝完,应马上将咖啡杯放入咖啡碟中,不要让二者分开。添加咖啡时,也不要单单把咖啡杯从碟中拿起来,应连碟一起拿。

## 3. 吃水果礼仪

在宴会上,一般都要请客人吃水果。非正式宴会,吃水果可随便些,而在正式宴会上,吃水果就要讲究礼仪了。通常水果应预备几种,以便使客人有一个选择的余地。洗净后的水果装在盘内端上来时,应备好清洁的水果刀或成套的水果餐具。不要主动为客人削、剥水果,也不要拿着削好、剥好的水果硬送给客人吃,这样做既不卫生,又不礼貌。现在为方便大家,宴会上通常是端上事先去皮切块的水果,如西瓜、哈密瓜、香瓜、苹果、梨、菠萝等,上插牙签,以便大家用牙签戳着吃。草莓类可洗净放于盘中,用匙或叉取食。甜橙可洗净后带皮切块装盘,客人可用手拿来吃,吃完,把皮放入果皮盆。西餐中吃葡萄不可整串拎起来吃,而应用手一颗一颗揪下来吃,而且西方人习惯连葡萄子吞吃。如果不习惯吞子,那也不能直接吐在桌上,而应用手遮口,把果核吐在手中或匙中,再放到果皮盆里。吃水果应一小口一小口地吃,不要一下子把嘴塞满,也不能边吃边谈,更不能将果皮果核乱吐乱扔。西餐中,吃核桃一类坚果时,不能放在嘴里直接用牙咬,而应当用专用的核桃锤把果壳敲开,再用专用的夹子取食。

西餐在吃水果前,通常要送上洗手钵(finger-bowl),水面上常撒有花瓣,专供洗手用。但要注意,千万不能把整个手伸进去洗,只能洗手指尖。洗毕,用餐巾擦干手,再吃水果。同样,吃完水果,也应当先洗手指,再用餐巾擦干,而不能未洗手指就用餐巾擦。

最后要注意的是,不论是中餐还是西餐,如果不慎将菜汁、汤汁、水果汁、茶水、酒水、咖啡溅到邻座身上,应立即道歉,并协助对方擦干;如果对方是女性,则不宜帮着擦,而应递上干净的餐巾或手帕,由她自己擦。

## 思考题:

1. 秘书人员在旅途中应遵守哪些基本的礼仪?
2. 作为宴请主办方如何选择宴请的形式?
3. 秘书人员在应邀赴宴时应注意哪些礼仪?
4. 中餐与西餐有些什么区别?

# 第七章 商务活动礼仪

随着我国改革开放步伐的加快,市场经济日益活跃。作为一个秘书人员,不可避免地要经常涉足商务活动。商务活动是一个社会组织在其运作过程中与其他方面谋求合作互动的过程的总称。它主要包括两大方面内容:一是洽谈类的,如中外商贸洽谈、引进管理洽谈、引进技术洽谈、联营合资洽谈,甚至包括商标纠纷谈判、索赔供销谈判等,还包括签订各种合同;二是展示类的,如举办产品展览(销)会、召开新产品发布会、记者招待会等。在这些活动中有许多特别的礼仪规范,秘书人员应该熟悉了解。

## 第一节 商务活动礼仪综述

### 一、商务活动礼仪的基本内容和特点

秘书商务活动礼仪,指的是秘书人员在各种商务活动中应遵循的仪表仪容,行为举止,言谈风度等方面的礼仪。由于现代商务活动是一种"我赢你也赢",双双获利的"非零和博弈"性质的活动,各方追求的是互惠互利的结果,因此,任何成功的商务活动都必然努力寻求"合作"的途径,不断调和双方的矛盾和利益,最终达成某种协议。

"博弈",也叫"对策"。上面提到的"非零和博弈",是相对于"零和博弈"($1+[-1]=0$)而言的。体育比赛具有"零和博弈"的性质,我赢了你就必然输,双方有对抗性。而商务活动与它不同,双方必须追求共同的利益,不是以压倒对方为最终目的。因此,这些特性就必然要求参与商务活动的秘书人员,能够体现出彬彬有礼,豁达大度,善解人意,灵活机智等风度气质。具体说,就是要能够做到仪容仪表美观大方,言论谈吐委婉得体,行为举止温文尔雅。那种粗鲁浮躁、蛮横无理、出口伤人的做法是非常失礼的,只会使

商务活动"流产",从而给组织带来利益上的损失和形象上的损害。

## 二、商务活动礼仪的基本要求

（一）注意服饰、仪容、仪表

商务活动,特别是涉外商务活动,是正规的社交活动,对服饰有一定的要求。我国服装没有礼服、便服之分,但一般比较正式的场合,男士可穿上下同色同质的毛料中山装或西装,配黑皮鞋。女士应按季节和活动性质的不同穿西装(下身为西裤或裙子)。任何服装均应注意清洁、整齐、挺直,衣服要熨平整,裤子应熨裤线,衣领袖口要干净,皮鞋要上油擦亮。穿中山装要扣好领扣、领钩、裤扣。穿西装要带领带。任何情况下都不要穿短裤参加商务活动。进入室内场所应摘帽,脱掉大衣、风雨衣、套鞋等,存放在衣帽间或专门的存衣处。男士任何时候都不能在室内戴帽子、手套和墨镜。女士在商务活动期间衣着尽量不要千篇一律,样式花色每天可有所差别。

（二）讲究谈吐文明礼貌

商务活动中,谈话气氛的好坏,直接关系到组织的切身利益。有些年轻人涉世未深,年少气盛,一句话听了不舒服就会出语不慎,冲撞对方,这种行为只能显示自己的无能、无礼和缺少涵养,给组织带来不利影响。正确的做法是,应当尽量避免争执,避免语言冲撞,主动调节好谈话气氛。当然,如果对方是故意发难,作出必要的反应是应该的,但也要严守一个"度",不能过头,做到有理,有利,有节。

中华民族素称"礼仪之邦",一些特定的情景要用一些特定的礼仪语汇,业已约定成俗,特别是港澳台方面的人士用得较多,秘书人员应当熟悉这些交际场合常用的礼仪语汇,现简介如下：

初次见面说："久仰",好久不见说"久违"；

请人批评说："指教",求人原谅说"包涵"；

请人帮忙说"劳驾",求给方便说："借光"；

求人解答用"请问",请人指点用"赐教"；

麻烦别人说"打扰",向人祝贺说"恭喜"；

托人办事用"拜托",赞人见解说"高见"；

看望别人用"拜访",宾客来到用"光临"；

陪伴朋友用"奉陪",中途先走用"失陪";
送客出门说"慢走",与客道别说"再来";
等候客人用"恭候",请人勿送用"留步";
对方来信叫"惠书",老人年龄称"高寿";
对方老父称"令尊",对方老母称"令堂";
归还原主叫"奉还",送人己作用"斧正"(或"雅正")。

### (三)严守国家经济机密

在涉外商务活动中,秘书人员无论是在正式的商务洽谈中还是在一般的社交活动中,或是与外商的个人接触中,都应该以国家的利益为重。外商来中国的目的就是代表国外某机构或企业同我方进行商业上的业务往来,或进行商业性项目的合作,因此他们在主观上非常希望与我方有关人员有良好的交往,常常把开展"感情投资"的社交活动当作他们工作的一部分。而我方人员则不应被"友情"冲昏了头脑,应站在国家利益的高度,认真对待每一次洽谈和每一个合同,检查其中的每一个环节,提高保密敏感性,要时刻牢记哪些可以说,哪些不可以说,不要为了向对方显示自己"消息灵通"、"地位重要"而过多谈论国内的政治、经济、文化、乃至军事方面的情况,以防"说者无心,听者有意",让对方从这些随意的透露中获取有关情报,更不能为了本组织小团体的利益而泄露国家经济机密。

### (四)避免内部的无谓竞争

外商为获得优惠待遇推销或采购商品,常常会同时找我方几家生产同类产品的企业洽谈,以期引起我方内部的互相竞争。因此,在与外商洽谈业务时,要防止这种情况的发生。如遇到这种情况,应及时向有关方面反映,加强生产同类产品的公司、厂家之间的横向沟通和合作,为维护本国企业的利益而团结起来,一致对外,而不应只顾自己组织的暂时利益而去损害其他组织的利益,造成我方内部企业之间的无谓竞争,最终两败俱伤,损害国家利益。俗话说:"鹬蚌相争,渔翁得利",我们应当牢记这个古训。

### (五)廉洁奉公、不谋私利

有些人经得住战场上枪林弹雨的考验,却过不了商场上的金钱关、美女关。为了满足私欲,大搞钱权交易,最终害己害国。因此,在商务活动中,特别在涉外商务活动中,秘书人员必须加强组织观念,加强自我修养,提高抗诱惑能力;必须如实向上反映情况,不得背着组织同外国商人私自交往,进行业务谈判;也不得利用职务便利营私牟利,丧失人格国格。

(六)熟悉各国商务礼俗

不同国家、不同地区的人们在长期的商务活动中形成了自己独特的商务礼仪和习俗,秘书人员应当了解、熟悉。这里对一些主要国家和地区的商务礼俗作一简单介绍。

**美国**

一般来说,美国人很殷勤好客,不拘礼节,美国商人在谈判、会议等正式交往中,没有什么客套应酬,打过招呼后马上就谈正事。他们也喜欢边吃饭边谈话,精于使用谋略去谋得利益。洽谈活动一般在吃早点时就可开始,一起吃早餐是熟人之间聚会谈工作的好时机。男士之间、女士之间都行握手礼,如果彼此关系很熟,还可亲吻面颊。美国人的午餐比较简单,晚饭是一天中的主餐。周末聚会常吃一种叫"Brunch"的饭,就是把早餐"Breakfast"和午餐"Lunch"合在一起吃的意思,一般是从十一点开始,有时要吃到下午四点多钟。

美国妇女跻身政界、商界的很多,有些妇女还担任很高的职务,她们不喜欢别人把她们当作"花瓶",和美国妇女打交道最好的办法是完全忘掉她们的性别,像对待美国男士那样来对待她们。

**英国**

与英国人打交道要注意三忌:一是忌带条纹的领带,因为这种领带与军队或学生校服的领带相同,会引来麻烦;二忌以皇室的家事作为谈笑的资料,这会引起英国人的不快;三忌直称"英国人",因为"英国人"的原意是英格兰人,而跟你有商务往来的人可能是爱尔兰人或威尔士人,因此要使所有的英国人都满意,最好称"大不列颠人"。

英国人的谈判风格与美国人刻意追求物质利益相反,讲究"绅士风度",为人和善友好,对建设性意见反应积极。对于饰有客方所属公司标记的礼品,他们大多并不喜欢。

**德国**

德国商人很注意形式,衣着很讲究,不像美国人那样随便。也很看重头衔,对有头衔的商人,一定要称呼他的头衔,如"××博士"、"××总裁"等,见面或离开时一定要握手,且以尽量多握手为礼。德国人在商务活动中的特点是考虑问题十分周到系统,准备工作非常充分、仔细,陈述清楚,态度坚决,不太热衷于让步,缺乏灵活性。

**法国**

法国商人在谈判中坚持使用母语——法语,并具有坚定的立场。虽然热情好客,但不喜欢谈论个人和家庭私事以及生产秘密,洽谈时应避免涉及这些方面的话题。法国有名酒白兰地、香槟,法式西餐也十分讲究,法国奶酪还享誉欧洲,客人如对他们的食品加以称赞,法国人会很高兴。

**日本**

会见日本商人要注意礼仪,第一次见面必须交换名片,主人总是首先递名片。但要记住,名片不能送重复,如果第二次与那人见面再送名片,是失礼的。日本人都行鞠躬礼,但其他国家的客人只要低一下头表示回礼,就等于遵从了他们的礼俗,而使主人感到满意。按照日本的礼俗,客主在第一次见面时,主人应当向客人送礼,而不是客人向主人送礼。但在日本人回访时,你要以主人的身份向他送礼。在日本的商务活动中,玩高尔夫球是必不可少的一个项目。主人陪客人打高尔夫球时,往往要送给客人一件礼物,如一盒高尔夫球或刻有主人公司名字的几个球座,客人应礼貌地用这些礼品,而不应用自己的。在高尔夫球场上禁忌谈生意。打球结束后,客人应回赠主人一件小礼物,如一只高尔夫球表或一个银球座,这时,主人往往再回赠客人一包水果等。

日本很重视商业送礼,并且主人应先送礼。给日本人送礼时要特别注意他们的级别地位,必须按对方地位来区分礼物的档次。如果不分地位高低送上同一标准的礼物,那么地位高的人就会觉得受辱,而地位低的人则会脸红。深受日本人欢迎的礼品,一是能代表送礼方当地特色的东西,如中国的名茶叶等;二是有受人青睐的商标品牌之物。礼品通常在商务活动时赠送,如午宴上或会议后。与日本人交谈,同样要注意对方的身份,即使副职是主要谈话对象,但只要正职在场,就千万不要撇开正职。

**韩国**

韩国商界人员多数精通英语,上了年纪的人则通汉语。名片上的文字一般是英文和韩文对照的。商务活动中常穿式样保守的西装,对长辈特别尊重。韩国人很重视交易对象的印象,如果你尊重他们的生活方式,将会得到他们的好感。吃饭时不宜交谈,不能随便发出声音,否则将被视为失礼而引起反感。进入韩国人家里或韩国式的饭店,必须脱鞋。交谈中,不宜多谈当地政治,而应多谈韩国的文化艺术,因为韩国人多以自己国家的文化艺术为荣。商务活动中,韩国人的饮宴招待甚为繁密,宴席上,辣泡菜和汤是必不可少的菜肴。送礼时,最受欢迎的是洋烟洋酒。

**拉美地区**

拉美地区主要指阿根廷、智利、巴西、墨西哥、玻利维亚、哥伦比亚等国。在拉美,人们初次见面一般都要交换名片。大部分拉美人是西班牙人和美洲印第安人的混血后裔,第一次与他们交往,就要分辨对方是西班牙型的人,还是印第安型的人,然后再根据他们的不同风俗习惯与他们进行商务交往。

拉美人一般热情好客,进餐时有敬酒的习惯,与人交谈时喜欢与对方凑得很近。所有的拉美国家都以午餐为正餐,因此午休时间很长,商店、银行、办公室中午都要关门2—3小时。拉美人工作比较随便,正式会谈迟到二三十分钟是常有的事。但是他们在着装上却很讲究,即使天气很热也要穿外套带领带,一些商界资深人士通常是衣冠楚楚、彬彬有礼。拉美商人有送礼的习惯,送男士应送印有商标的、新奇的必需品;送给妇女可以是香水和印有商标的东西。如应邀去拉美人家里作客,送鲜花和好酒颇受欢迎。拉美人送礼之大方,简直到了令人难以置信的程度,如果你称赞拉美人的一块金表,他会马上摘下来送给你,因此,对拉美人的东西不要盯着看,也不要多称赞,否则就会坚持送给你。要注意的是,女性给男士送礼一定得特别谨慎,即使是送一个极普通的镇纸也会引起猜疑。女性与拉美人接触要注意预防性追求。

**阿拉伯国家**

阿拉伯国家主要指伊朗、巴勒斯坦、以色列、沙特阿拉伯等。阿拉伯人大部分是穆斯林,信奉伊斯兰教。由于伊斯兰教是一种生活方式,因此其习惯也渗透到商务活动之中。星期五是休息天,穆斯林国家的政府部门都关门不工作,但进行商务会谈是可以的。在伊斯兰太阳历的第一个月里不要安排宴请活动,因为据传穆罕默德的孙子就是在这个月里被谋害的。

穆斯林们每天要做五次祈祷。即使正在进行商务活动,到了该祈祷的时候,他们就会停止一切活动,向麦加方向跪下。外来人可以不做祈祷,但绝不能表示出不耐烦或貌视的神情,也不能干扰他们的祈祷,否则就会被视为不受欢迎的人。

阿拉伯人性情豪爽,易于冲动,在商务交谈中,经常会大声叫嚷并怒形于色,这是正常的。交谈中,要避免涉及中东政治,特别是以色列与巴勒斯坦的争端问题,他们喜欢谈论的话题是鹰和马。阿拉伯人的宴请完全没有西方人的繁文缛节,常常是桌子中央放上整只烤羊,四边的盘子里放一些薄饼、调料及鲜果,有时还有满满一大盘拌有葡萄干、核桃仁之类的素油米饭,大家围坐一圈,主人一声招呼,大家爱吃什么就拿什么,尽可随意。但都是用右手,而不能用左手。当然手是洗干净的,无论是撕羊肉,还是吃"手抓饭",一般都不用餐具。如果你能入乡随俗,主人会非常高兴。要注意的是,穆斯林忌吃猪肉、马肉、驴肉、狗肉、蛇肉等,客人应避免谈及此类话题。

传统的阿拉伯妇女在公开场合要戴面纱,全身裹在宽大的黑袍里,对他们的这种风俗应当尊重,在交谈中不要谈及这方面的事。

## 第二节 商务活动礼仪规范

### 一、拜访与接待礼仪

在商务活动中,组织之间少不了相互拜访和接待。无论是登门拜访还是在办公室或家里接待,秘书人员在时间选择,衣貌修饰,言谈举止等方面都应该注意一定的礼仪规范。

(一)拜访礼仪规范

商务活动中的拜访有三种,即:商业洽谈性拜访、专题交涉性拜访和礼节性拜访。通过相互拜访,人们可以交流信息,沟通思想,发展友谊。因此,有商务往来的组织之间应经常适时地安排一些必要的拜访活动。不要"有求于人"的时候才想到拜访。那种"无事不登门,临时抱佛脚"的做法是违背拜访的礼仪原则的。

拜访之前,应将自己的衣饰、容颜适当修饰一下,这是对主人的尊重。拜访的地点可以是对方的办公室,也可以是对方的住处。但无论是哪种拜访,都不能搞"突然袭击",而应预先约定,并按时到达。抵达后,如无人在门口迎候,即使是门虚掩着,也应先按门铃,或轻轻敲门。不能急促地或长时间地按门铃,也不能不停地转动门把手或使劲地敲门。当主人问是谁,应当通报自己的姓名和单位,而不能只是简单地回答"我",因主人单凭你的声音很难辨别。经主人应允后方可进入。若未经主人允许或室内无人,绝不可擅自进入。

与主人互相问候后进屋,并应礼貌地询问是否要换鞋,还应将帽子、大衣、手套等交给主人放置。夏天进屋后再热,也不能脱掉衬衫、长裤;雨天若带有雨具,进屋前就应询问主人该放哪儿。

无论是到办公室还是到住处拜访,都应当"客随主便",这是充分体谅主人的表现。主人请你入座,应说"谢谢",并按主人指定的座位入坐。如室内还有别的客人,应主动向所有认识的人打招呼,或适当寒暄,但不要主动询问他们与主人的关系以及来访的原因。对陌生人也应礼貌地点头示意。

主人递上茶水时,应欠身双手相接,并表示感谢。如茶水较烫,可等其自然凉却后再喝,切忌用嘴边吹边喝。可以将杯盖揭开,使茶凉得快一点,但放置杯盖时,盖口要向上。喝茶应慢慢地喝,不能一饮而尽,也不能发出声响。

主人递上香烟时,即使你不会抽,也要致谢,可以说:"谢谢,我不会抽"。如自己想抽烟,主人又没有递烟时,应征得主人同意方可抽烟。抽烟时不可四处走动,也不可将烟灰随处乱弹,而应将烟灰弹入烟灰缸内。如没有烟灰缸,可自己动手用纸卷成一个筒状,将烟灰装在里面,待离去时带走并扔进附近的垃圾箱里。吸剩的烟蒂要适度,大约留一厘米左右为宜,留得太长被视为浪费;一直吸到滤嘴才罢休又显得太过分,在社交场合都是不得体的。吸烟时应注意烟雾的走向,如烟雾直冲着旁边不吸烟的人,就应主动起身挪动一下座椅。

如果是到对方住处拜访,更要注意不可未经邀请就到处参观,或乱翻乱动,也不要轻易打听主人家里的某样东西值多少钱,在哪里买的等等。可以对主人家里的陈设、饰物作些赞美,切忌专门挑三拣四地说不足之处,如说这里不整洁,那里太俗气等等,这是很不礼貌的。

拜访的时间不宜过长,该谈的事情谈完之后应当及时起身告辞。但要注意,不要在主人或其他人说完一段话后立即告辞,那样会使人误以为你不耐烦听他说话了。比较适宜的做法是,当你自己说完一段话之后再告辞。告辞之前也千万不能打呵欠、伸懒腰等,这都是失礼的。

告辞时,应向主人的招待表示感谢,并说一些"打扰了"、"添麻烦了"之类的客套话。如果是在主人住处拜访,还不应忘了向主人家里的其他人告别。如告辞时,座中还有其他客人,也应当礼貌地向他们打招呼告辞。主人送出门时,应主动劝主人留步,并主动伸手握别。当走了适当距离后,应回头看看主人是否还在目送,如主人还未回去,应挥手示意,表示最后的谢意,切忌"一去不回头",那样既很失礼,又使主人失望。

要特别指出的是,如果因事情紧急或无法预约,而不得已作了"不速之客",则一定要在见面时详细地说明事情的原委,真诚地表示自己的歉意,以求得主人的谅解,否则,很可能引起主人的反感,达不到拜访的目的。

(二)接待礼仪规范

这里指客人专程来拜访的接待。接待别人的拜访可以在办公室,也可以在自己住处。如已经预约,就应该提前搞好清洁卫生,并准备好茶具、烟具,也可略备水果、饮料、点心等。将到预约时间,应到门口去迎候。如果客人未经预约,突然来临,也要热情相迎。如室内来不及清理,应向客人致歉,不要当着客人的面急忙打扫,弄得满屋灰尘,这反而失礼。

如是在家中接待突然来临的拜访者,要起身相迎,热情接待。如自己穿着内衣内裤,应更换便衣。穿内衣内裤迎客是不礼貌的。拜访者进屋后,应先安顿客人坐下,然后,端茶、敬烟、端上糖果等。端茶、端糖果盘时要用双手。可代为客人点烟,削果皮,开饮料罐等。如是炎热的夏天,可递给客人一块凉毛巾擦汗,还要打开电风扇或空调。如到了用餐时间,如在办公室,可留客人共进工作餐;如在家里,应该真诚地邀请客人一起吃便饭。

接待中要注意的是,与客人交谈时不要有意无意地总看表,这样很容易被对方误解为下逐客令。与多人交谈时,要照顾到在场所有的人,不能只与一二个人谈。如有要事需与某个人说话,应等别人正在说的话说完,而不宜随便打断别人。如发现有人想与自己说话,应主动询问,并表示愿意交谈。谈话中如果遇有急事需要暂时离开一下,应当向对方打招呼,表示歉意。谈话内容一般不应涉及疾病,死亡等不愉快的事情。

客人告辞,应以礼相送,俗话说"出迎三步,身送七步"。应待客人起身后再站起身相送,不能客人一说要走,你就先站了起来,让人感到你是急于送客,这是失礼的。送客一般应根据情况,可以送到办公室门口(或家门口)、电梯口、楼梯口、也可至楼下、大门口,甚至送到车站。如是客人乘车离去,应目送车辆驰出视线,方可转身折回。

## 二、商务谈判礼仪

商务谈判指的是集团之间或组织(单位)之间有关商务方面的谈判。谈判的成功与否,很大程度上取决于谈判过程中双方的态度和处理问题的方法,因此谈判不仅仅是"语言的艺术",更是一门涉及面较广的"综合艺术"。谈判礼仪是其中很重要的一个方面。秘书人员只有了解、熟悉谈判礼仪规范,才能更好地掌握谈判主动权。

(一)谈判者的服饰仪表

谈判者的服饰仪表往往会给对方留下深刻的第一印象。因此,参加谈判的人员应依据谈判对象的国别、职业、地位、年龄或爱好等不同,略作不同的修饰打扮,而不是仅仅根据自己的兴趣爱好来打扮。同时,穿着打扮还应与谈判的场所、所谈到的问题性质相适应。在涉外谈判中,因各国文化背景不同,国内谈判中也有各民族、各地区的习俗不同,所以对服饰仪表衡量的标准也不尽相同,但总的要求是:清洁整齐、美观大方。

女士一般以西装套裙为主,颜色应庄重素雅。参加涉外谈判,可穿传统的中国民族服装,如旗袍、长裙等。冬天可穿羊毛连裤袜加罩长裙,或西装套裙外穿长大衣或长风衣。夏天无论多热也不能穿"暴露型"的上衣和超短裙。衣服上不要有过多的附加装饰品。参加涉外谈判,最好不穿化纤织物的服装,应穿纯棉、纯毛或丝绸衣物,并要熨烫平整。鞋袜的颜色和式样与服装要相配,忌穿有破洞或挑线的袜子。夏天不宜穿只有几条带子的凉鞋。

谈判场合,女士应化淡妆,切忌浓妆艳抹。应根据自己的脸型、年龄等条件,设计好发型,凌乱的头发首先就给人一个坏印象。佩戴的首饰不宜过多,最好不要戴长长的晃动型的耳饰。胸针和项链两者选一为宜。在一只手上不要手链、戒指同时都戴,也是选一为宜。戴戒指时,一只手上只宜佩戴一枚。手提包应与服装配套。女士若连续几天参加谈判,应每天更换一套衣服。夏天最好是半天更换一套,并相应更换手提包、首饰、鞋子等。当然并不是说要事先准备许多服装,而是可以通过衣服的上下装、鞋子、首饰、手提包等的不同搭配,使女士在谈判过程中的服装尽量不重复。

男士参加谈判一般穿西装或中山装,应衣裤同色,其质地以纯毛或毛麻混纺为宜,也可是高质量的毛涤西装。切忌闪闪发亮的人造纤维织物。在较隆重的场合,西装必须系扣。不是很隆重的场合,夏天可以穿衬衫配颜色协调的长裤。穿衬衫时若戴领带,必须系好领扣,长袖衬衫应把下摆放在长裤内。穿短袖衬衫可让下摆放在长裤外面,也可以不戴领带。切忌穿短裤。

男士必须十分重视整洁问题,要每天剃胡须;衬衫和领带要每天更换,并要无皱褶。西装必须清洁平整,衣袋不要"鼓鼓囊囊"的,西裤的裤线必须笔直,不能向上卷裤脚;袜子应是清洁无破洞的长袜子,不宜穿短袜,以免坐下时露出腿毛。皮鞋要光亮无灰尘。

(二)谈判者仪态

秘书人员在谈判过程中,应自始至终注意自己的目光、手势和脚的动作是否符合礼仪规范。

俗话说:"眼睛是心灵的窗户"。一般来说,人的任何细微的情感变化和心理变化,很容易通过眼光反映出来。因此,在谈判中,秘书人员应学会控制自己的目光,让人觉得你是严肃而诚恳的。如你不能很好地控制自己,则应戴上一付稍有颜色的眼镜,但不能在室内戴深色墨镜。

手势也会不自觉地反映出一个人的心态。如与对方握手,你是急步上前,早早伸手,且掌心向上,就会给对方"你有求于他"或"你容易被人支配"的感觉;如果相反,你是掌心向下与对方握手,就可能给对方"你想支配他"的感觉。如果你是漫不经心地伸出手,与对方轻轻一碰手,或是右手握手的同时,左手搭在对方肩膀,这会给人一种傲慢的感觉,容易引起对方反感。因此,应避免上述几种握手姿态。另外,在谈判过程中,不要手里小动作很多,如摆弄钢笔、钥匙圈等,也不要没事在纸上乱画,更不要在谈话中手势过多,以免给人手舞足蹈、张牙舞爪的感觉,令人不快。

在常态下,谈判中的腿和脚应该是静止的,如架起一条腿,那条腿的脚尖应是向着地面的。但心情紧张时,脚尖会不由自主地抬高。因此,如遇到心情紧张,最好双脚落地,以免透露心情紧张的信息。同时也可观察对方的脚尖,以判断对方的心理、情绪。

(三)谈判过程中的礼仪

参加谈判首先必须遵守时间,不宜到得过早,但绝对不能迟到。一般以提前五到十分钟到达谈判地点比较适宜。

谈判时，一般将谈判桌摆成长方形，双方各坐一边，主方位于背门一侧，或进门后的左侧，双方主谈人或决策者坐在中央，其他人员按右高左低依次排列。如果带翻译，应坐在主谈人的右侧或后面。桌上应放置中、外文对照的座位卡。如下图所示：

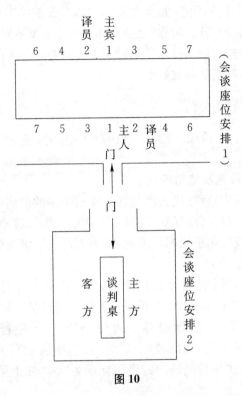

**图 10**

与对方见面时，应以诚恳友好的态度主动向前招呼、握手。如对方是女士，应等其先伸出手后才与之握手。在正式会谈之前应寒暄几句，可选择一些与谈判正题无关的中性话题，以缓和刚见面时的不自然，同时也为接下来的谈判创造和谐的氛围。常用的双方都感兴趣的中性话题有：对方旅途中的所见所闻，近期的体育新闻或文娱节目，回顾以前的合作经历，个人的兴趣爱好，当地的名胜古迹、风土人情等。

正式谈判中，必须始终注意自己的语言，说话要安排好内容顺序，有条有理，语调要平稳轻柔，稍有抑扬顿挫，语速要适中，音量不可过大，声音要清晰自然。切忌条理混乱、吐字不清、速度过快或每句话之间不留空隙；也不能整篇发言都用一种音调、一个速度,像小学生背书一样。其次要善于聆听对方的谈话,不要随便打断对方的发言,如必须打断,也应致歉,说一句:"对不起,我打断一下"之类的话。如不同意对方的某些看法,应及时记下来,等对方发言结束后再提出自己的意见。谈话过程中应辅以必要的、小幅度的形体动作,以作为呼应,如点点头、耸耸肩、微笑一下等。如果动作过多,幅度过大,就会给人以"做作"之感。如果双方意见不同,甚至有争议时,一定要注意尊重对方,切不可在争辩时用手指向着对方指指点点,因为这种举动是不礼貌的,甚至是不友好的。

(四)涉外谈判礼仪

涉外谈判除了要遵循一般谈判礼仪的原则外,还应注意一些特殊的问题。

**1. 饭店主要设施及使用规则**

涉外商务谈判中,双方代表团往往是在较豪华的国内饭店或国外饭店下榻并洽谈业务。目前我国的一些星级饭店已与国际接轨,一切设施及其使用规则与国外饭店几乎相同。因此,秘书人员应了解饭店主要设施的使用规则,以免失礼。

(1)电梯标示牌:我国习惯以进门的底层为1,电梯标示牌也标示"1",往上2、3层楼则标示"2"、"3"……美国与我国基本相同,底层也标示为"1"或"L";往上2、3层楼也标示为"2"、"3"……但若标示牌上出现"-1",就表示有地下室,如出现"-1"、"-2",则表示有2层地下室。而欧洲国家的饭店,往往是把进门的底层标示为"G",往上第2、3层则标示为"1"、"2"……

(2)饭店大堂有关部门及其职责

门卫:负责拉门、叫出租车、装卸行李。

住宿登记处:办理住宿手续、交取客房钥匙。

总台服务:负责大堂到房间的行李搬运,解答问题,传递书信、留言,代房客办事。

寄存处:临时存放行李和衣帽等。

结账处:离开饭店时支付房钱等费用。

值班经理室:处理意外事故和纠纷,听取客人的意见和要求等。

(3)客房:客房的"钥匙牌"往往是这个房间总的电源开关,只有将"牌子"

插入门口墙上相应的插座内,室内所有电器才可使用。床头柜上有所有电器的开关旋钮,与各个电器上的按钮连锁控制,要仔细看清楚后再进行操作。

客房里电话机盘的一角常有一个标记"Message"的指示灯,如果总服务台有事招呼你去一次,它就会一明一暗发出信号。

客房里如有洗衣袋,说明该饭店有洗衣业务,你可以将要洗的衣服放入洗衣袋,并填写好附在袋上的洗衣单据,将它们放入衣橱。如饭店注明免费为客人洗几件衣服,则表明它只收取超出件数的洗衣费。但有的饭店没有任何说明,则表明它收全费,没有免费的。浴室里有一块防滑用的塑胶垫,洗浴时应把它放在浴盆内。浴盆前面挂的防水帘,在沐浴时应把它的下摆放在浴盆的内侧面,以防沐浴时水溅到外面。

如果需要休息,不希望别人打扰时,可以将"请勿打扰"的牌子挂到门外的把手上。

**2. 饭店里的礼仪规范**

(1) 服装:虽然饭店是个人休息的地方,但它毕竟是公共场所,因此衣着方面不能太随便。内衣短裤、汗背心、睡衣只能在自己房间里时穿。不能穿着睡衣在走廊里走动,更不能穿睡衣到饭店大堂、餐厅等处。如在自己房间里接待朋友,无论是男士还是女士,穿睡衣都是可以的;送客时则只需在睡衣外面罩一件长外衣即可。

穿着拖鞋只限于在房间及走廊里走动,而不能到处都走。

(2) 礼貌:早上在饭店的走廊里、电梯里、餐厅里等处与其他人相遇,都应点头示意。平时在饭店的公共场所,切忌大声喧哗。夜晚在自己房间里说话、看电视、听音乐及洗涮时,都要注意不能响声过大,以免影响别人休息。

(3) 电话:房间里电话一般只供市内通讯,是免费的。打国内长途电话、国际长途电话,都需另外收费。如果客人需要早起床,可以用电话通知总机,告诉总机你的房间号、姓名和具体时间,到时候总机会通过电话叫你起床。个别饭店有时会有"骚扰"电话打进来,尤其是在深夜。因此如遇到不认识的人打电话来纠缠,则不要与之交谈,很快挂上电话即可。如"骚扰电话"较多,则应及时通知饭店。有的饭店的客房电话还有免干扰设施,可询问具体用法。

(4) 小费:在国外的饭店里,通常是服务人员为客人做任何一件事,客人都要付一定数量的"小费",如饭店门卫迎接客人,帮助客人从汽车上把行李搬入大厅;服务员再帮客人把行李从大厅搬到房间;餐桌上服务员为客人端茶递水等等,客人都应付小费。小费的数额,没有统一的规定。为了谨慎起见,应当事先向翻译或去过某个国家的人员了解该国饭店给小费的情况;也可向有关咨询机构了解不同星级的饭店各种服务小费的大致金额。有时候,吃不准该不该付小费,临时又无处可问,这时就应观察别的客人是如何做。因为有的饭店在顾客的账单上有一项"服务费",这表明小费已经包括在"收费项目"中,你可以不必再另付小费。有的饭店休息厅或餐厅有音乐演奏,你只要不单独点曲目请他们演奏,也就不必付小费。

给小费的基本方法是:当服务人员为你做完某件事后,很自然地当面给他,并说声"谢谢"。也可以是在服务人员替人交款后找下的零钱中给他一部分或全部,并轻声说明"这是给你的小费,谢谢"。不要大声喊叫"这是你的小费",显得很粗俗。

（五）签字仪式礼仪

双方谈判成功,达成协议之后,一般需举行签字仪式。双方参加谈判的全体人员,一般都要参加签字仪式,做到双方人数大体相等即可。主签人的身份应大体相当,并具有法定的全权代表资格,通常是双方参加谈判的主谈人,也可以是双方更高层次的领导人,以体现对该协议的重视。

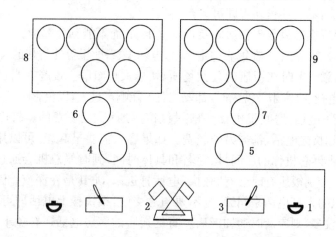

1. 签字桌　　2. 双方国旗　　3. 签字用文具
4. 客方签字人　5. 主方签字人　6. 客方助签人
7. 主方助签人　8. 客方参加签字仪式人员　9. 主方参加签字仪式人员

图 11

正式签字之前,双方还要商定助签人员。助签人主要负责帮助主签人在签字时翻揭文本、指明需要签字之处等。如果是涉外谈判,则签字文本由中外文印成,各方签字的位置不同,绝对不能签错地方,否则就会导致签字仪式失败。具体有关细节由助签人员洽谈。

签字仪式现场布置参见图11。

图11示例为双边签字。如三方签字,则加长桌子,增加座位;多方签字可以将桌子排成圆形。注意,客方的座位在主方的右边。

## 第三节 大型商务活动礼仪

大型商务活动主要指庆祝典礼、展览会、参观、记者招待会、宴请活动等。这些活动对提高组织的知名度、美誉度有很大的作用。秘书人员要参与甚至负责这些活动的筹办工作,因此不可不了解它的礼仪规范。宴请活动已另立章节阐述,这里就其他几项活动略作介绍。

### 一、庆典活动

"庆典"即"庆祝典礼"的简称,它包括开幕式(闭幕式)和节日庆典两种。

开幕式通常用于组织开业、开工、竣工、新设施落成、奠基,以及各种展览会、展销会、运动会、文艺会演等活动拉开序幕之际,具有第一次在公众面前亮相的作用。闭幕式是在上述活动结束时举行的仪式,形式与开幕式相似,旨在使整个活动有一个完满的、总结性的结尾,给公众留下深刻的、完美的印象,有利于树立组织的良好形象。

节日庆典是指在法定节日,如元旦、春节、"五一"国际劳动节、"十一"国庆节和本组织的周年纪念日,如"十周年店庆"、"五十周年校庆"等所举行的庆祝活动,当然也包括重要的地区性节日、少数民族节日及宗教节日,如圣诞节、浴佛节、春节、开斋节、泼水节等的庆祝活动。它通常采取联欢会、舞会、文艺演出、宴请等形式,旨在营造欢乐喜庆的节日气氛,创造对组织有利的商机。

这里着重介绍开幕式(闭幕式)的礼仪要求,节日庆典的礼仪将在后面第八章里再作介绍。

举行开幕式要做许多准备工作,首先要确定邀请宾客的名单,注意不要有疏忽遗漏。名单审定后应印制成精美的请柬,并提前一周寄给宾客。重要的宾客,如政府部门有关领导人、新闻记者等,最好派专人送去请柬。还要拟制开幕式程序表,以便到时人手一张。应安排好致贺词宾客的人选,并提前通知他们作好准备,还要事先拟好开幕词、答谢词等,以免到时因准备不充分而尴尬。

其次,要精心布置好场地,主席台上和第一排坐席上都应放好出席者的姓名牌。如是站立举行开幕式的,则应在主宾站立处铺设红地毯,以显示尊敬和庄重。周围应布置盆花、鲜花、花篮等,如在室外,还可布置一些彩色气球、五彩缤纷的大型彩带、条幅等,总之,要使会场显得美观、热烈。还应安排好迎宾礼仪小姐,统一着装,微笑迎客。对重要宾客应安排专门的迎宾小姐陪侍始终,负责导座、引路、参观、讲解等。如有剪彩仪式,应事先准备好红绸带,剪刀要磨快,免得到时候因怎么也剪不下来而"出洋相"。

当宾客来临时,要有专人负责请他们签到。签到簿要美观耐用,便于作为纪念物或档案收藏。宾客签到后应由迎宾小姐引导至休息室,那里应备有茶水、饮料等。如是大规模的开幕式活动,最好还要为记者们设立新闻中心,便于他们以最快的速度把信息传递出去。音响、照明设备都要到位,并保证质量,不要到时"卡壳",弄得手忙脚乱,令人扫兴。

开幕式开始前约5分钟,应有专人引导主宾进入会场,按预定位置入座或站立。

最后,可以用音乐舞蹈、敲锣打鼓、舞狮子等群众性文娱活动作为开幕式的余兴节目。也可组织来宾参观本单位的一些设施,如办公楼、厂房、产品陈列室、新商场等;也可设宴招待来宾;或利用留言簿召开小型座谈会收集反馈意见。总之,整个开幕式过程应体现主办方的热情、诚恳、周到;开幕式力求办得热烈、隆重、丰富多彩,给人留下难忘的、美好的第一印象。

## 二、展览会和参观活动

展览会是以实物、模型、图片、文字等形式介绍、展示某个单位或行业、地区的情况、成就的大型活动。其中以展示产品、推销商品为主的展览会又称展销会,属于商务活动范畴,如在中国广州举行的"广交会"、在上海举行的"上交会",在国内外举行的国际级的"博览会"等。

展览会可分为综合性展览与专题性展览。综合性展览要求全面、完整、概括地介绍一个地区或一个单位的情况;专题性展览则要求围绕一项专业、一个领域或一个专题举办展览。商务活动方面的展览会大都是专题性展览。

从展览期限上,有长期固定形式的展览,也有短期的一次性展览,前者如"上海工业展览"、"上海城市规划展览",可定期更换部分内容;后者如"上海出口商品交易会"、"夏令商品展销会",结束后就撤除。

展览会筹备就绪后要举办预展,根据各方面意见迅速进行修改、补充。正式举办期间,要做好接待、陪同重要来宾的工作。讲解员要进行普通话、礼仪等方面的专门培训,使他们在给来宾讲解时,能尽量以生动的语言和丰富的表情来感染宾客。在整个展览会展出期间,秘书应始终与记者保持密切的联系,主动为记者提供各种方便,争取能事先登出广告,展览过程中发表若干篇新闻稿,结束时刊登一篇总结性新闻稿,尽可能扩大展览会的影响;如需要,还可举行记者招待会,统一发布商务方面的信息。

组织参观是指邀请商界各有关人员来本单位参观工作现场、生产流程、设施装备等。这是近年来颇为流行的一种商务活动形式,它旨在展示本单位的雄厚实力和先进技术,从而扩大本单位的知名度,促进商贸业务。参观活动除了可平时进行外,还常常在特殊的时机举行,如开幕式、庆典活动之后可组织来宾进行参观活动。

组织参观时,秘书除了事先要准备好宣传用的书面材料、视听材料和各种模型外,还要安排专人引导来宾沿一定路线逐一观看,在重要的内容前要作一定的讲解。讲解时,要注意抓住大家关心的重点,切忌长篇大论,自我吹嘘,引起别人的反感。参观的时间不宜太长,并应安排休息室,里面备有茶水、饮料等,以供参观者中途小憩。参观活动结束时,可向来宾分发一些刻有组织名称的小型纪念品,以期给来宾留下深刻的印象和美好的回忆。还可以设置留言簿或意见簿,收集各方意见,以进一步改进工作,同时也给人留下谦虚谨慎的好印象。

## 三、记者招待会

记者招待会也称新闻发布会。在商务活动中,它常常被用来传播某新产品、新技术或达成某协议的信息;也可用来解释或反驳对本组织不利的社会舆论。

筹备记者招待会通常是秘书的职责。召开记者招待会,首先要确定主题,即:会上将宣布什么?或公布什么信息?还是就某一件事情进行解释,然后根据主题确定邀请范围。记者招待会顾名思义邀请对象主要是各新闻媒体的记者。邀请范围是指仅邀请本地区新闻媒体的记者,还是邀请省级,甚至是中央级的各路记者。范围确定后,应提前三四天将请柬寄送有关记者,便于他们安排。一些主要部门的记者,最好派专人送请柬,这样一来可以避免邮递的延误;二来可以当面得到记者是否能出席该招待会的反馈信息,便于事先调整安排。

为了使记者们对本组织所公布的信息有充分的理解,会前必须准备许多材料,包括口头的、文字的、实物的、视听的等等。如果有些产品是食用性的或是日常生活用品,还可以让记者们品尝或试用,以增加他们的感性体验。

对选择的会场,秘书应事先进行实地观察,不要临时发生问题,不得不更换地方,造成不必要的麻烦。还要事先准备好摆在桌子上的姓名牌和别在与会者胸前的胸卡,准备好录音辅助器材、电话、电传、电源等设备,以提供给报社、电台、电视台等不同新闻机构的记者使用。对所有新闻机构,不论其大小、级别,都应一视同仁;对其所派出的记者,都要热情接待。不能对某机构的记者热情有加,公开某些情况,而对另一些机构的记者却冷漠怠慢,守口如瓶。也不能把从某一记者处获得的消息转告给另一记者。对待记者厚此薄彼,是非常失礼的。再说,各机构的记者虽然有时为了抢新闻,会有一定的竞争,但大家毕竟都是记者,事后相互一笑了之,而你却夹在中间,落得个"里外不是人"。

记者招待会日期的确定,一要及时,如是介绍新产品,应在新产品出台前夕及时举行;二要避开重大社会活动,以免公众和新闻界的注意力他移,造成能出席你这个记者招待会的人寥寥无几。

会场的布置应庄重大方,会议桌可围成圆形,也可使用长方形桌子,并分别标明"记者席"、"工作人员席"等。如邀请的记者较多,还应排定座次顺序,并注意适当照顾有代表性新闻机构的记者。桌上还应事先摆放好文具用品、茶水、饮料等。

记者招待会一般以不超过二小时为宜。如时间不够,可安排下次再继续举行,并在散会前由主持人宣布下次开会的时间、地点。如有条件,会后还可以引导记者们作相应的参观或其他余兴活动。

记者招待会期间,对于本单位的内部工作人员应有严格的分工安排,以免到时候职责不明,引起混乱。

会议结束后,要大量收集到会记者在报刊上发表的稿件,进行归类分析。应尊重记者和各新闻机构的编辑思想,决不能使用威吓、指责或其他强迫手段阻止他们发表某项新闻;也不能以交情或业务上的利害关系,或以刊登广告为诱饵,强迫要求刊登某种报道。

**思考题:**

1. 怎样理解商务活动礼仪的基本要求?
2. 你能说出哪些国家和地区的商务礼仪?
3. 拜访和接待各需注意哪些礼仪?
4. 商务谈判礼仪有哪些环节?
5. 怎样做好展览会、参观活动、记者招待会的礼仪工作?

# 第八章 习俗礼仪

## 第一节 习俗礼仪综述

### 一、习俗礼仪的基本内容和特点

习俗指的是一个民族、一个地区的人们沿袭成俗的传统风俗习惯。习俗礼仪就是指在这些传统的风俗习惯中,已成固定形式,且为大家所公认的一整套行为规范,它在人们的心理定势中有相对的固定性。各民族、各地区的习俗礼仪主要体现在民间的节庆、婚娶、寿诞、丧葬、交际等礼仪中。

不同国家、不同民族、不同地区,甚至不同宗教派别的习俗礼仪,可谓种类繁多,丰富多彩。在长期的历史进程中,它已融入各地人民的日常生活中,成为整个人类社会生活以及文化领域的重要内容。作为一种文化现象,它又随着社会的发展变化而不断演变。秘书人员应当了解和遵守各地各民族特定的习俗礼仪,使它成为与各地、各民族人民增进友谊的纽带。

### 二、习俗礼仪的基本要求

#### (一)真诚与尊重

虽然不同地区、不同民族有不同的习俗礼仪,但透过这些外在形式,我们可以看到其核心层次的基本要求是一致的。真诚与尊重可以说是所有习俗礼仪中的第一基本要求。

真诚与尊重是相辅相成的。只有真诚地尊重对方,才能换取对方的真诚与尊重。具体来说,就是在待人接物中要做到"三不":不骗人、不虚伪、不侮辱人。我们都知道"狼来了"的故事,最后当狼真的来了时,那孩子再叫破嗓子也没人理他了,真如俗话所说"骗人一次,终身无友"。

在社交场合,真诚尊重他人就应该注意三点:第一,给他人充分表现自己的机会;第二,对他人表现出最大的热情与宽容;第三,永远给对方留有余地。据传,当年英国的温莎公爵宴请一位阿联酋的酋长,西餐中有一道是盛在精美玻璃器皿中的"洗手水",水面上还漂着几片菠萝。那位酋长不懂西餐,还以为是喝的水,于是端起来一仰脖子把水喝了个精光。这一下,举座皆惊。这时温莎公爵也端起了那碗"洗手水"一饮而尽。周围的陪客们纷纷醒悟过来,于是也纷纷端水一饮而尽,然后,满座响起热烈的掌声。这掌声是赞扬温莎公爵以自己的真诚和机智为客人避免了一场尴尬。事后,那位酋长非常感动。这个小故事可以给我们很多的启迪。

（二）平等与适度

平等是人们交往时建立友谊的基础。礼尚往来讲究的就是平等相待,即所谓"来而不往非礼也"。交往中平等待人的具体要求可以概括为"四不",即:不自以为是,唯我独尊;不我行我素,目空一切;不亲近疏远,厚此薄彼;不以地位取人,媚上欺下,而应当时时处处谦虚谨慎,以礼待人。

适度是指人际交往应把握分寸,俗话说"君子之交淡如水",说的也就是这个道理。"适度"的礼仪要求可归结为"六要",即:要既有礼又不拘谨,要既热情又不轻浮,要既自尊又不自负,要既坦诚又不鲁莽,要既信人又不轻信,要既练达又不圆滑。只有做到待人接物平等、适度,才能广交天下朋友。

（三）自信与自律

与人交往中,只有对自己充满信心,有一个健康的心理素质,才能处处不卑不亢,落落大方,给对方良好的印象,从而有利于进一步交往的开展。如果自己对自己都缺乏信心,别人就更不敢相信你了。"自信"的具体要求是:遇到困难不气馁,遇到强者不自惭,遇到弱者乐于相助,遇到侮辱敢于反击。

"自律"即自我约束,自我控制的意思。古人崇尚"慎独",就是要求人们在自己心中树立起一种内心的道德信念和行为修养准则,从而升腾起一种内在的人格力量,使自己无论处在什么环境,无论周围是否有人看见,都有足够的内在力量约束自己。古人所说的"富贵不能淫,贫贱不能移",即是这种人格力量的体现。我们应该继承这笔宝贵的精神财富,在人际交往中真正做到自我教育,自我管理,无须别人的提醒和监督。

一个自信、自律的人,定是一个广受欢迎的人。

(四)守信与宽容

守信就是指"守信用、讲信誉"的意思,这是我们中华民族的美德之一。古人常言:"与朋友交,言而有信"。在人际交往中,"守信"的具体要求是:守时守约,言必信,行必果。也就是说,与人约定的会见、会谈、会议等,决不食言失约或拖延迟到;与人约定的事,答应他人的事,一定要说到做到。因此,在社交场合,如没有十分的把握就不应轻易许诺别人,免得将来因做不到而失信于人。

"宽容"是一种较高的境界。《大英百科全书》对它的解释是:"宽容即是容许别人有行动和判断的自由,对不同于自己或传统观点的见解的耐心公正的容忍"。在人际交往中,宽容就是要与人为善。它的具体要求是:理解他人,体谅他人,设身处地为他人着想,即使你不赞同对方的观点,或不适应对方的风俗习惯,也不应当嘲笑或攻击,而应当表现出最大限度的理解和容忍;对一些事情的处理,也应当体现出宽阔的胸怀,而决不斤斤计较,求全责备,甚至耿耿于怀,"得理不饶人"。

一个守信和宽容的人,不论与哪个国家、哪个民族的人打交道,都能很自然地创造出和谐的人际关系。

## 第二节　中国习俗礼仪

### 一、中国民间主要传统节庆习俗礼仪

(一)春节

春节又叫"过年",是我国汉族和少数民族最盛大、最热闹的传统节日。时间为农历正月初一,约在公历的一二月间。这个时候正是"秋收冬藏"和"春播夏耘"的农闲季节,因此,按传统习俗,春节庆祝活动要持续5天。自古以来,人们在春节期间,亲人团聚、辞旧迎新、走亲访友、郊游娱乐、欢庆丰

收、祝福来年,形成了许多有趣的风俗习惯。

**1. 拜年**:春节期间人们见面都要互相祝福,说一声"新年好"、"恭贺新喜"、"恭喜发财"等,这个习俗叫做"拜年"。古时候给长辈拜年真的要磕头跪拜,平辈之间也要躬身拱手,现在这些都不必了,只要口头上互道祝福就可以了。

**2. 贴"福"字**:我国农村中,到了过年时节,家家户户的门上,都喜欢贴上一个用红纸剪成的"福"字。有时还要把"福"字倒过来贴,其谐音就是"福到"的意思,表达祈福来年的良好愿望。

**3. 贴"春联"**:除了贴"福"字,家家户户还要在门上或大门的两边贴上大红纸上写着吉祥联语的对联,以烘托春节的喜庆气氛。如一千多年前五代十国时期的后蜀皇帝孟昶撰写的、被公认为是最早的一副春联:"新年纳余庆、嘉节号长春"。现在的春联内容更为丰富,除了祈福,祈丰收外,还有歌颂党的方针政策的,有庆贺四化建设新成就的,也有颂扬新人新事、新风尚的,如:

例(1):辞旧岁畅叙成就形势好
　　　　迎新春展望前程干劲高

例(2):革命前辈艰苦奋斗创大业
　　　　有为后代壮志凌云展宏图

**4. 放"鞭炮"**:"鞭炮"又称"爆竹"、"炮仗",是在纸筒内装火药、药线,一点火,就会炸响。古时人们在春节期间都要点燃"炮仗",借以驱除"恶魔鬼怪",迎接新春。这个习俗沿袭至今。

**5. "压岁钱"**:春节期间,晚辈给长辈拜年,长辈要给晚辈"红包",即用红纸装钱,作为给晚辈"镇邪去魔"的护身符,称作"压岁钱"。在古时,长辈是把"压岁钱"在除夕夜塞在晚辈的枕头下的,所以有"儿童度岁,长者与以钱,贯用红,置之卧所,曰'压岁钱'"的说法,至今仍有此风俗。

**6. 除夕**:春节的前一天是农历年的最后一天,叫"除夕"。古人在这一天夜晚,要击鼓驱逐"疫疠之鬼",以迎接新年的第一天。家家户户在这一天都要全家聚餐吃"年夜饭"。这顿饭,菜肴十分丰富,全家人围在一起共享天伦之乐,一直要延续到深夜十二点听着钟声敲过十二响。还要到门外放"炮仗",在一片"噼噼啪啪"声中,迎来正月初一的"春节",这叫"守岁"。中国人至今仍很重视这顿"年夜饭",在外地工作的家人总是千方百计要在除夕这天赶回家团聚,赶着吃上这顿"年夜饭"。

### 7. 少数民族"春节"习俗

正月初一的春节,也是我国各少数民族的重要节日,各族人民庆祝春节的活动,具有各自浓厚的民族特色,这里择要简介如下。

(1) 壮族:壮族是我国人数最多的少数民族。在春节的前一天,即除夕,就要做好一种叫"五色饭"的花糯米饭,称为"压年饭";还要做"五色蛋",即把染成五彩缤纷的熟鸡蛋、鸭蛋,串成一串,挂在小孩子的脖颈上,预兆来年五谷丰登。有的人家用糯米包制成的粽粑,一只就有一尺多长、五六斤重,人口少的一家人一顿也吃不完。大年初一清晨,人们早早就起床,穿上新衣,燃放爆竹迎接新年。妇女们都要争着去井边或河边"汲新水",表示新的一年开始了。

(2) 蒙古族:我国蒙古族也是人数较多的少数民族之一。蒙古族人把春节称作"大年",古时也称作"白节",因为蒙古人以"白色"为吉祥。除夕夜,全家围坐吃"手抓饭"。然后,下蒙古棋、听马头琴、唱歌跳舞等。正月初一大清早,穿着各种蒙古服的男女骑上骏马要去"串包",即挨个地串门——串蒙古包,给长辈们叩头祝福。主人家的女婿要为前来串包的客人敬酒。这种酒是客人们必须喝的,然后边歌边舞。青年男女还利用串包的机会赛马,大家互不相让,气氛热烈。

(3) 藏族:藏族人民的藏历年节,称为"洛赛节",与汉族的春节相似。除夕那天最热闹,人们要穿上鲜艳的衣服,戴上假面具,吹响唢呐、海螺,鼓乐齐奏,在寺庙前举行隆重而盛大的"跳神会",男青年们狂舞高歌,表达除旧迎新、驱邪祈福的心愿。人们还要在房顶燃起象征吉祥的松脂守岁。初一大清早,妇女们便纷纷去山脚下背"吉祥水",祝愿新的一年吉祥如意。按照藏族的传统习惯,大年初一不外出作客,要全家团聚举行家庭式的新年仪式,桌上摆放染了色的麦穗和酥油面塑的羊头等,全家一起喝青稞酒、吃酥油煮熟的人参果。过年期间,各地都表演藏戏,跳锅庄和弦子舞,还要举行赛马、拔河、角力、投掷、射箭等各种体育比赛活动。

(4) 苗族:苗族人民过年,要在除夕夜吃全家团聚的"团年饭"。他们有吃酸性食物的传统习惯,家家户户都有酸坊,制作酸鱼、酸菜和其他酸性食物。"团年饭"上除了有各种酸食外,还要准备包谷烧酒、香腊肉等。在吃"团年饭"之前,还有一个特别的仪式,即:主人先要在门前挂上懒力巴枝条、包泡刺藤、菖蒲等植物,借以祛邪消灾;然后主人戴上钢盔,穿上铠甲,手持梭镖,独自躲在大门角落里,警惕地窥视塞外,表示为保卫幸福的年关,戒备野兽和外族的侵犯。古时候,这种做法有其现实意义,但经过漫长的年月,它已演变成了一种特异的年俗而流传至今。

(5) 土家族:土家族过年叫"玩年"。按习俗,他们在吃"团圆饭"时,一定要有"坨坨肉"和"合菜",以纪念祖先。春节期间,土家族不仅要跳"社粑粑",演"茅故事",而且还要举行隆重的摆手舞会,土家话叫"舍日巴",是土家族非常流行的一种古老舞蹈,包括狩猎、军事、农事、宴会等70多个舞蹈动作。届时众人聚集在摆手场,击鼓鸣锣,以摆手唱歌自娱自乐。夜晚,摆手场四角要燃起熊熊火炬,场上一片通明,人人载歌载舞,气氛很是热烈,有浓郁的民族特色。摆手舞从正月初三开始一直举行到正月十五为止。

有些地方的土家族过年时还有一个独特的习俗,就是献花给大公鸡。如湖南、广西相邻一带的土家族姑娘们,春节期间要采摘许多映山红装饰房间,并要把最美丽的一枝插在鸡窝上,献给每天报晓的大公鸡。

(6) 黎族:聚居在海南岛上的黎族人民能歌善舞,逢年过节,大家都要跳"竹竿舞",进行"跳竹竿"表演,这也是年轻人择偶求婚的好机会。春节期间,家家户户还要宰猪杀鸡,拿出一种黎家人最爱吃的传统菜叫"腩杀",全家围坐在一起吃"年饭",唱"贺年歌",还要嚼槟榔。初一、初二,全村的青壮年男子要举行一次"春节围猎",这一天的猎物归全村共享。分猎物时,先将全部猎物的一半发给第一个射中猎物的人,另一半由大家平分,而孕妇可分得两份。有趣的是,如此时过路人恰巧经过该村,也可分得一份。

(7) 彝族:彝族人有的过彝历年,有的与当地汉族同过春节。过年时,他们要在门前树立青松,以松针铺地,表示祛灾消祸;还要杀猪宰羊,吃"坨坨肉",亲朋、邻居之间互相拜访,互赠肉类和馍馍。大年初一清晨的第一件事就是挑水回家,他们把一碗水和昨天的水比重量,如果新年里第一天的水重,就表示今年一定雨水充足、五谷丰登。节日里青年们还要跳一种叫"阿细跳月"的舞蹈,男奏女舞,充满乐观的生活气息。

(8) 侗族:侗族在春节期间盛行一种"芦笙会"(又叫"打侗年")的群众活动。这种活动一般由两个邻近的村庄共同商定举行,两队青年在广场上进行芦笙歌舞比赛,两个村庄的其他群众随着乐曲,跳起欢快的舞蹈。如果春节里去侗家作客,那么女主人一定会用独特的"打油茶"敬客。喝油茶只用一支筷子,每人至少喝三碗,不然主人会不高兴;喝完三碗不再要时,一定要把一支筷子架在碗上,否则主人会不断给你盛来。

(9) 白族:白族自称"白尼"、"白子",是"白人"的意思。过年时,不分早晚,第一道菜一定是酸辣味的凉拌菜。他们还喜欢吃生肉、生螺蛳,爱喝烤茶。大年初一鸡叫头遍时,各户户主都要到野外汲一桶河水回家,称之为"汲春水"。天亮后打开家里大门时,要放鞭炮。春节里还举行一种"放高升"的庆祝活动,就是用整根的大竹子,在每个竹节里装上火药,点燃后可以把整根竹子崩上天空几百米高,很是壮观。有的地区,白族与苗族、壮族的青年们都要在春节到元宵节这段时间里,举行"抛绣球"活动,互相选择意中人。

(10)傣族:泼水节是傣族的传统新年习俗,时间为谷雨开始,大家要狂欢三四天,不分男女老少、长幼尊卑,人们相互泼水,表示洗去身上的陈土旧灰,祝福新的一年健康幸福。

(11)布依族:布依族有一个独特的风俗,就是除夕夜家家户户都要全家出动,在水塘边通宵达旦地守岁。天蒙蒙亮,姑娘们就争先恐后地打水。据说最先挑回第一担水的姑娘,将来一定幸福。

(12)傈僳族:傈僳族人称过年为"盍什"。过年时,家家都要做一种叫"籼头粑"、"糯米粑"的点心,还要酿水酒。并把第一次做出来的粑粑放一些在桃、李等果树上,祈愿新的一年硕果累累。青年男女要举行打靶比赛,姑娘们把绣好的荷包吊在竹竿上,让小伙子们射击。姑娘们事先准备好美酒献给得胜者。云南怒江地区的傈僳族人,过年时的第一件事是给耕牛喂食盐,以犒劳辛苦了一年的耕牛。

(13)朝鲜族:朝鲜族聚居的延边朝鲜族自治州,素有歌舞之乡的美称。每逢过年,他们都要举行规模盛大的民族运动会,进行传统的体育比赛,如足球、排球、摔跤等。最独特的比赛要数"秋千"和"跳板"了,参加者都是朝鲜族女性。节日里,朝鲜族人拿出传统的食物招待客人,如泡菜、打糕、明太鱼、狗肉等,还有一种叫"麻格里"的家酿米酒,类似汉族的黄酒。

(14)满族:满族分"红、黄、蓝、白"四旗人。春节时,这四旗人各自在自家门上分别贴"红、黄、蓝、白"四色的挂旗,虽然颜色不同,但这些挂旗的图案都很优美,象征新年的吉祥开端。除夕要吃饺子,吃手扒肉,但忌吃狗肉,也不戴狗皮帽子。满族人喜吃甜食,年节里家家都要做饽饽、汤子、萨其玛等富有民族风味的点心。

(15)鄂伦春族:生活在东北的鄂伦春人,春节一大早,先要在家族中按辈分斟酒,年轻者给年长者叩头,平辈之间相互请安,初二、初三要进行赛马。正月十五要吃最丰盛的酒菜。正月十六早上,进行有趣的、充满民族特色的活动,即相互抹黑脸活动,年轻人给老年人抹黑脸前,要行叩头礼。

（16）达斡尔族：达斡尔族人春节早上,青年男女都要打扮一新,先向长辈请安、行礼、敬酒,然后挨家挨户拜年。每家都必须准备好许多蒸糕,拜年的人一进门就要抢吃蒸糕。据说吃了蒸糕之后,生产和生活才能"年年高"。

（17）赫哲族：春节里,人们要穿上新的兽皮服装。这种服装在衣领、袖口、裤腿、裙围、帽耳、鞋面上绣着美丽的花纹,很是别致。家家户户要做"吐火宴",用一种"稠李子"的野果制作成饼子,餐桌上摆满鱼、兽类肉等食品。如有客人来,他们会以"塔拉哈"招待客人,即把鱼活杀后,整条烤熟了请客人吃。节日里,还有各种文体活动,如有艺人演唱"依玛堪"（民间说唱活动）和叉草球比赛等。

（18）仫佬族：仫佬族人过年时,从正月初一到十五,人人都要穿上节日盛装,聚会在山坡上或赛场里唱山歌,尽情歌唱劳动、生活和爱情,人数可以是几十人、几百人,乃至几千人,颇为壮观。

### 8. 台湾同胞春节习俗

在台湾,除夕夜全家人都要围坐一起吃火锅,叫"围炉"。如果家里有人在外工作,来不及赶回,"围炉"时也要空出一个座位,把这个人的衣服放在空位上,表示全家人对他的思念和尊重。"围炉"时很讲究"讨口彩",即桌上的每样菜都象征着吉利,如：象征着团圆的"三元",由鱼圆（丸）、肉圆、糯米珍珠圆组成；萝卜,台湾人叫"菜头",意为"好彩头"；鸡,台湾语谐音"家",意为"食鸡起家"；蚶,台湾语解作"胖",吃蚶,取意"发财发福"；吃油炸食物,表示"家运兴旺"；桌上的蔬菜,不能用刀切碎,连根煮熟,吃时也不准咬断,而是慢慢地把整棵菜吃下去,表示祝父母长寿。"围炉"时,对桌上的每样菜,每个人都要吃一点,平时不喝酒的妇女,这时也应象征性地喝一口,以讨吉利。

春节里,台湾人也要相互拜年,叫"走春"。走春的人每到一家,都会受到热情的款待,宾主彼此间要说些吉利话。客人告辞时,宾主要相互向对方的孩子送红包。还有一种习俗叫"吃长年菜",就是把茎叶很长、带有苦味的芥菜,整棵煮熟,再加上一些长长的粉丝,据说吃了之后可以长生不老。

过去在台湾,过年时一些寺庙演戏,那些到年关还无法还清债务的人,只要去看戏,债主就不能去讨债。所以,这戏就称为"避债戏"。人们只要从除夕一直看到新年的早晨,就算渡过难关,可以回家过年了。如今台湾一些农村里仍保留着这样的习俗。

### (二) 元宵节

正月十五是民间传统的元宵节,又称"上元节"或"灯节"。这一天,街上高高挂满五彩缤纷的花灯,个个小孩手里都要拉个"兔子灯"。东北和新疆等高寒地区,还要用冰制作成各种形态的冰灯。各家店铺、各户居民,都纷纷在门前挂上彩灯,许多彩灯上都写有谜语,供大家竞猜。晚上,还要放焰火,吃元宵。所谓元宵,就是有馅的糯米汤圆。这馅一般用各种果饵制成,煮熟了吃,香甜可口。

除了吃元宵、扎彩灯、猜灯谜外,元宵节还要耍龙灯、舞狮子、踩高跷、划旱船、放风筝等。民间还盛行"祭门"、"祭户"、"逐鼠"、"迎紫姑"等活动。"祭门"、"祭户"是古代"七祭"中的两种,祭祀时,把杨柳枝插在门户上方,把一双筷子插入一碗豆粥中;或把酒肉放在门前。"逐鼠"活动,就是养蚕的人家在正月十五熬上一大锅粥,用碗盛上粥,上面再铺上一层肉,放在老鼠经常出没的地方,希望老鼠吃了粥后不再吃蚕宝宝,边放嘴里还边念念有词,诅咒再吃蚕宝宝的老鼠不得好死。

### (三) 清明节

每年公历四月五日前后,是民间传统节日——清明节,它是我国农历二十四节气之一。我国自古以来就有清明节祭祖、扫墓、踏青的习俗。扫墓时,人们带去各种食品和酒,到坟前祭奠、供奉先辈,还要跪拜、叩头、点香、烧纸钱并整修坟墓周围等。现今清明扫墓已从祭扫祖先墓发展为祭扫烈士陵园、缅怀革命先烈的革命传统教育活动。

清明节还有折柳插柳的习俗,即家家户户把柳条插在井边,很容易成活。相传这是为了纪念教民稼穑的神农氏,也是成语"井井有条"的来源和清明节植树的由来。

### (四) 端午节

每年农历五月初五,是传统的"端午节"。端午节又称为"端五节"、"端阳节",相传是为了纪念楚国诗人屈原。但据考证,这个节日起源于更早的古代夏族人对传说中的祖先"龙"的祭祀活动。这一天,人们要吃粽子、赛龙舟。粽子,就是一种把糯米等包在苇叶里煮熟的食物。据说当年屈原投江后,人们就把粽子扔进江中,一是祭祀屈原,二是希望水里的鱼和蛟龙吃粽子而不去伤害屈原的尸体。划龙船也表达了当时人们要抢救屈原的迫切心情。这些都被后世沿袭下来,形成了今天端午节吃粽子、赛龙舟的习俗。

在屈原的故乡湖北秭归地区,端午节里,家家户户大门口两边都要挂上野生植物菖蒲和白艾,用以驱邪消毒。人们还要穿上节日盛装,手提用五彩丝线缠绕的粽子,去江边看赛龙舟。江面上,满是各种色彩的大小龙舟,在锣鼓声、鞭炮声和人们的欢呼声中,龙舟如梭似箭,竞相飞渡,很是壮观。赛龙舟后,人们争先恐后地把带来的粽子投入江中,悼念屈原。夜晚,人们还要举行各种小型聚会,或在月光下到屈原的衣冠冢前祭祀、瞻仰。如今,闽、粤等地也很盛行龙舟竞渡的礼俗。

### (五)七夕节

农历七月初七,是民间传统的"七夕节",又称"女儿节"、"中国情人节",因为相传那天是牛郎织女鹊桥相会的日子,故有此名。在北方农村,这一天妇女们要摆上瓜果,向织女"乞巧",即希望织女把一手巧艺传给人间。有的地方到这一天要把新出嫁的女儿接回娘家,据说是生怕王母娘娘看到新婚夫妇的幸福生活后强迫他们分开,故采取这种暂时分离的办法,避开王母娘娘,以求今后的长久团圆,所以有的地方又称这一天为"避节"。

### (六)中秋节

农历八月十五,是民间传统的"中秋节",俗称"团圆节"。它是我国仅次于春节的第二大节。由于金秋八月,天高气爽,月亮显得特别圆满、明亮,因此自古以来人们就有中秋赏月、拜月、祭月的活动,届时还吃月饼,饮桂花酒,到钱塘江观潮等。月饼,也叫"团圆饼",形状圆圆像月亮,味道甜美可人心。因此,月饼就成为中秋节人们互相馈赠的礼品。吃月饼,则表达了人们思念亲人、祈盼团圆的心愿。

### (七)重阳节

农历九月初九,是传统的"重阳节",也称"茱萸节"、"菊花节",又是我国的"敬老节"。九月份天高云淡,五谷飘香,人们在这一天要远足踏青,爬山登高,喝菊花酒,佩茱萸,吃重阳糕。重阳糕,即是用麦粉蒸的甜糕,上面放有红枣、莲心、蜜饯等,松软可口,切成巴掌大小的菱形,上插五颜六色的小纸旗,敬给老人食用。相传,吃了重阳糕就能健康长寿。

## （八）腊八节

农历十二月初八,是传统的"腊八节"。这原本是佛教节日,后来宗教色彩日渐淡化,成为民众的节日。这一天,民间家家户户都要熬制别具风味的"腊八粥",即用五谷杂粮加上各种干果、糖煮成粘粘、甜甜的粥。杂粮干果的品种视各地物产情况,有多有少,但习惯上不少于八种。常用的杂粮干果有:糯米、大米、小米、玉米、花生、核桃、莲心、赤豆、米仁、芸豆、杏仁、白果、瓜子仁等等。吃"腊八粥"表示喜庆丰收,祈福来年。现今市场上有卖的罐装"八宝粥",即源于此。

## 二、民间贺仪与丧仪习俗

### （一）婚礼习俗

由于缔结婚姻是一个人的"终身大事",因此,婚礼被视为人生礼仪中最隆重最热烈的一大礼仪。过去,我国各民族的结婚礼仪习俗非常复杂严格。随着社会的发展,古老的习俗发生了很大变化,现在年轻人的婚礼仪式,带有中西合璧色彩的时代烙印,总体上趋向文明、简朴、活泼、自由,形式也多种多样。目前常见的婚礼仪式有:

**1. 传统式婚礼:**(1)请证婚人、介绍人、主婚人入席;(2)全体起立;(3)鸣放鞭炮,奏喜乐;(4)童男童女撒喜花,迎接新郎新娘入席;(5)新郎新娘向长辈、亲友行鞠躬礼;(6)新郎新娘互行鞠躬礼;(7)新郎新娘向来宾行鞠躬礼;(8)主婚人讲话;(9)双方家长讲话;(10)介绍人、尊长、来客代表讲话或致祝辞;(11)新郎新娘致答谢辞;(12)鸣放鞭炮,奏喜乐,礼毕;(13)宴会开始。

**2. 酒宴式婚礼:**民间婚礼一般不讲究严格的结婚仪式,只是由结婚当事人在饭店、酒家预订宴席若干桌,邀请男女双方的亲朋好友、同事、邻居等欢聚一堂,庆贺结婚。宴席上也仅由长者宣布××与××正式结婚,并致简短祝词即可。席间,新郎新娘轮流到各桌敬酒,向亲友致谢。

**3. 家宴式婚礼:**新郎新娘在自己家里宴请亲朋好友,正式宣布婚姻关系。在我国广大农村,大多采取这种婚礼形式,而且婚礼往往要举行几天,分批宴请客人。

**4. 茶话座谈式婚礼:**结婚当事人假座某会议室、小饭厅或活动室、办公室,略备茶点,邀请亲朋好友、单位同事和领导等聚集一堂,按一定程序举行婚礼。这样的婚礼一般由结婚当事人与所在单位或群众团体共同出面筹办,如部队官兵举行婚礼,大多采取这种形式。

**5. 集体婚礼**：集体婚礼一般由地方政府民政部门,会同工会、共青团、妇联等社会团体,还可以有企事业单位、行政机关参与,出面组织筹办,公开向社会招募自愿参加集体婚礼的新人。往往少则几十对,多则上百对新郎新娘,届时在公共场所,按一定的程序,举行公开、热烈而隆重的结婚典礼。如上海地区较有影响的"玫瑰婚典",即是这样的集体婚礼形式,礼毕后往往还举行舞会、音乐会、文艺演出等。

**6. 旅行结婚**：旅行结婚的形式由新婚后旅游度蜜月的西方风俗演变而成,被越来越多的现代青年所接受。新郎新娘以旅行替代婚礼,或到外地亲友所在地旅游,或到国内外的大城市和游览胜地旅游。

**7. 其他婚礼形式**：随着社会的发展,文化素质的提高,现代人还创造了许多新的婚礼形式,如可以在指定的地点,新郎新娘共同植树,作为结婚典礼;也可以包租一场电影晚会,招待所有的亲朋好友、同事、邻居等,特别是农村,以此招待全村或全乡的男女老少,以表示新婚喜庆;也可以以新郎新娘的名义举行舞会庆贺婚礼;甚至可以不举行任何结婚仪式,新郎新娘办理结婚登记手续后,分发喜糖给亲朋好友就可以了。

要补充说明的是,无论是采取哪种婚礼形式,一般都有"闹洞房"的风俗习惯,或是在举行婚礼的当晚,或是另约时间。"闹洞房"一般是邀请一些亲友到新房参观,届时亲友们"嬉闹"一阵,内容以要求新郎新娘讲述恋爱经过,开展一些旨在让新郎新娘表示亲热的小游戏为主。

一般来说,被邀请参加婚礼的宾客,应当给新郎新娘送结婚贺礼。这贺礼要适合受礼者的身份、情况及需要,常见的有：喜联喜幛、花篮花束、生活日用品、工艺装饰品、贺函贺电、现金等等。

（二）寿庆习俗

寿,是岁数大,长命的意思。我国古代的寿庆活动通常从 40 岁开始举行,现代一般要从 60 岁开始时才"祝寿"。60 岁以下的人庆祝生辰,只说"过生日"。做寿时,一般由子女或最亲近的亲友出面,先发请帖,通知寿期,邀请亲朋好友届时赴宴祝寿。旧时做寿,家里要设好寿堂,在厅堂正面墙上要用红纸或红绸剪一个很大的"寿"字贴上,楹柱上还要贴上寿联。宴席开始前,全家要向寿堂行礼,来宾行礼时,寿者的子女就站在一旁代为一一答礼。现在的寿庆礼仪也已具有中西合璧的色彩。城里人喜欢在家里或饭店里举办宴席庆贺寿辰,还可有生日蛋糕、生日贺卡、生日舞会等;宴席上宾客齐唱"祝你生日快乐"的歌,寿者还要吹灭蛋糕上的蜡烛,分切蛋糕给来宾,大家要为寿诞者的健康长寿干杯等。而在农村,除了家里办宴席外,还可以放电影、演戏、变魔术、放焰火、猜灯谜等形式来庆贺寿辰。也有更简朴的形式,即不办宴席,只是合家团聚,以吃长寿面或糕团、生日蛋糕来为寿者祝寿。

通常,接到请帖的亲友要准备寿礼。过去寿礼大多为糕、桃、烛、面、寿幛、寿匾、寿联、现金等,现在亲朋好友多送衣服、衣料、蛋糕、工艺品、现金等。

(三) 丧葬习俗

我国传统把丧事看作与婚事同等重大,习惯称为"婚丧大事"或"红白喜事"。传统的丧葬礼仪以汉族的土葬为代表,现代以火葬为主。

我国古代的丧葬礼仪分丧礼、葬礼、服丧三个部分,非常繁琐复杂。所谓丧礼,就是临终前后的习俗礼仪。当死者临终时,要把他放到正厅的床上,头朝东,家人要围在他的周围,不得喧哗。当咽气时,与死者性别相异的家人绝对不能握死者的手足。因为当时人们认为,如男子死在女子手中,或女子死在男子手中,都是不吉利的。接着要将遗体抬到南窗下的床上,盖上新被子,并将珠玉等放入死者口中,使口不闭合。然后要进行"招魂"仪式,即由仪式主持人爬上屋顶,挥动寿衣,向北面空中大声呼喊三次:"××,你回来呀!"表示再次挽留死者。接着将招过魂的寿衣覆盖在死者身上,表示魂魄又回到了死者身上。接下来给死者洗浴,向亲朋好友发出讣告。第二天举行小殓,即为死者穿入棺的寿衣;第三天举行大殓,即将遗体入棺,故又称"殡仪"。家中要设灵堂、制牌位,孝子孝女要守灵。吊丧期间,家人禁洗面垢,妇女忌涂脂抹粉,都要穿白色孝服、白帽、白鞋、白腰带,平日忌酒肉,吃素菜淡饭,以示哀恸。来吊唁者应向丧家赠送衣被等。

所谓葬礼,即下葬时的习俗礼仪。在家里停柩一段时间后,要择日下葬。下葬前一天,要将灵柩移至祖庙停放,孝子们袒胸顿脚恸哭,举行祭奠仪式。下葬之日,也要举行一定仪式后才柩车出动。前面有"丧祝"(引路人)和"方相"(专事驱鬼的、扮相凶恶的巫师)开道,接着是明旌(上书"××

之柩"的旗子)、灵牌、柩车,后面跟着丧家主人和众亲友及宾客,一路哀哭直至墓地。柩置席上,柩上覆盖明旌下葬。等下棺之后,众人要屈膝下跪,以额触地,极尽哀思。

所谓服丧,即在死者下葬后的一段时期,亲属们应完成的一系列习俗礼仪。儿子为去世的父母服丧守孝,要在灵堂旁搭建的茅庐里睡草垫、枕土块十一个月,二十七个月后方可除丧服。女儿也要为父母服丧守孝,但不用住茅庐、睡草垫。出嫁的女儿要回娘家奔丧,十一个月以后可以回夫家。

下葬以后,在民间还有为死者焚烧用纸扎成的纸屋、纸箱、纸俑、纸钱的习俗,到现代已演变为焚烧锡箔、冥币的习俗,表示为死者送钱币,以改善死者在阴曹地府的生活。随着佛教的传入和道教的兴盛,民间的丧葬礼中普遍增加了做"斋七"的追荐仪式。做"斋七"又称"做七"、"作七"、"烧七"。即人死后,每隔七天,丧家要做一次佛事,请僧人或道士诵经设斋祭奠死者,依次至七七四十九天而止。在此期间,丧家人不宜外出作客。头七起就要设灵座,供木制牌位,每天早晚要在灵前供奉食物,家人天天哭拜,以超度亡灵。到了"五七",要比较隆重地设斋追荐死者,又称"做道场"、"做五七"。到了第四十九天,七祭已满,丧家要举行十分隆重的祭奠仪式,祭毕,家人方可烧掉丧服和期间的一些用品,并撤掉灵堂。有的地方还有百日、忌辰(逝世周年)的祭祀仪式,人们认为这样做,可以得到祖先在天之灵的保佑,因此这些习俗在民间至今仍有流传,当然形式已经趋于简化。

除了土葬外,我国西南地区包括台湾等地,过去曾流行"悬棺葬",即将死者遗体放入棺内再置于悬崖上使之风化的葬法。葬时先在崖壁上凿孔打桩,然后将棺柩置于木桩之上,或将棺柩一头置于崖穴中,一头架于木桩上。现台湾高山族人仍存此俗。

在我国南方更广阔的地区,过去还有与"悬棺葬"相类似的"崖葬",葬尸多用木棺、石棺、陶棺和布袋;葬骨灰多用小匣、小函或陶瓮。在西藏地区,还有"天葬"和"水葬"。"天葬"也称"鸟葬",即将死者遗体置于露天让飞鸟啄食的葬法,意味着死者的灵魂随鸟一起升天。"水葬",即将死者遗体投于江河湖海中的葬法。在西藏,一般是凶亡或因传染病而死者才行水葬。除我国西藏,印度、波利尼西亚等地也有水葬。

到了近代"五四"运动以后,受新思想、新文化的影响,丧葬礼仪不断简化,当时的国民政府内政部大学院礼制服章审订委员会于1929年10月,拟定了一个《丧礼草案》,就体现了我国近代丧葬礼仪习俗的概况,现简单介绍如下。

## 丧礼草案

一、报丧：死者殁后，家属通知亲友，或用讣帖，或登报。

二、视殓：①告殓；②陈殓具；③入殓；④盖棺；⑤丧主向灵前行三鞠躬礼，亲友向灵前行一鞠躬礼，丧主谢襄殓者行一鞠躬礼。礼成。

三、受吊：来宾至灵前行三鞠躬礼，行礼时奏哀乐。礼毕，丧主致谢，行一鞠躬礼。

四、祭式：①肃立；②奏哀乐；③主祭者就位；④参灵，向灵前行三鞠躬礼；⑤献祭品（限香、花、果等），奏乐；⑥读祭文；⑦辞灵，向灵前行一鞠躬礼；⑧奏哀乐。礼成。

五、别灵：①来宾辞灵礼：就位；奏哀乐；向灵前行三鞠躬礼。礼毕，丧主辞谢，行一鞠躬礼。②丧主辞灵礼：就位；奏哀乐；向灵前行三鞠躬礼。

六、出殡：铭旌在前，次挽联花圈，次乐队，次像亭，次送殡者，次丧主，次灵柩。

七、丧仪：①丧主行告别礼：就位；奏哀乐；读告窆文；行三鞠躬礼。②丧主祭墓礼：就位；奏哀乐；向墓前行三鞠躬礼。③送殡者参墓礼：同上，礼毕，丧主致谢，行一鞠躬礼。

附则：

(1) 殓服。礼服或常服（附身以衣衾为限，不得用金玉珍玩等物）。

(2) 丧服。白衣白冠。

(3) 旧俗所用僧道建醮，一切纸扎冥器、龙杠、衔牌及旗锣鼓伞等，一概废除。

(4) 纪念死者，可用遗像，载明生卒年月及年岁等。如用神主，题主旧礼应即废除。

(5) 丧事从俭。奠仪以挽联、挽幛、香花、赙仪、花圈等为限。此外如锡箔、纸烛、冥器、纸盘等物，一概废除。

由于当时还没有普遍实行火葬，因此常是在殡仪馆举行吊丧仪式，而在墓地进行葬仪。现在我国普遍实行火葬，更为简朴的丧葬礼仪也逐渐成为民间习俗。通常的做法是：

（一）报丧：亲人去世后，及时向家族和亲友报丧，可以是口头、电话、书信等形式。对离家较近的亲友,宜亲身前往报丧;对离家较远的亲友,可用电话、电报或快信等报丧。注意信封宜用白色的,书写黑字。收信人姓名下面应写"礼启"或"素启"字样。报丧信内容应简明扼要,主要写清逝者的身份、病因、逝世日期及开追悼会的地点和日期。

（二）准备花圈：亲朋好友和逝者生前工作过的单位与部门,都应向逝者敬献花圈。花圈可以用松枝、鲜花制作,也可用绸缎或塑料花制作,现在殡仪馆里都有出租的各种类型的花圈、花篮,也可事先定做,更为简便。花圈的白带上应题词。题词的上联应写称谓,对家人、亲戚可写"××（称谓）千古";对同事、同学和外单位业务关系人士等可写"××同志安息"、"沉痛悼念××同志"。下联应写清与逝者的关系,对亲戚可先写称谓后写姓名,如"侄儿××敬挽",对同事同学或单位人士一般写"××敬挽"。对父母、夫妻不能写"敬挽",而应对父母写"泣血"或"泣挽";对夫妻写"泣泪"。

（三）举行追悼仪式：现一般都在殡仪馆以开追悼会的形式来悼念逝者。开追悼会的一般程序是：

1. 事先布置追悼会会场：在会场的中央放遗体,前上方悬挂遗像。会场中央上方悬挂横幅,白纸黑字书写"×××追悼会"字样。遗体两旁安放主要亲属赠送的花圈。

2. 由事先委托的逝者亲友,在会场门口代表家属迎候其他亲友和来宾,发放黄花和黑纱。黑纱戴在左臂,黄花可佩在胸前。

3. 主持人宣布追悼会开始,奏哀乐。众人低头默哀。

4. 由治丧委员会代表或主要领导或逝者家属代表宣读悼词。

5. 来宾致哀辞或发言。

6. 众人绕遗体一周向遗体告别。

7. 众人向逝者亲属表示慰问。

8. 在哀乐声中将遗体送走火葬。

9. 追悼会结束。

我国民间历来有在参加亲友丧仪时送奠敬（钱、物）的习俗。奠敬的数额应尽力而行。其意义一是对逝者表示祭奠;二是借此资助丧家办丧事费用。城里人一般习惯送现金或绸缎被面等;在农村,还有按旧俗赠送白布和大米的做法。作为丧家,在办完丧事后,一般都有请亲友们"吃豆腐饭"的习俗,一来是酬谢诸亲好友的盛情厚意,二来亲友们也可借此机会宽慰逝者家属。

## 第三节　外国习俗礼仪

### 一、外国民间主要节庆习俗礼仪

（一）圣诞节：公历十二月二十五日，相传是耶稣诞辰纪念日，这是天主教徒和基督教徒的盛大节日，称为"圣诞节"。今天，圣诞节已超越了宗教的范围，成了整个西方国家的重要节日。在欧美许多国家，圣诞节比新年还隆重，各国都要举行盛大的狂欢活动，放"大假"，即从十二月二十五日放假，一直延续到明年的一月六日。

为了庆祝圣诞节，家家户户都要在节前布置居室，圣诞树是必不可少的。所谓"圣诞树"，就是用砍来的松、柏、杉等常青树装扮成呈塔型的"五彩树"，枝头上挂满五颜六色的彩灯、各色银光纸剪成的小人和各种小礼物，树顶上还要装饰一颗大星星。把它放置在居室中央，周围还要点上彩色的圣诞蜡烛，使整个居室呈现出一派欢乐的节日气氛。

圣诞节人们最爱吃的传统食品有火鸡、火腿、水果饼、葡萄干布丁等。人们见面时都要互道"圣诞快乐"，亲朋好友之间还要互相赠送圣诞礼物。

最有趣的是圣诞老人。据西方童话传说，圣诞老人名叫圣尼古拉，是一个长白须、穿红袍的胖老头，每年圣诞节时驾着鹿拉的雪橇从北方来，通过烟囱进入各家各户，把玩具、糖果等礼物送给孩子们。因此，孩子们都要在圣诞节的前一天晚上临睡前，在壁炉或枕头旁放一只袜子，圣诞节一早醒来时，就会看到袜子里装满了各种礼物。圣诞老人成了圣诞节活动中最受孩子们欢迎的人物，扮演圣诞老人也成了一种习俗。

亚洲菲律宾的天主教徒，过圣诞节是从十二月十六日一直到次年的一月六日，是世界上最长的圣诞节。节日里教徒们都要到教堂去做弥撒，二十四日是灯节，教徒们通宵不眠，凌晨听到教堂的钟声，就提着各种彩灯去游街迎神，以迎接二十五日圣诞节的到来。二十五日是最热闹的一天，家家户户欢聚一堂，挂彩灯，放神像，装圣诞树，互赠礼物，互道平安幸福。

（二）复活节：即耶稣复活节，是天主教、基督教国家和地区仅次于圣诞节的第二个节日。时间为每年三月份月圆(三月二十一日或二十二日)后的第一个星期日。相传这是耶稣基督被钉死在十字架后第三天复活升天日,因此称为"复活节"。这一天,全家人都要团聚在一起,准备各种各样的传统肉食品,如羊肉、火腿等。还要按基督教传统用羊来作祭祀。

节日期间,西方国家都要举行传统的游行活动,比较著名的有美国的化装游行,队伍中有动画人物——米老鼠和唐老鸭,极受人们欢迎,富有民间特色。

另外,小兔子糖和鸡蛋是复活节给孩子们的主要礼物。在古代,鸡蛋象征多子多孙,后又被作为耶稣复活的坟墓;而兔子的繁殖力很强,是新生命的象征。按照传统习俗,复活节一清早,教堂、学校和家庭就会把煮熟的、染上各种颜色的鸡蛋藏在树穴、草丛或山石后面,让孩子们到处寻找。谁找到鸡蛋就归谁,充满了童趣。

(三)情人节:每年二月十四日,是欧洲、美洲和大洋洲一些国家特有的奇异节日——情人节,又称"圣瓦伦丁节"。这一天,恋人们互赠礼品或鲜花,或一起郊游;这一天也成了年轻人选择佳偶的日子。许多俱乐部和大学发起种种别有情趣的情人舞会。异性的熟人之间也在这一天互相赠送小礼物,并附上写有祝词的小卡片等。

(四)愚人节:每年四月一日,是许多西方国家的又一个奇特节日——愚人节。这一天人们可以专门以开玩笑、恶作剧逗乐,可以随意说谎、造谣、互相欺骗,不用担心会得罪人。同样,你在这一天不论是外出听人说话还是在家里接电话,都必须小心谨慎,否则就会受骗上当。许多商店会在这个节日里推出一些小魔术商品,以及为那些要在化装舞会上装出另一副面孔的人准备的假鼻子、假头发、肉瘤、胡子等。

(五)万圣节:每年的十一月一日,是西方国家人们纪念逝去亲人的纪念日,叫"万圣节",类似于中国的清明节。菲律宾人称这一天为"全圣节",菲律宾华侨则称之为"亡人节"。这一天人们通常要去墓地通宵达旦地悼念、守护先人。法国人也往往在这天前后去墓地凭吊已故的亲人,并献上菊花;英国人在这一天,也往往在四处燃起篝火或火把,意为驱邪逐妖,纪念亡人。在过去,这个节日也是占卜命运、预测未来的日子。

(六)美国感恩节:每年十一月份第四个星期四是美国的感恩节。这个节日起源于三百年前的民间,意为感谢上帝恩赐丰收之日,经美国总统华盛顿于1863年正式确定后成为全国性的传统节日。

在美国,感恩节是传统的家庭团聚的日子,类似于中国的春节,全国要放假三天,隆重庆祝这个盛大的节日。感恩节的晚餐,是美国人一年中最重视的一餐,家家户户餐桌上食品丰富,传统的必备食品有火鸡肉、南瓜饼、玉米面包、克莱梅果酱等。这天晚上,全家人围着温暖的壁炉共享天伦之乐,充满浓郁的人情味。

(七)狂欢节:许多国家都有狂欢节,最著名的是巴西狂欢节。巴西素有"狂欢节之乡"的美称。每年二月中旬或下旬的狂欢节是巴西最隆重的节日,全国放假五天,到处张灯结彩,各地都要举行大规模的庆祝活动。届时不论老幼,都可不拘平日礼节,尽情地欢乐。庆祝活动中最引人注目的是各地的"桑巴舞"游行演出。巴西盛行桑巴舞,节日里,各地桑巴舞学校的学员穿上各式服装,有的戴面具,有的画花脸,有的男扮女装,有的女扮男装,也有的手持阳伞、锣鼓乐器和各种人与物的模型,簇拥在彩车前后,在乐队的伴奏下,表演各种舞蹈节目。其中巴西黑人们的表演妙趣横生。街道两边人群欢声雷动,人们还不时向演员们投去花絮和彩带,整个场面气氛十分热烈。

狂欢节里,人们还要在室内通宵达旦地举行化装舞会,还举行精彩的服装表演比赛,还有评奖委员会对各类节目和演员进行评比,给优胜者颁发集体奖和个人奖。在巴西有的城市里,人们还欢跳"阿弗谢舞"和"弗雷沃舞",这是一种类似于非洲黑人的土风舞,巴西狂欢节因此而被称为"地球上最伟大的表演"。

除巴西外,西印度群岛也有"狂欢节",时间在每年的七月底八月初,狂欢要持续七至十天。在加拿大,每年二月份要举行"冰上狂欢节"(渥太华)和"冬季狂欢节"(魁北克),届时有为期十天的狂欢和各种各样的冰上比赛,如冰上赛马、花样滑冰、冰上马戏、冰球赛、越野滑雪赛等;孩子们最喜欢的是富于情趣的冰雕比赛。另外,意大利有"维亚雷焦狂欢节",法国有"尼斯狂欢节",可称得上是欧洲狂欢活动的两大中心;在哥伦比亚,还有"黑白狂欢节",即给路上行人的脸上抹黑。这一天,几乎所有的人都被人为地变成黑人。捷克有"冬至狂欢节",英国苏格兰有"威士忌"狂欢节。

(八)泼水节:泼水节本是婆罗门教的一种宗教仪式,现在已是南亚许多国家都很盛行的传统节日。缅甸、印度、泰国、柬埔寨、老挝等国和我国的傣族等都有泼水节,印度的泼水节又叫"洒红节"。这些泼水节虽然时间稍有参差,特色也不尽相同,但基本内容大致相同,即在大街上,人们相互用水往别人身上泼洒,尽情狂欢,毫无禁忌,甚至还有在车上装上水桶和喷水器,互相打水仗的。这一天,几乎人人都被淋得透湿,但都非常高兴,因为在他们心目中,水象征着幸福。

在众多国的泼水节中,缅甸泼水节和印度泼水节比较著名。

(九)母亲节:每年五月的第二个星期日,是美国的母亲节。这一天,儿女们要赠送给母亲各式各样的礼物,要抢着为母亲做一些家务,使母亲高兴。在外地的也尽量赶回家与母亲团聚,或打电话、电报祝贺。父亲们也要在这一天主动管理家务和孩子,以便让妻子休息一天。

这一天,人们还要在胸前佩戴一朵红石竹花,以示对母亲的敬意;如果母亲已经去世,则应佩戴白色的石竹花。每个家庭和教堂都要举行各种仪式和活动。

现在,世界上已经有四五十个国家公认这个"母亲节"了。也有的国家"母亲节"是另定时间的,如埃及把每年三月的最后一个星期五定为母亲节,泰国的母亲节定在每年的八月十二日。

(十)美国父亲节:每年六月的第三个星期日,是美国的父亲节。最早是美国的斯坡堪市于1910年正式庆祝这一节日,后其他州也相继效仿。1972美国总统尼克松正式签署了建立父亲节的议会决议,从此父亲节就成为全国正式的节日。这一天,子女们都要亲手做一些有纪念意义的贺卡和小礼物送给父亲,以表达崇敬的心意。

(十一)尼罗河泛滥节:每年六月十七或十八日,尼罗河水开始变绿,预示着河水将要泛滥,人们就要喜气洋洋地聚集河畔,举行盛大的庆祝活动;到八月,河水开始漫过两岸的堤坝淹没大片土地时,人们还要兴高采烈地庆贺一番。这些庆贺活动,就构成了"尼罗河泛滥节"的独特内容。

在阿拉伯语中,尼罗河是"河流之父"的意思,它是世界文明的发祥地之一。每年六月它的水位开始上升,八九月达到高峰,十一月以后开始下降。水退以后,两岸积下大量淤泥,那是极肥沃的天然肥料。因而数千年来,这里一直是非洲经济最发达、人口最稠密的地区。人们世世代代感激尼罗河的恩典,因此才有了这个奇特的节日。

(十二)仲夏节:每年六月二十四日,是芬兰、瑞典人民隆重庆贺的仲夏节。芬兰、瑞典地处北极圈,冬季漫长,大部分地区从十月到次年四月,几乎半年见不到阳光。因此人们对阳光有特别的感情,仲夏节这天是那里一年中白昼最长、阳光最多的一天,人们通宵达旦地欢度这宝贵的时光,就成为节日的习俗。

据说仲夏节原是为纪念基督教施洗者约翰的生日,但实际上,它早已脱离了与宗教的联系,而成为群众性极广泛的传统节日。在瑞典,节日这天,城乡所有公园、广场的旗杆上都挂满了用松枝和花束扎成的花环。人们聚集在那些广场上,每个家庭的父亲首先喝一杯酒,随后其他人再喝。接着大家在音乐的伴奏下跳起欢快的舞蹈。还有必不可少的活动项目是拔河比赛和整个身子套在大麻袋里赛跑。青年男女则利用这个机会寻找意中人。按照传统习俗,未婚少女要在歌舞之后到田野里采摘七种不同的花,睡觉时把它们放在枕头底下,据说这样就会在梦中见到自己理想的情人。

在芬兰,仲夏节的夜晚很热闹。首都的居民们从下午三四点钟起,就穿着节日盛装,全家出动到郊外的塞乌拉萨里岛上。那里有各种音乐、文艺演出,还有象征着驱赶瘟疫的熊熊篝火。每年仲夏节,必有一对新婚夫妇到岛上来举行婚礼。湖中央礁石上的篝火,要让新娘乘小船,由穿着节日盛装的船夫们送到那里去点燃。

罗马尼亚也有仲夏节,时间是每年的夏至(六月二十一日或二十二日),节日的主要活动是人们穿着鲜艳的民族服装举行盛大的游行。

(十三)玫瑰节:玫瑰花是保加利亚的国花。每年六月的第一个星期日,保加利亚人民就要在盛产玫瑰的"玫瑰谷"举行一年一度的"玫瑰节"庆祝活动。六月初玫瑰花盛开,庆祝活动便在谷内各村镇依次举行,一般历时一周。人们穿着节日盛装云集玫瑰之谷,"玫瑰姑娘"们把花瓣洒向人群,把花环献给来宾。种植玫瑰的花农们在乐曲的伴奏下,举行具有民族特色的盛大喜庆活动,共祝玫瑰丰收。

在现代,因为六月二日是保加利亚的烈士节,因此人们在庆祝玫瑰的同时,也将玫瑰花献给为国捐躯的英烈。

(十四)敬老节:每年九月十五日,是日本的敬老节。这天人们纷纷到退休老人家中拜贺慰问,向老人赠送纪念品。二次大战后日本政府为鼓励尊老爱老而规定了这个节日。美国也有类似的"老人节",又称"祖父祖母节"(包括外祖父、外祖母)。1978年7月,美国总统卡特正式签署了《将每年九月份美国劳动节后第一个星期日定为(外)祖父祖母节》的提案。敬老节、老人节都是在九月,这与我国的习俗相通,因为九月象征着人的一生正逢秋时。

(十五)水灯节:每年十一月(泰历十二月)月圆之时,是泰国最热闹的一个传统节日——水灯节。这个节日已有七百多年的历史。每年这一天，全国上下到处张灯结彩，爆竹声声，焰火灿烂，还有热闹的花船比赛、选美大会等，最具特色的传统项目是放水灯。这天晚上，放水灯的胜地湄公河畔，灯火辉煌，人山人海，人们用厚纸或竹片做成小船，船上装满供品和点着椰壳的灯笼、蜡烛，让它们顺着河水漂流而去。相传，放水灯是为了敬供河神，希望水灯把灾难和不幸统统带走，但现在主要是娱乐了。千姿百态的水灯吸引着人们流连忘返。传统的水灯都状似莲花，现在还有葵花灯、菊花灯、佛塔灯、鸟儿灯等。青年男女更是把"水灯节"当作了"情人节"。每年水灯节，曼谷及各地的青年们都纷纷乘飞机、火车、汽车前往清迈城，那里被称为盛产"美女、玫瑰和梦之谷"，他们希望以水灯节为机缘，找到称心如意的姑娘。许多老年人也喜欢重返这座城市，以勾起自己对往日水灯节觅偶的美好回忆。

放水灯时的虔诚、神圣被保留了下来。人们在把水灯放到河面上之前，依然要跪下合十祈祷；水灯下河后，每个人都目不转睛地注视着自己的水灯，直到完全看不见为止，每个人都希望自己水灯上的蜡烛燃的时间比别人的长，那样来年的运气会比谁都好。要注意的是，那些随波逐流的水灯，无论多么美丽精致，都绝对不能去拣起来，据说谁拣了就马上会受到罪恶的惩罚。

（十六）护士节：每年五月十二日的世界护士节，是为了纪念英国女护士、护理学奠基人南丁格尔的诞辰而定的节日。南丁格尔作为欧美近代护理学和护士教育的创始人之一，其影响早已超越了她所生活的时代和国家，因此世界上许多国家相继决定隆重庆祝"护士节"，以纪念南丁格尔的卓越贡献，并感谢所有的护士对社会所作的功绩。

（十七）成道节（佛教）：成道节，也称佛成道日，相传是佛祖释迦牟尼成道的日子，因此是佛教的节日。又因时间在农历十二月初八（公历一月下旬），故又称"腊八节"。是日，佛教徒们要举行诵经、赞颂佛祖功德、以食品供佛等宗教活动。中国佛教徒则以"腊八粥"供佛。

（十八）浴佛节（佛教）：浴佛节又称佛诞节，是佛教徒纪念佛祖释迦牟尼诞生的节日，时间在农历四月初八（公历五月二十三日左右）。佛教寺院在这一天要举行斋戒、点灯、诵经法会，并以各种名香浸水洒洗佛像，还要以食品供奉佛像。信佛教的家庭在这一天要点灯笼，有几个孩子就要点几盏。日本、朝鲜和我国汉族地区的佛教徒都庆祝此节。

（十九）圣纪（伊斯兰教）：伊斯兰教太阴年历三月十二日（公历一般在

十月)是先知穆罕默德诞生纪念日,称为"圣纪"。它是伊斯兰教主要节日之一。节日期间,穆斯林们在清真寺集体诵经、赞圣、听阿訇讲述穆罕默德的生平事迹,并聚餐志念,俗称办"圣会"。

据传,这天也是穆罕默德逝世的日子,所以这天也称作"圣忌"。

(二十)开斋节(伊斯兰教):开斋节是穆斯林最重要的节日之一,我国新疆地区称之为"肉孜节"。时间在伊斯兰教太阴历十月一日(公历约五月),即斋月结束后的第一天。按教规,在斋月期间,穆斯林们白天不吃不喝,直到二十九天或三十天后,天空出现新月,次日便是开斋节。经过这么长时间的艰苦生活,一旦开斋,穆斯林们欢欣鼓舞,节日的庆祝活动要持续好几天。开斋节这天,全家人要欢聚一堂,共进开斋饭。人们还要沐浴盛装,举行礼拜,走亲访友,互相祝贺,交换礼物,施舍穷人,很像我国的春节。

(二十一)古尔邦节(伊斯兰教):伊斯兰教太阴历十二月十日(公历约七月下旬)是"古尔邦节",又称"宰牲节"、"忠孝节",它是伊斯兰教的主要节日之一。据传,"先知"伊卜拉欣梦见安拉要他杀子补过,以示忠诚。伊卜拉欣醒后决定尊命执行,安拉为之感动,遂命他以羊代替,这一天正是太阴历十二月十日。此后,每年这一天人们都要宰羊献祭,相沿成俗。

宰牲节非常隆重。非洲的穆斯林们节前就要把家里打扫干净,街道上到处摆满水果、蔬菜和油炸食品,牛羊市场更是热闹非凡。那些牛羊被冲洗干净,毛也梳整齐,角上缠着彩绸绣球,脖子上系着铃铛,在一片叮当声中被买主牵走。节日那天,信徒们要汇集到附近清真寺举行隆重的参拜仪式,接着回家进行宰牛、羊、骆驼等活动,晚上全家老小围坐一起用手抓吃烤牛、羊肉等,充满节日气氛。

伊斯兰教义规定,一个男子最多可娶四个妻子。在一夫多妻的家庭中,每个妻子都是带着孩子独立生活的。宰牲节时,丈夫要给每个妻子送去一只羊,并逐个帮助宰好。团聚时,轮流到每个妻子那里去,表示一视同仁。

各家团聚之后,青年男女们就汇集一起,燃起篝火,伴着音乐和鼓点,跳起欢快的舞蹈,直至凌晨。

(二十二)其他主要节日一览

玫瑰花会:每年元月(美国)

成人节:每年一月十五日(日本)

海神节:每年二月二日(巴西)

含羞花节:每年二月(南斯拉夫)

女孩节(又称:桃花节、偶人节):每年三月三日(日本)
奥斯陆滑雪节:每年三月第一个星期日(挪威)
宋干节:每年四月十三日——十六日(泰国)
莎士比亚戏剧节:每年四月二十三日(英国)
男孩节:每年五月五日(日本)
儿童狂欢节:每年四五月(伊斯兰教斋月)(非洲)
郁金香节:每年近五月十五日的星期三(荷兰)
维也纳文化节:每年五月(奥地利)
洗头节:每年六月(韩国)
太阳节:每年六月二十四日(秘鲁)
民族服装节:七月(每十年举行一次)(瑞士)
关牛节:每年七月七日(西班牙)
那达慕大会:每年七八月间(蒙古)
威尼斯赛船节:每年九月第一个星期日(意大利)
十胜节:每年九十月份(印度)
啤酒节:每年五月——十月(德国)
艺术祭雪节:每年十二月(加拿大)
街头卖艺者音乐节:每年十二月(法国)

## 二、外国婚丧习俗礼仪

由于各国、各地区、各民族、各宗教的婚丧礼俗各各不同,呈现出多姿多彩的特色,这里只能摘其主要简介如下。

(一)外国婚嫁礼仪习俗

**1. 婚礼习俗**

过去基督教男女信徒成亲时,要到教堂举行结婚典礼,以求得上帝的祝福。现在这种结婚仪式已没有了宗教色彩,而成为西方国家一种普遍的习俗。举行婚礼时,新娘一般要穿戴白色婚纱,新郎一般穿黑色礼服,由教堂的神甫或牧师主持,履行一套礼仪。神甫或牧师要当众问男女双方是否同意结为夫妻,在得到双方的肯定回答之后,神甫或牧师要向他们念一段经文,宣布"人要离开父母,与妻子连合,二人合为一体",最后为结婚双方祝福。婚礼上,新郎新娘要互相为对方佩戴结婚戒指,还要举行盛大的舞会或宴会表示庆贺。婚礼之后,新婚夫妇通常要进行蜜月旅行。

美国人传统的婚礼有一定代表性。在传统项目中,神甫或牧师宣布之后,新郎新娘必须首先互为对方戴戒指,戒指可以是买来的,也可以是特意定做的,也有一些是父母传下来的。一般都为对方戴到无名指上。据说在古代,人们认为圆圈具有魔力,是神圣的,古人用草编成的圆环把新郎新娘套在一起,以确保他们的灵魂与肉体一样紧紧地结合在一起。现在演变成互换戒指,象征着双方承担的义务。接着,双方要当众亲吻,这时,人们在哄笑声中把大米撒在新人身上,预祝他们子孙满堂、人丁兴旺。然后离开教堂举行婚宴。席间新郎新娘要同操一把刀,合力切开一只特别的结婚大蛋糕,他们两人先互相喂一小块,再把其余的分给所有来宾享用。宴会以后,新娘要站在屋子中间的椅子上,把一束鲜花抛向宾客中的未婚女子。据说,得到这束鲜花的姑娘,将成为下次婚礼的新娘。婚礼的蜜月旅行费用一般由新郎承担。

随着社会的发展,婚礼的形式越来越多样化,如美国在20世纪60年代后,一些人主张婚礼从简,婚礼在法院举行,由一名法官证婚,只有双方父母、亲属在场,也不办宴会。也有一些人在户外举行婚宴,像野餐似的简单。更有一些新奇的婚礼,如"游泳婚礼"、"雪橇婚礼"、"电话婚礼"、"空中婚礼"、"地下婚礼"、"自助餐婚礼"、"沙滩婚礼"、"水下婚礼"、"鸟舍婚礼"、"飞刀婚礼"等等,但大多数人仍喜欢传统的婚礼形式。

在日本,除传统婚礼外,现在更有专业的"婚礼设计师"为新人们设计别出心裁的新式婚礼。

在法国一些地方,还有一个奇特的习俗,就是新郎在举行婚礼之前,要举行一次婚前"葬礼",表示向"单身汉"告别。为此,要作一个象征性的"棺材",要摆酒设宴招待亲朋好友,要奏哀乐,点蜡烛,最后众人抬着"棺材"去"送葬",可以把"棺材"埋在花园里或田里,也可扔在河里。

在俄罗斯,新郎新娘在教堂举行完结婚仪式,走出教堂时,新郎的双亲要用大圆面包和银盐碟迎接他们。新郎新娘要每人吻双亲三下,以示敬意。有的地方来宾们要往走出教堂的新人身上扔零钱。回到家里,新婚夫妇还必须绕桌子转三圈,表示新娘从此就是这家的一名成员了。招待宾客后,新郎新娘与大家一起跳舞,以示庆贺。

匈牙利人的婚礼自始至终贯穿着歌舞。一大早,人们用绳子把新娘家的门围住,跳起向新娘的独身生活告别的"道别舞"。在去教堂的路上,人们鸣枪、呼叫、并击碎陶器,表示驱邪赶鬼。在教堂里,牧师们要跳一种叫"帕普坦"的舞蹈。婚礼仪式结束后,在场的所有人要载歌载舞地回家。新娘乘马车来到家时,人们把她抬进屋里,并向她身上抛撒小麦,表示祝愿她多生子女。婚礼晚宴中要举行舞会,一些人戴着假面、披着兽皮陪伴新娘跳舞。为表示酬谢,与新娘跳过舞的人都要向她赠送钱财作为结婚礼物。晚上入洞房前,新娘要围绕篝火跳三次舞。新人进入洞房后,屋外参加婚礼的宾客要围绕新房跳九次舞,以保佑新婚夫妇平安无事。第二天,新娘要戴上一顶已婚女子戴过的帽子,然后在村子广场上点燃一堆篝火,全村人围火而舞。新娘必须越过火堆一二次,意味着可以永远避灾消祸。

**2. 结婚纪念习俗**

欧美国家的人们,对结婚日非常重视,往往要举行隆重的仪式来表示纪念和庆贺。这种礼仪活动现在已开始在我国和其他东方国家出现。因为它有利于家庭和社会的稳定,因此社会舆论是积极提倡的。

欧美国家的结婚纪念很有讲究。结婚十五周年以前,每一周年都有一个特定的名称;十五周年以后,每隔五年才有一个特定的名称。根据不同的名称,每一个结婚纪念日的礼品也很有讲究,不能乱送。现将每一个结婚周年纪念日的名称和应送的礼品简介如下:

| 结婚周年 | 名称 | 传统礼物 | 新式礼物 |
| --- | --- | --- | --- |
| 1周年 | 纸 婚 | 纸品 | 钟 |
| 2周年 | 棉 婚 | 棉织品 | 瓷器 |
| 3周年 | 皮革婚 | 皮革制品 | 水晶制品或瓷器 |
| 4周年 | 果 婚 | 水果或花卉 | 各种日用品 |
| 5周年 | 木 婚 | 木器 | 银器 |
| 6周年 | 铁 婚 | 糖果或铁器 | 木器 |
| 7周年 | 铜 婚 | 羊毛制品或铜器 | 书桌用品 |
| 8周年 | 陶器婚 | 青铜制品或陶器 | 亚麻制品或花边 |
| 9周年 | 柳 婚 | 陶器或柳制品 | 皮革制品 |
| 10周年 | 锡 婚 | 锡器或铝器 | 钻石首饰 |
| 11周年 | 钢 婚 | 钢制器皿 | 珠宝首饰 |
| 12周年 | 丝 婚 | 丝制品和亚麻制品 | 珍珠首饰 |
| 13周年 | 花边婚 | 各式花边 | 纺织品,毛皮制品 |
| 14周年 | 象牙婚 | 象牙制品 | 黄金首饰 |

(续表)

| 结婚周年 | 名 称 | 传统礼物 | 新式礼物 |
|---|---|---|---|
| 15周年 | 水晶婚 | 水晶制品 | 表 |
| 20周年 | 瓷 婚 | 瓷器 | 白金首饰 |
| 25周年 | 银 婚 | 银器 | 银器 |
| 30周年 | 珍珠婚 | 珍珠首饰 | 钻石首饰 |
| 35周年 | 珊瑚婚 | 珊瑚 | 翡翠 |
| 40周年 | 红宝石婚 | 红宝石首饰 | 红宝石首饰 |
| 45周年 | 蓝宝石婚 | 蓝宝石首饰 | 蓝宝石首饰 |
| 50周年 | 金 婚 | 金器 | 金器 |
| 55周年 | 翡翠婚 | 绿宝石首饰 | 绿宝石首饰 |
| 60周年 | 钻石婚 | 钻石首饰 | 钻石首饰 |
| 70周年 | 白金婚 | 白金首饰 | 白金首饰 |

### （二）外国丧葬习俗礼仪

与婚嫁习俗礼仪一样，世界各国、各地区、各民族、各宗教的丧葬礼仪也各不相同，这里简单作些介绍。

西方基督教、天主教信徒临终时要敷擦"圣油"，称为"终傅"。一般是在教徒年迈弥留或病危之时，由神甫或牧师用经过主教祝圣过的橄榄油，抹在病人的耳、目、口、鼻、手、足等处，并念一段祈祷经文，意在帮助受敷者减轻病痛，赦免一生的罪过，心安理得地去见上帝。他们认为人的死亡只是生命的逗号，死者的灵魂将在天国长生。

西方人过去大多为土葬，墓地里的墓穴呈对称排列，坟前有墓碑，上刻亡者的生卒年月、姓氏、墓志铭等，还竖有十字架。坟墓周围栽种着许多象征痛苦和悲伤的垂柳和希腊丝柏树。现在西方也实行火葬，著名的美国"好莱坞公墓"里设有"骨灰灵堂"，灵堂中有许多迴廊，那里存放着金、银、铜的各式各样的"杯"、"罐"、"盒"，尽管里面盛放的都是骨灰，但灵堂给人的整体印象却很像一家体育俱乐部的奖品陈列室。整个"好莱坞公墓"也是绿树红花，坟墓的造型也是千姿百态，俨然像一座美丽的公园。许多大明星的坟墓都在其中，使这个公墓成了旅游胜地。

随着科技的发展，美国在1987年推出了一种采用火箭将带有成千上万只骨灰盒的卫星送入太空轨道的葬仪——太空葬。由于卫星表面涂有高度反光材料,在月明星稀的夜晚,死者家属可凭借小型望远镜,看到亡者的在天之灵——卫星的身影。据调查,许多人喜欢这种葬仪,在生前就花一大笔钱办好手续,以便死后"升天"。骨灰在这卫星上据说可围绕地球转六千三百万年。

在法国巴黎,有十四座公墓都富有浓郁的地方特色,最著名的有拉雪兹公墓,里面安葬着二千多位著名人士,如莫里哀、雨果、都德、肖邦等;还有蒙特巴纳斯公墓、蒙马特公墓和帕恩公墓也很著名,里面所葬的名人也不少,而且公墓环境优雅,还遍布着各种流派的雕刻杰作。这四座公墓现在都被列为历史名胜建筑。

伊斯兰教的丧葬礼仪很有自己独特的习俗。穆斯林把人去世称为"归真",意即"回归真主"。一个穆斯林"归真"后,首先要为亡人净身(即洗"亡体"),由清真寺内专司殡葬事务的人为亡人进行全身清洗,洗好后即用白布包裹亡体,并将其移至"埋体匣"(丧柩),面向麦加克尔白方向置放,等候殡礼。殡礼站立进行,仪式过程较简单,伊玛目站在遗体旁,面向麦加克尔白方向,其他参加殡礼者均需作过大小净①站其身后,随地站立,举意②、抬手、赞主赞圣、祈祷。殡礼结束后,由众人抬送亡人前往坟地埋葬。伊斯兰教的土葬不用棺木,经白布包裹的亡体直接放入土中埋葬,也不堆坟头,不修墓碑。许多伊斯兰教国家仅用沙土埋上薄薄一层,任其自然风化而消失,符合伊斯兰教以土造人,入土回归的教义。

伊斯兰教主张薄葬,即葬礼俭朴,贫富一样,绝不允许以任何贵重物品作陪葬。

佛教徒的葬仪,应有诵经、念佛等佛事。但在中国现行的佛教葬仪中,出家人只管诵经,却不是葬仪的主体;因为葬仪中的家祭、公祭等仪式,均委有专人司礼,佛事反倒成为一种点缀。

国外正宗的佛教葬仪,除了司礼者之外,主体应该是出家的法师为亡者诵经。参与的大众,均应人手一册佛经跟着持诵。持诵的内容,最好是简短的经文及偈颂,例如《心经》、"往生咒"、"赞佛偈"、佛号、"回向偈"等,不用唱,只用诵;否则,大众无法随唱而无参与感。然后由法师简单地介绍亡者的生平及其为善、利人、学佛等功德,并做简短的开示——则度化亡者超生

---

① 大净、小净:"大净"指用净水冲洗全身;"小净"指用清水洗涤部分肢体和某些器官。
② 举意:指有意识地作小净。

净土佛国；同时安慰、启发亡者的家属、亲友。

至于家祭和公祭，最好同日举行，佛化的葬仪应该简单、隆重，前后时间不宜超过一小时，最多一个半小时。

自古以来，佛教的丧葬并没有一定的制度。依据"净土法门"，在弥留时宜有修行者为亡者说法、诵经、念佛，称为助念，一直到命终十二小时之后，移动遗体，为之沐浴、更衣，并继续以助念代替伴灵。而且，每举行一项仪式，都用佛法开示亡者，令其一心皈命佛国净土。

对于佛教徒，遗体的处理，只有坐龛、坐缸和火葬、土葬的不同。如果遗体坐龛，则采坐龛火化，只有封龛及举火的仪式；如果遗体坐缸，则有封缸土葬的仪式；如果遗体卧棺，则有封棺的仪式，封棺以后，有土葬及火葬两种，若系火葬，则将骨灰坛置于寺院或墓场的塔中，也有将骨灰坛埋于地下墓中的。

不论是火葬或土葬，凡是仪式，均以念佛、诵经、回向代替由家属轮番举哀及哭泣、音乐等的铺张。

总之，佛教的葬仪宜务求简单、隆重。且特别不允许在丧葬期间，以杀生的荤腥招待亲友，更不可以酒肉荤腥来祭祀亡者。故丧礼的用餐称为"吃豆腐饭"，那是由于纯以素食招待前来吊祭的亲友，以豆腐类的食物为主之故。灵前则以香花、蔬果、素食供养。花篮、花圈、挽幛，亦当适可而止；如果亲友致送奠仪，除了由于家属贫苦而留作丧葬费用及生活所需外，最好悉数移作供奉三宝、弘法利生及公益慈善等的用途，将引功德回向亡者，超生离苦，莲品高升。

至于父母亲过世，饮泣哀伤乃人之常情。但佛教认为世人以哭泣表示对亡者的哀痛，则属虚伪，佛教徒当以佛事代替哭泣。

另外，在东南亚一带的佛教国家，十分流行"瓮棺葬"，它是一种采取各种质地的瓮形器具作葬具的丧葬法。如石瓮、陶罐、瓷瓮、铜瓮、金瓮等。瓮棺葬分土葬和水葬两种。把装有骨灰的瓮棺埋入地下的称为土葬；将其投入海中或沉于江河的称为水葬。水葬今天已不多见，较常见的是土葬。如在老挝境内，可以看到过去时代的石瓮群。这些石瓮用巨大的整块石头凿制而成，有的半埋在地下，有的耸立在地面。石瓮内径大小不等，最大的有一米左右，能容纳几个人的骨灰，重约六七吨。石瓮内还有一些随葬品，如玛瑙珠、玻璃珠、陶器、青铜器、铁制工具等。瓮棺上常附一盘状的盖子。这种瓮棺葬的习俗与当地潮湿的气候条件及人们的宗教信仰有关。因潮湿的气候使木棺、尸体易腐烂，佛教崇尚火葬，故有此俗。我国华东沿海地区有类似的"甏葬",但它不是火葬,而是先土葬,三周年后劈棺检出枯骨,再装入甏中,埋入土中。还有一种"塔葬",是佛教活佛和僧侣处理遗体的一种特殊方法,较常见的是将火化的骨灰埋葬在砖塔之内。

## 第四节 中外馈赠习俗礼仪

### 一、中国馈赠习俗礼仪

馈赠礼品是社交活动中表达友好情感的一种手段。中国素称"礼仪之邦",传统习俗认为"礼尚往来,往而不来非礼也,来而不往亦非礼也",因此,人们把送礼看作是人际交往中非常自然的事情。

一些社会组织之间,通常在业务往来中需要在重要时刻互赠礼品,以增进友谊,加强合作;与国际上的一些贸易伙伴,也往往要适时地赠送一些适宜的礼品,以表示友情常在。

(一)一般礼品的选择

一份适当的礼品可以贴切地表达送礼者的心意:或问候、祝贺、感谢,或关怀、安慰、鼓励等等。因此如何选择适当的礼品,是秘书人员需要掌握的一门学问。

送礼重要的是心意,因此礼品不必太贵重,太贵重的礼物往往会使受礼人感到不安,且有"重礼之下必有所求"之嫌。适度的礼品是指那些不是太贵重,但纪念意义强,又具有特色或一定艺术价值,或为受礼者所喜好的纪念品、工艺美术品、书籍、画册、花篮或花束、日用品、食品等。

如某工程开工奠基仪式,某商店开业典礼,某公司成立周年庆祝活动等,可送上一篮鲜花,上挂一对祝贺联;或通过新闻媒体,刊登播放一个祝贺广告。如是某西方国家的贸易伙伴,可以在圣诞节和新年来临之际,送上圣诞贺卡或具有中国民俗特色的工艺美术品。某位知名学者做寿,可以送上《寿松图》和鲜花等。某位同仁患病期间,可以送上既易消化、富营养,又有利于疾病康复的食品等。教师节可以向老师送上鲜花、名人字画、工艺美术品等。新春佳节,朋友之间可以送上挂历、茶、烟、糖果等。总之,要根据对象的具体情况选择适当的礼品,做到"礼轻情义重"。

在公务活动中,如果不太熟悉对方的情况,则可以送一支具有纪念意义的笔,这既不会造成尴尬,又能使对方日后用到此笔就唤起回忆,为进一步交往奠定良好的基础。如果是给个人送礼,要注意不宜两年都送同一样礼物给同一个人;也不宜去问对方喜欢什么礼物,这可能会使对方感到你没有诚意。

（二）送花的礼仪

在我国古代习俗中,每一种花卉都具有某种含义,如同西方国家习俗中不同的花卉有不同的象征意义一样。作为秘书人员应当了解各种花卉的"特定语言",从而能正确选用,使鲜花这一高雅的礼品能恰到好处地表情达意。

当然,花卉用语也有一"语"多义的现象,并且在不同民族、不同国家中的解释也不尽相同,但通常情况下,花语象征也有大致相同之处,现简介如下。

玫瑰花——初恋、求爱、爱情；　　红玫瑰——永远幸福；
刺玫瑰——优美；　　　　　　　　黄色康乃馨——轻蔑；
条纹康乃馨——拒绝；　　　　　　红色康乃馨——伤心、痛苦；
紫罗兰——忠实、朴素；　　　　　茶花——勇敢、战斗；
红茶花——天生丽质、美德；　　　白茶花——美丽；
山茶花——美好的品德；　　　　　大丽花——感谢、优美、不稳定；
菊花——高洁；　　　　　　　　　翠菊——远虑、追念；
爪叶菊——常常快活；　　　　　　黄菊——微笑；
白菊——真实；　　　　　　　　　黑桑——生死与共；
紫丁香——初恋；　　　　　　　　白丁香——请怀念我；
四叶丁香——属于我；　　　　　　野丁香——谦逊、虚心；
郁金香——爱情、胜利和美好；　　黄郁金香——无望的爱；
白郁金香——失意的爱；　　　　　红郁金香——钟爱；
蓝郁金香——诚实；　　　　　　　红罂粟——安慰、慰藉；
白罂粟——麻醉、忘掉、睡眠；　　蔷薇——恋爱；
红蔷薇——求爱、爱情；　　　　　白蔷薇——爱情、纯洁；
粉蔷薇——爱情的誓言；　　　　　波斯菊——纯洁；

万寿菊——妒忌；
金盏菊——祝贺长寿；
胭脂花——勿忘、真爱；
桃花——淑女和疑惑；

白色百合——纯洁、文静；
山百合——庄严、肃穆；

樱花——心灵的美；

并蒂莲——夫妻恩爱；
椿萱——父母健康；
梅花——坚贞不屈、刚毅；
凌霄花——母爱、人贵自在；
万年青——长寿、友谊长存；
竹子——正直、虚心；
杏花——疑惑、疑虑；
杨柳枝——惜别、难舍难分；
常春藤——结婚、白头到老；
五爪龙——羁绊；
水仙——尊敬、自尊、避邪除秽；
红豆——相思；
菟丝子——战胜困难；
杉枝——分别、分手；
香罗勒——祝愿；
蓟——严肃；
桂——光荣；
野葡萄——友善；
石竹——奔放和幻想；
仙人掌——热心。

僧鞋菊——保护；
凤仙花——纪念、怀念；
金钱花——天真活泼；
百合花——百事合心、团结友好和尊敬；
野百合——幸福即将来临；
杜鹃——节制、怀乡、盼望和爱的快乐；
荷花——纯洁、疏远的爱、淡白和无邪、雄辩；
月季——幸福、光荣、美常新；
勿忘草——勿忘、真挚和贞操；
金盏花——别离、惜别；
小榕树——长寿；
文竹——祝贺长寿；
鸡冠花——不死的爱情；
垂柳——悲哀；
薄荷——有公德、美德；
冬青——由衷的喜悦；
美人蕉——坚实；
柠檬——挚爱；
鸟不宿——慎重、谨慎；
橄榄枝——和平；
麦藁——幸福结合在一起；
枳——希望；
榉——繁荣；
兰花——热情；
豆蔻——别离；
牡丹——拘谨和害羞；

在一些特殊的场合，送上特定的花作为礼品，已成"约定成俗"的习惯礼节，这里也作一简单介绍。

在宴会、酒会等场合,可以花篮或花束的形式,送上玫瑰、剑兰,颜色以红为佳。如果是在主人寓所举行宴会,应事先把花送去,以便主人可在宴会前将花摆放妥当。

在祝贺生日、祝寿等场合,可以送上红色、黄色的玫瑰、兰花、菊花,形式可以是花篮、花束或盆景、盆花。给老人祝寿可以送象征长寿的盆景为主,如:寿星草、枸杞子、常春花等盆景和万年青、小榕树、罗汉松、文竹等常青盆栽;中年人生日可送唐昌蒲、美留兰、茶花等;青年人生日可送玫瑰、月季、石榴花等。

在吊唁、丧礼等场合,可以用白色、黄色的花,对年纪较大的死者,则用紫色花;对八十岁以上的死者,我国习俗可以用红色花。品种主要用玫瑰、百合花、夜来香、栀子花、菊花等。花的形式,我国习惯用大型花圈或花篮;基督教或天主教徒则常用花搭成十字架的形状。

在迎送宾客的场合,可以送任何颜色的玫瑰、兰花、紫罗兰,可扎成花束、花篮、花环等形式。花环一般送给男士,也可送给女士襟花。花束和花篮可以送至宾客下榻的宾馆。如去看望长辈,宜送兰花、万年青或君子兰。送别亲友,常用杉枝、香罗勒、胭脂花组成花束相赠,表示祝福;也可赠芍药花,表示惜别;也可送枝杨柳,表示难舍。

落成典礼、周年纪念、开幕式、闭幕式等场合,可送红色的玫瑰、剑兰、郁金香,一般多以花篮的形式,再配上写有贺词的红色缎带。也可以送花束或盆花。

在团体、个人的首演或演奏会场合,可以送红色的玫瑰、剑兰,一般是:如送花篮,应配上贺词,事先送至演奏场,并在演出前放于舞台的两侧;如送花束,应在演出结束、演员谢幕时送上。

探望病人的场合,宜送红色、粉红色的玫瑰、兰花、剑兰、康乃馨,以花束的形式最好,因为病房里不宜放置占太多地方的大花篮。也常有人送用红罂粟、野百合组成的花束,用以表示:请放心,您不久就会康复。当然,给病人送花最好能事先征求主治医生的意见,因为有的病人可能会对某种花过敏而加重病情,也有的病人闻到浓郁的花香会感到头晕、胸闷等。

在勉励别人的场合,常用鸟不宿、红丁香、胭脂花组成花束相赠,意思是:愿君勤奋,必能成功。

在婚礼场合,可以送红色的玫瑰、剑兰、海棠花、并蒂莲、月季花,形式以花篮为佳。也可选以五爪龙、常春藤、麦藁组成的花束,以表示"终生相伴,永结同心"。新娘、新郎婚礼上用的花,应以康乃馨、郁金香,配上鱼尾草。

祝贺生孩子的场合,最好送红玫瑰、兰花,若配以满天星则更佳。形式不拘,花篮、花束都可以。欧美各国的习惯是生男孩要送淡蓝色的花,生女孩要送粉红色的花。国外有的花店,专门把祝贺生孩子送的花篮扎成婴儿车形状,很是别致。

（三）探病礼品的选择

按照常情,探望病人可带上一些礼物。除了带些一般纪念性礼物和合适的鲜花外,还可以送一些滋补食品和饮料作为礼物。这就要求秘书人员懂得一些医疗、食疗的常识。下面列举一些食品,作为探望病人时的选择和参考。

——探望高血压、冠心病、胆囊炎、肾炎和高烧病人,宜带含有维生素的清淡食品,如新鲜水果、水果罐头和果汁等。

——探望糖尿病人、水肿病人,可以带含蛋白质的食品,如奶制品、蛋类、肉松等。

——探望气管炎、肺气肿、肺结核等咳嗽、咳血的病人,可送有补养、润肺、止咳功效的核桃、蜂蜜、银耳和梨等。

——探望妇女病、贫血的病人及孕妇、产妇等,宜送带营养、补血功效的红糖、鸡蛋、鲜虾、奶制品和豆制品等。

——探望肝炎、低血糖等症病人,可送白糖、蜂乳、大枣等。

——探望胃肠道疾病病人,宜送易消化无渣的藕粉、麦乳精、果子等。

——探望肿瘤病人,宜送香菇、人参、水果等。

探望病人不宜送的食品如下。

——患肾炎病人,不宜送含动物蛋白质的食物,如肉、鱼、蛋等。

——患糖尿病病人,不能送各种糖果、甜点心、水果、果汁等含糖食品。

——患胰腺炎病人:胰腺炎分急性和慢性,急性胰腺炎病人必须禁食,只靠静脉输液维持,所以探望时不能送任何食品。慢性胰腺炎是胰腺炎症的反复发作,造成胰腺严重破坏,胰液分泌减少,食物消化发生明显障碍,所以不宜送高脂食物,如鸡、鸭、肉类、奶油、蛋糕等。

——患胃病和十二指肠溃疡病人,不宜送奶油蛋糕、橘子、杨梅露、糟肉等内含刺激性的食品。

——患菌痢、肠炎病人,不宜送香蕉、蜂蜜、奶油蛋糕、核桃等。

——患胆囊炎、胆石症病人，不宜送蹄髈、老母鸡、油炸类等含油量较多的食品。

（四）礼品禁忌习俗

世界上任何国家的人，都有一定的民俗禁忌，选择礼品也一定要考虑到这些民俗禁忌，否则不但不能进行友好的社会交往，甚至还会招来麻烦和灾难。秘书人员首先应当了解中国传统习俗中的一些禁忌。

数字方面：中国人一般都有"好事成双"的习惯，特别喜欢偶数中的数字，因此送贺礼都要成"双"，忌讳"单"。

颜色方面：中国人普遍忌讳黑色，也较忌讳纯白色，认为黑色不吉利，是凶灾、哀丧的颜色；而白色是悲哀、贫穷的颜色。

物品方面：中国有许多地方，有这样的禁忌习俗：在送结婚礼时，不能送"钟"和"梨"，因为送钟与丧事"送终"谐音；梨与"离"谐音，含有"离异"之意，都是不吉利的。也不宜以刀剪作礼物送人，因它含有"一刀两断"的意思。在上海方言中，"苹果"与"病故"谐音，因此通常上海人也不送苹果给病人。另外，也不宜送含有猫头鹰与乌鸦、乌龟形象的美术工艺品，因为在中国人的观念中，这些动物是不吉利的象征。

台湾民间还有一些特别的"送礼禁忌"，如：不能以手帕、汗巾送人，因台湾俗语中有"送巾断根"、"送巾离根"之说，通常是办完丧事后，丧家送手帕、汗巾之类给前来吊丧的宾客留念，表示让吊丧者与死者断绝来往。也不宜送扇子、雨伞给人，因为台湾有句俗语："送扇，无相见"，意为扇子是"夏用秋抛"之物；而"伞"，在台湾话中与"散"同音，易引起误解。更不能以粽子和甜果送人，因为粽子是祭古人屈原的，甜果是祭祖拜神之物，以它们送人，会使对方有不祥之感。

（五）送礼的方式

礼品准备好后，怎么送法也很有讲究。

首先，礼品一定要讲究精美的包装。美观的包装有时比礼物本身更能给人留下美好的印象。不要买了礼品之后就零散地送给对方；也不要随便用报纸、白纸、黄皮纸包礼品送人，这会使人感到礼品送得不郑重。在发达国家，赠送礼品十分讲究包装，我们至少也应当用美观的花纸把礼品包装整齐，以更好地显示出送礼人的心意。华美的包装，即使是一个小礼品，也会使人感受到对方的尊重与友好情义。另外,在包装前,别忘了把写有价格的标签事先除去,以免被误认为是向人家要钱,或因价格的高低而引起一些不必要的猜疑。

其次,送礼要选择合适的时间、地点和场合。"时间",就是指要把握好时机。在一些特殊纪念日,如节假日、周年纪念日、婚丧嫁娶等,都是送礼联络感情的好时机。礼物应当事前送,事后补送是失礼的。在一些特殊情况下,比如对方遭遇挫折,或是受命重任,此时送一些礼物表示勉励或祝贺,是恰到好处,弥足珍贵的。"地点",是指送礼的地点不宜在办公室、俱乐部、公共场所等人多嘈杂的地方;"场合",是指不要在大庭广众、众目睽睽之下送礼,免得对方尴尬。一般来讲,送礼前最好巧妙地打个招呼,在与对方见面或告辞时,大大方方地把礼物拿出来,不要不声不响地把礼物偷偷摸摸地放在某个角落里悄然离去。

通常在送礼时,应向对方说些表示问候或祝贺等适合场景的话,以暗示送礼的目的,比如"衷心祝贺你取得了优异成绩"、"祝你生日快乐"、"感谢你们帮了我们的忙"之类,语气要真诚,不能扭扭捏捏、虚情假意,更不能态度冷漠生硬,甚至吞吞吐吐、口是心非。如果可能的话,在礼物内附上一张自己的名片或本单位的宣传卡,就更显得与众不同。

中国人送礼时习惯讲一些"礼品很不成样子,真不好意思拿出来"、"礼不好,请笑纳"、"这东西也不怎么样"等客套话,这种习惯一定要改变,因为这很容易被对方误解为遭到轻视;特别是西方人,对这类话不易理解,会被认为是故意贬低礼品来贬低他。当然,送礼者也应注意不要一味称赞自己送的礼品多么好,炫耀自己的富有、慷慨,以出人头地。

如果是出国进行商务活动时送礼,要注意不宜在当地购买礼品再送给当地人,即买礼品与送礼品应不在同一地,而应该使礼品尽量具有异国情调。千万要注意的是,不论送什么礼物,都不要等到回国以后再补送,因为这可能会使礼品在过海关时,给对方造成诸多不便和额外的海关费用。

(六)收礼的礼仪

接受礼物时同样要讲究礼貌和分寸。首先,不应当显得过于谦虚,一而再、再而三地说"受之有愧"或"不好意思收下这么贵重的礼物"等,这类话说多反会使对方难堪。即使送的礼品不合你的心意,也应当像接受你所喜欢的礼物一样,说上几句感谢的话,诚心诚意地表示自己接受对方的一片好意。拒绝收礼是不礼貌的。除非所送礼物违反了文明礼貌的规定,或是你觉得来路不明的礼物,或是隐含着需要你去违法乱纪的礼物,或是让你感到似乎自己要受控制的礼物等等,对这类送礼者别有用心而自己又不愿接受的礼物,应当委婉而又坚决地拒收,最好当场就请送礼者带回,并同时暗示拒绝收礼的原因。如对方不肯当场收回礼物,则可事后请人送回,并附上"谢谢,心领了"等字样的小条或信函,寻找一些使对方能接受的理由退礼。总之,要礼貌地策略地处理好退礼,以不伤送礼者的感情为原则。

中国人的习惯是,收下礼物后不当着送礼人的面打开礼物,而是等客人走后再拿出来仔细观赏。而西方人的习惯是,收到礼物喜欢当场打开包装纸或礼盒,不管是否真喜欢,都会适度地称赞和感谢一番。他们认为这才是对客人的礼貌。此时,送礼人可在一旁帮助打开,并介绍一下礼品。因此,我们要注意,在收到外方人员赠送的礼品时,应按照他们的习惯,尽快当着他们的面打开包装,并说几句称赞的话。

无论收到什么礼物,千万别向对方询问礼物的价格,因为这是很不礼貌的。通常在收礼之前适当表示谦让,在收礼后诚恳地向对方表示谢意,并表示希望今后不要再破费等。

一般说来,接受了别人的礼物,应当设法回礼才合乎礼貌。"礼尚往来"是中外各方人士都应遵守的一条送礼原则。回礼不一定是收到礼物后立即就回,而是日后找个适当的时机。回礼时礼品的价值应当与所收礼品的价值相当。单位、公司之间的礼品赠送也应遵循这一原则。如由于种种原因无法相应回礼,就应该亲笔写一封信函,向对方表示谢意。话不必多说,但信应及时写,使对方感觉你很重视双方的友谊。

## 二、外国馈赠习俗礼仪

世界各国虽然都有"礼尚往来"的习俗,但由于各国文化的差异,以及社会、宗教的影响,在送礼习俗方面的礼仪有很大的不同。秘书人员如在交往中能运用得当,就能使双方的业务关系顺利发展;运用不当,则会使双方关系的发展受阻。

(一)世界主要国家馈赠习俗礼仪

**日本**:日本人有送礼的癖好,日本人在送礼时往往采取这样的做法:即送人以对其本人毫无用途的物品，于是收礼的人可以再转送给别人，那个人还可再转送下去。日本人对装饰着狐和獾的图案的东西甚为反感，狐狸是贪婪的象征，獾则代表狡诈。到日本人家里作客，携带的菊花只能有 15 片花瓣，只有皇室帽徽上才有 16 瓣的菊花。

另外，选择礼物时，要选购"名牌"的礼物，日本人认为送礼的包装同礼品一样重要，因此你要让懂行的人替你把买来的礼物包装好。

**韩国**：韩国的商人对初次来访的客人常常会送当地出产的手工艺品。应该要让他们先拿出礼物来，然后你再回赠本国的礼品。

**美国**：一起在城里共度夜晚，一瓶好的葡萄酒或烈性酒，一件高级的名牌礼物都是合适的。注意，业务洽谈的开始阶段不要送礼，结束时再送。

在欧洲，一般只有在关系确立的双方才互赠礼物。赠送礼物通常是保留到结束时才进行，同时表达的方式要恰如其分。法国人喜欢知识性、艺术性的礼物，如画片、艺术册或者小艺术品；而他们的英国同行们则更愿意到戏院里共度良宵，美餐一顿或者兼而有之。高级巧克力，一瓶特好的葡萄酒在欧洲也都是很好的礼物。登门拜访前则应送去鲜花（花要提前一天送去，以便主人把花布置好）。而且要送单数的花，同时附上一张手写的名片，不要用商业名片。

**英国**：在这里"外表决定一切"，应尽力避免感情的外露。因此，应送较轻的礼品，由于花费不多就不会被误认为是一种贿赂。适宜的送礼时机应在晚上请人在上等饭馆用完晚餐或剧院看完戏后。英国人也像其他大多数欧洲人一样喜欢高级巧克力、名酒和鲜花。对于饰有客人所属公司标记的礼品，他们大多并不欣赏。除非主人对这种礼品事前有周密的考虑。

**法国**：初次结识一个法国人时就送礼物是很不恰当的，应该等到下次相逢时，因为礼品应该表达出对他的智慧的赞美，但不要显得过分亲密。应邀到法国人家里用餐时，应带上几支不加捆扎的鲜花。但菊花是不能随便赠送的，在法国只有在葬礼上才用菊花。

**拉丁美洲国家**：黑和紫是忌讳的颜色，这两种颜色使人联想到四旬斋。刀剑应排除在礼品之外，因为它们暗示友情的完结。手帕也不能作为礼品，因为它与眼泪是连在一起的。不妨送些美国制造的小型家用设备，例如一只小小的烤面包炉。在拉美国家，征税很高的物品极受欢迎，只要不是奢侈品。

**德国**："礼貌是至关重要的"，故礼品的适当与否要特别注意，包装更要尽善尽美。玫瑰是为情人准备的，绝不能送给主顾。德国人喜欢应邀郊游，但主人在出发前必须作好细致周到的安排。

**阿拉伯国家**：在初次见面时送礼可能会被视为行贿，切勿把用旧的礼物赠送他人。不能把酒作为礼品。要送在办公室里可以用得上的东西。盯住阿拉伯主人的某件物品看个不停是很失礼的举动，因为这个阿拉伯主人一定会要你收下这件东西。阿拉伯商人一般都赠送贵重礼物，同时也希望收到同样贵重的礼物，但他们更注重公开场合中的形象。和日本人一样，阿拉伯人认为礼尚往来是有关尊严的问题，不让他们表示自己的慷慨大方是不恭的，也会危害到双方的关系。他们喜欢丰富多彩的礼物，喜欢"名牌"货，而不喜欢不起眼的古董；喜欢知识型或艺术性的礼品，不喜欢纯实用性东西。烈性酒和带有动物图案的礼品是忌讳的（因为这些动物可能代表着不吉祥）。送礼物给阿拉伯商人的妻子被认为是对隐私的侵犯，然而送礼物给他们的孩子则总是受欢迎的。其他国家也是如此，送孩子们礼物都是适宜的。

总之，在交往中，人们总是要互赠礼物。在各种场合中，仪式是重要的，实质性的内容反而是次要的。初次会面时就送礼不合适，除非对方有意当场回赠礼物。要把送礼的主动权给对方，以免对方"两手空空"而感到尴尬。同时要记住，只给一群人中某一人送礼物是很不礼貌的，除非你给每个人都准备了礼物，否则你就应在和受礼人单独在一起时再把礼物给他。

（二）外国送礼禁忌拾零

由于受本国历史、地理、社会、宗教、风俗等的影响，世界各国在送礼与收礼方面，都有各自的一些忌讳，被认为不吉利的礼物就像一颗定时炸弹一样危险。前文虽已有所涉及，这里仍有必要再作一详细补充。

**1. 送花的忌讳**

绛紫色的花，在巴西主要用于葬礼。

黄色的花，在法国被视为不忠诚的表示；核桃花被认为是不祥之物。

菊花，在意大利和拉丁美洲各国被认为是"妖花"，只能用于灵前和墓地。

荷花，在日本被认为是不吉利的，它意味着祭奠。

红玫瑰花，在德国是赠送情人的礼品。

在瑞士，送红玫瑰花可送一枝或20枝，不要送3枝，因为3枝意味着是情人。

在俄罗斯，每逢值得庆贺的大事，一定要送鲜花。送黄色的花意味着亲切,红色的花象征着爱情和赞美。花束中的花数不能由偶数组成,偶数是不吉利的象征。

在国际交往场合,忌用菊花、杜鹃花、石竹花以及黄色的花献给客人、嘉宾,这已成为惯例。

**2. 商标图案的忌讳**

意大利忌讳用菊花作商标,因此不能送意大利人有菊花商标的礼物。

法国人认为核桃花是不祥之物,认为仙鹤是蠢汉和淫妇的代称,因此送法国人礼物时要注意不能有核桃花和仙鹤图案的商标。

英国人忌讳用人像作为商品的商标和装潢,也忌大象和山羊的图案。

信奉伊斯兰教的国家忌讳用猪作为商标图案,也不用猪皮制品。

北非一些国家忌讳用狗作为商标图案。

日本人对饰有狐狸和獾图案的物品很反感。

瑞士忌讳猫头鹰,认为它是凶神恶煞。

鹤和龟的图案在东南亚一些国家里不受欢迎,认为"鹤"是"色情"的鸟,而"乌龟"据说被视为男性"性"的象征,在赠送礼品时,商标和包装纸上都不能出现这两种图案。

捷克人认为红三角是有毒的标记;在土耳其绿三角表示"免费样品";而国际上把三角形作为警告性标记。

我们在送礼时,务必要注意以上这些图案的象征和禁忌习俗。

**3. 颜色的忌讳**

欧美许多国家平时忌讳黑色,以黑色为丧礼的颜色。

泰国忌红色,认为红色是不吉利的颜色,因为写死者姓氏是用红色的。

日本人忌绿色,认为绿色不吉祥。但在爱尔兰、意大利、马来西亚、新加坡、奥地利、瑞士等国,绿色却受到普遍欢迎。

法国、比利时人忌用墨绿色,因为这是纳粹军服色,这两个国家在第二次世界大战中被希特勒军队占领过,所以普遍讨厌墨绿色。

比利时人还最忌蓝色,如遇不祥之事都穿蓝色衣服。在埃及和伊拉克,蓝色也被看作恶魔,在日常生活中忌讳使用蓝色。

巴西人忌讳棕黄色,认为人死好比黄叶落下;埃及人和埃塞俄比亚人当对死者表示哀悼时穿黄色服装;叙利亚人忌黄色,认为它表示死亡之意。巴基斯坦人也忌黄色,因为那是僧侣专用的颜色。但黄色在委内瑞拉被用作医务标志,深受尊重和爱戴。

摩洛哥人忌讳白色，认为白色是贫困的象征；印度人也视白色为不受欢迎的颜色。

**4. 数字的忌讳**

数字的忌讳在很多国家都存在。

西方人极端厌恶"13"这个数字，在任何场合都尽量避开它，如高楼的12层之上便是14层楼，宴会厅的餐桌14号紧接着12号等。有些人甚至对每月的13日这一天也感到惴惴不安。这是因为西方人认为"13"是个不幸的、凶险的数字。原因来自意大利著名画家达·芬奇创作的《最后的晚餐》，基督耶稣和弟子们一起吃饭，参加晚餐的第13个人是犹大。犹大为了贪图30枚银币，将耶稣出卖给犹太教当权者，并为捉拿耶稣的人带路，使耶稣于13号星期五被钉在十字架上。西方人憎恨犹大，也把"13"这个数字当作不幸的象征。

在日本，忌讳"4"和"9"字，因为在日语中，"4"与"死"同音，所以日本的医院，都没有4号病房和4号病床。"9"的发音与"苦"相近，因此也在忌讳之列。

韩国人对"4"字也反感，许多楼房的编号严禁出现"4"楼、"4"字编号，在饮茶饮酒时，主人以1、3、5、7的单数来敬酒献茶。

一些西方人还忌讳"3"。新加坡人忌讳"7"、"8"、"37"。加纳人忌讳"17"、"71"。在非洲，大多数国家认为奇数带有消极色彩，而认为偶数具有积极的象征。

**5. 饮食的忌讳**

印度教徒不吃牛肉。

伊斯兰教徒不吃猪肉，也忌谈猪，在斋月里日出之后、日落之前不能吃喝。

伊斯兰国家戒酒。例如在沙特阿拉伯，海关人员在飞机上会把酒给没收。

伊朗人不吃无鳞的鱼。

阿拉伯人禁食猪肉，不吃外形丑恶和不洁之物，如甲鱼、螃蟹等，也不吃死的动物。取野物时要趁血没凝固，割断其喉头，否则就不能吃。

**6. 宗教禁忌**

无论东方还是西方，宗教在许多国家已成为人们的一种生活方式，渗透到社会礼仪的许多方面。欧美国家受基督教的影响，中东地区国家受伊斯兰教的影响,东南亚地区国家受佛教的影响,和这些国家及地区的人民交往,切勿冒犯了宗教禁忌,尽管是无意的,造成的后果却往往是很糟糕的。

亚洲是世界三大宗教——佛教、伊斯兰教、基督教的发源地,其中尤以伊斯兰教的教规最为严厉。《古兰经》是伊斯兰教的基础,它制定伊斯兰教的信条、典礼和规章,还包括禁止饮酒和赌博、戒食猪肉以及一切自死物的血液的法律。

伊斯兰教无偶像崇拜,只要是面对麦加方向,就是面向真主了。在穆斯林国家,伊斯兰教徒每天要做五次祈祷。到了该祈祷的时辰,无论手中在做什么活,都要放下,向麦加方向跪下。外来人可以不做祈祷,但绝不能表示出不耐烦或者干扰这种祈祷。沙特阿拉伯是执行伊斯兰教规最严厉的国家。沙特严禁一切偶像,工艺品中的人物塑像,儿童玩具中的"洋娃娃"以及商店橱窗中的模特等都在禁止之列。他们认为这类偶像都是为了顶礼膜拜而造,崇拜偶像和伊斯兰教的戒律背道而驰,所以任何人不得携带雕塑、洋娃娃之类入境。

### 7. 其他忌讳

在与外国人的"礼尚往来"中,还要注意他们的生活习惯,做到事事处处尊重他们的生活习惯。

有时,生活习惯的禁忌多为世代流传,并无特别的理由,例如:在埃及,有许多关于"针"的禁忌。有些居民每天下午三点到五点不买"针"。一些人在传说影响下,夜晚也不做针线活。在古老的俄罗斯民间习俗中,如遇黄猫和兔子过街都视为不祥之兆。在沙特阿拉伯的甸蛮人那里,"笑"被看作是不友好的象征,是奇耻大辱。如果热恋中的男女一方笑了,姻缘就此告吹。印度人认为将孩子放在浴盆中洗澡是不人道的,因为盆中的水不会流动,是死水。许多西方人不肯在梯子下面走过,因为梯子靠着墙,形成三角,早期基督教徒把三角作为三位一体的象征,因此也当作是永恒,从三角下面走过,就被认为侵犯了圣境,不免会自讨苦吃。犹太教,每逢星期六是"安息日",也叫"主日"。根据教规教徒不能在安息日接触金钱、火柴或机器,所以在"安息日"这天,以色列某些大厦的电梯都经过特别安排,无需按钮,每隔一层楼自动停一次,要不然,犹太教徒星期六将会寸步难行。有的国家把牛敬若神明。在印度、缅甸、尼泊尔等国,黄牛被人们敬为"神牛",不准对其鞭打、伤害、使役,更不能宰杀吃肉。逢年过节,要举行敬牛仪式:"神牛"走到哪里,人们都会把最好的食物送上。在公路上、闹市里遇到"神牛",车辆、行人要回避、绕行。尼泊尔把黄牛定为"国兽",如果谁伤害了"神牛",不论有意无意,都会被罚款,甚至受到法律制裁。西方有些人忌讳打破镜子,并把这看作是自己运气就要变坏的先兆。在英国,如果把食盐碰撒了,会被认为是要发生口角或与朋友断交的预兆。西班牙的妇女忌上街时不带耳环。

## 思考题:

1. 世界各国礼仪习俗的基本要求有哪些?
2. 中国民间有哪些主要的习俗礼仪?
3. 外国有哪些主要的节庆习俗礼仪和主要的禁忌习俗?
4. 中国与外国馈赠礼品的习俗礼仪有什么不同?
5. 送花的习惯和礼仪有哪些?

# 第九章 文书礼仪

除了各种事务活动、业务往来、公关应酬之外,秘书人员的礼仪知识、礼仪修养还体现在书面交往中。作为领导的助手,秘书在与方方面面的联系中必然少不了书面往来。书面往来除了思想清楚、语词准确之外,礼仪周到是极为重要的内涵。此外,当我们在各方面日益与国际接轨的时候,在涉外文书交往中注意运用正确的礼仪规范,熟悉并使用国外文书礼仪的习惯做法,也是与世界进一步沟通的一个良好纽带。

## 第一节 文书礼仪综述

### 一、文书礼仪的基本内容和意义

文书礼仪可包含两个方面,即一般公务文书中的礼仪常规和专用于礼仪的文书写作,其中又有公务文书礼仪、私人文书礼仪和涉外文书礼仪的区别。公务文书指单位与单位之间工作业务的文书往来;私人文书在此主要指以个人名义或发给某些个人的私务性内容的文书;而涉外文书则指与境外、国外、外文化地区人们的文书往来。本章主要谈专用于礼仪的各种文书,而一般文书中的礼仪常规已在本丛书《秘书写作》中专门介绍。

对秘书人员来说,能写、会写各种文书,是必备的基本功,但在写作的同时,秘书人员也必须娴熟准确地把握各种文书的礼仪规范、惯常做法。形成文字的东西,不像口头表达那样可以借助语气、表情、姿势等介体来深化话语含义或缓和语境氛围,它纯以文字来传达写作者的全部精神,一旦落笔发出便成覆水难收,因此尤应讲究礼仪。而倘是曾有嫌隙误解的人际关系,抓准机会递上一封礼仪书柬,往往会收到"相逢一笑泯恩仇"的效果;两个并无联系的公司之间,抓住机会以礼仪书柬为铺垫,飞鸿传情,从此便开始了真诚合作,利益双赢,皆大欢喜。自古以来,文书礼仪便是官场、商界、民间均十分重视的礼仪内容,探究文书礼仪的种种问题也成了专门的学问。在长期的实践中,中外各国、各地方都形成了约定俗成的文书礼仪规范,秘书人员必须掌握这些基本知识。

## 二、文书礼仪的基本要求

### (一) 准确　恰当

无论是一般文书中所涉及到的礼仪性要素,还是专门的礼仪文书,撰写时都应首先考虑其准确、恰当的要求。准确恰当有几层含义:首先是指所撰文体选择的准确恰当。要把握写作目的、受文对象、所述事由的关键,正确选用合适的文体。该用邀请信的,不用请柬;写慰问信不能写成祝词。礼仪本来就具有注重外在形式的特点,在文书写作中,仍应注重这个特点。倘在形式化的文体选择上就有误差,自然会给人留下不伦不类、似是而非的感觉,纵然一片真心,也不能起到预期的效果。其次,准确恰当是指所选词语的准确恰当。纵使是一般的公务文书,在遣词造句上也大有讲究,当涉及惯用词语时,其礼仪成分是十分明显的。如法定公文"请示"中结尾部分总有"当否,请批复"之类的字样,这不仅是"请示"文体的惯用写法,也是下级机关对上级机关应有的礼仪表现。平时,各公司各单位之间因各种往来而产生了各种文书,即使内容再严肃,也不应忽视文书词语应有的礼仪成分,包括称呼上的尊重、选词的宽容和敬语的妥帖。至于专门的礼仪文书,则更讲究词语的准确恰当,尤其是对一些特殊人物,特殊客户、境外人士、外文化人士的文书,更要字斟句酌,仔细推敲,以免一言不慎酿成不快,甚至造成很大的误会矛盾,影响工作,影响关系的发展。即使是双方发生了磨擦、矛盾,或要指责对方的不合理行为,词语也应注意"节度",不可恣意行文。再次,是发受文关系的准确恰当。秘书所撰文书的受文对象,无非是公务上的有关客户,协作方及各相关人员,说到底都是"公务"的,所撰文书即使是给个人,也是为工作目的。但形成这些业务关系的主体毕竟是人,"人"的复杂性又决定了秘书人员在与不同人的交往中必须灵活,因人制宜。所以,针对与受文对象的不同关系,以本单位领导的个人名义甚或以秘书人员的个人名义撰写有关文书,如"请柬"、"贺辞"、"唁电"等,发送给对方个人,往往比以单位、公司、组织的名义互相致文更具亲和性。最后,是发文时间的准确恰当。

法定公文本身就具时效性特点,除了因公务活动的重要性严肃性外,时间的把握也是对受文者的尊重,使对方能及时收知有关信息,作出妥当的安排。而专门的礼仪文书讲究时间准确恰当,主要通过应时应景沟通情感,一旦错过了时间,往往也就错过了机缘。

所以,准确恰当是文书礼仪的第一基本要求,它的内涵是很丰富的。

(二)真情　积极

在各种文书中,凡事涉礼仪,都应出自真诚。在专门的礼仪文书中,真情则格外重要,与"人"交往,"情"应贯穿始终。礼仪文书中的迎送词、祝酒词、贺信等,如果没有真情的话,必然成为一种虚假的、例行公事的客套,而慰问、吊唁类的文书,本身就是为传情而作,更要情真意切。当然,由于立场、利益、观点等种种因素的影响,或有时我们尚不能与交往的对手达成共识、相互谅解,这就更需要在相关文书中注意真情的表达。此时的文书礼仪将起到极重要的纽带作用,它可以弥补正式会见或谈判中的某些尴尬和别扭,传递出"无论现在结果怎样,沟通的渠道还是存在"这一重要信息。由此我们也应认识到,在文书表达中不仅要有真情,而且态度还必须是积极的,努力朝着有益的方面推进的。因此,文书用语不仅要合乎表面礼仪要求,而且还要富有积极的主动精神。包括对外商客户也应这样,如宁可把一句话写成:"We will be pleased to give you a two percent quantity discount."而不宜写成"We cannot give you a three percent quantity discount."很明显,前一句的说法较之后一句要热情积极得多。"The goods will be delivered by the end of July."和"The goods cannot be delivered until the end of July."两句似乎是一个文字游戏,然而同样的意思,在前一句中是积极的、努力的,到了后一句却是冷冰冰的、公事公办的。有一位外交界的前辈曾感慨地谈到,在与外国人谈判时,往往需要更婉转的表达方法以缓冲事实的严峻。这一点在文书写作时同样十分重要。只要不想彻底断绝关系,就总要为今后的交往留下后路,文辞委婉而又积极,就是一种好的做法。因此要尽量避免在句子中出现消极否定意义的词语,像"We are holding back your shipment until we receive the remaining thirty percent of payment."就应该写成"We will be delighted to forward your order as soon as the remaining thirty percent of payment is received."句子中的事实信息是一样的,而情感信息却是后者积极得多,因为它立足在积极的方面陈述意见。

为了在文书中表达自己一方的意愿,还可用"对方立场"的语词来表达意思:"We will give you a commission of five percent on each sale."不妨转换成"You will receive a commission of five percent on each sale."从对方的立场来陈述事实,使受文者产生亲近感。"To have a good supply of silk, please order at once as our stock is going off rapidly."这是一句令人愿意接受的话,倘说成"We hope you will order at once as our stock is going off rapidly."却是以自我为主,带有生硬的命令口吻了。

(三)明确 规范

文书并不因讲了礼仪就成为含糊其辞、闪烁其义的东西,它必须具有明确的意义表达,这才是文书写作的本旨。同时,由于一些礼仪类的文书往往篇幅短小,自然要求言简意赅,不必冗赘,所以词语的含义就一定要明确,使人不误会,不费解,也不产生歧义。那则应用写作中的"经典笑话"——速发猪肉20吨头蹄不要去掉——不该发生在秘书人员的笔下。当我们与外商交往,用英语写作时,也应力避冗赘。"Thanking you in advance, I remain"不妨直接写成"Thank you"。一句简单的"Please be sure to fax us your reply by June 15"完全可以取代啰啰嗦嗦的"Please do not fail to send us your reply by fax by June 15"而说:"Thank you for your letter."也比说:"We acknowledge receipt of your letter with thanks."简洁得多。这些简洁,都是建立在"明确"的基础之上的,当能完满表达意思时,就力求删去或改掉一些多余的和不恰当的词语,以使自己的文句更明确、精练。不论中外文书,礼仪上自有一套规范,从类别、文体格式、专用套话、遣词造句,都显示出自身不同于其他事物的独特规范。在撰写此类文书时,一定要掌握好这种规范,才能恰如其分地表达情感,传达意图,增进交流。近年来,由于中外文化交流的广泛深入,由于境外华文地区与大陆内地接触的日趋频繁,由于社会生活节奏的加快并促使语言本身的迅速发展,现实生活对文书礼仪的规范形成了巨大的冲击。旧有模式被弃如敝屣不复再用的有之;旧有模式被重新请出奉为圣训的有之;外国文书礼仪模式套用于我国文书中的有之;将我国的文书礼仪照搬到涉外文书中的有之;境外华文与当地文化结合形成的独特礼仪模式亦有之,其中孰优孰劣,都必须经历时间和实践的检验,逐步扬弃,以最终形成"正果"。在这个过程中,秘书人员既不能恪守僵死的教条食古不化,坚决不用任何新的形式和词语,致使文稿"古意盎然",全无时代气息，也不能对一切新出现的东西都认作规范而刻意仿效，致使自己成了某些谬误的以讹传讹、推波助澜的工具。这是每个秘书人员都必须清醒认识的重要问题。

讲求规范，既要注意每种文体的固有规范，也要注意词语的规范，后者在实践中更重要。因为词语的变化太快太大，既反映时代发展，又极易为时代淘汰。所以要坚持采用规范的词语表达，坚决不用不规范的、只在少数人群中流行的词语，并坚持用被普通话采纳的词汇而不滥用方言词汇，使文书既能明确地表达情感意愿，又推动语言的健康发展。

## 第二节 书信类文书礼仪规范

### 一、书信类文书礼仪规范的基本要求

书信礼仪，可以说是文书中的重头。无论公务的、私人的、严肃的、轻松的、喜庆的、哀伤的、重大的、细碎的，种种内容，都可以在书信中得到充分的表现。对秘书人员而言，写成一封得体、明确的信，不仅要有对书信内容所涉业务或相关背景的熟悉，还应了解中外书信的基本规范。

（一）中文书信的结构

中文书信内容的结构，主要由称呼、启词、正文、酬应过渡、祝颂词、签署、日期等七部分组成。

**1. 称呼** 称呼是写信人对受信人的尊称，主要依据相互间的隶属关系、亲疏关系、尊卑关系、长幼关系等而定，一般都用"敬语＋称谓"的形式组成。如："尊敬的王总经理"、"亲爱的刘主任"、"尊敬的董事长先生阁下"等。对某些特殊的内容或与境外华文地区的人员往来时，还可加上"提称"如："尊敬的王博士总经理海成先生台鉴"、"亲爱的李秘书明玉小姐雅鉴"等等。

**2. 启词** 启词是信文的起首语，可有多种表示法。如问候式的"您好"、"别来无恙"等；思怀式的"久不通信，甚为怀想"、"去国半载，谅诸事顺遂"等；赞颂式的"新春大吉"、"开张大吉"等；承前式的"上周曾发一传真件，

今仍具函,为××事","贵公司×月×日赐函已悉"等等。不分对象,不论内容,一律以"您好"为书信之启词,实在极不恰当。此外,公务书信的启词还可用"兹为、兹因、兹悉、兹经、兹介绍、兹定于";"顷闻、顷悉、顷获";"欣闻、欣悉、欣逢、值此",以及"据了解、据报、据查实"等一系列公文用语,以提领全文。

**3. 正文** 正文是书信的主体,是书信能否达到写信人理想效果的关键。一封信可以专说一件事,也可以兼说数件事,但公务书信应该一文一事。正文要清楚、明了、简洁,并注意情感分寸,不应有昵亵轻狂之嫌,也不可显侮蔑轻慢之意。

**4. 酬应过渡** 正文结束时,可写几句酬应性的话作为全文的过渡。如"我方相信,经过此次合作,双方的友谊将有进一步发展"。又如"再次表示衷心的感谢"或"代向公司其他同志问候"等等。也有用公务书信的常用结语过渡,如"特此函达、特此说明、特此重申、特此函询、特此致歉",或"肃此专呈、肃此奉达",也有"特此鸣谢、敬希谅解、尚祈垂察、务请函复、至希鉴谅",以及"承蒙惠允、承蒙协办、承蒙惠示、不胜荣幸、不胜感激"等等。

**5. 祝颂词** 书信的最后,写祝颂词是惯例。由于写信人与受信人的关系各有不同,书信内容各有不同,祝颂词的写法便呈多种多样。一般说来,有"即颂时绥、敬颂台安、此致敬礼、谨祝万事如意、诚祝生意兴隆"等等,有时,因过渡词含有明显的祝颂义,也可省去祝颂词。

**6. 签署** 书信的签署以写信人全名为要,不能只签个姓氏或习惯称呼,如"老王、小王、小李、张主任、赵经理"等,而要完整地写成"××部主任张金水"、"××公司经理王富成"或者"××公司办公室秘书李倩"、"××部业务员刘震"等。今天,许多书信都以计算机制成,但即使已打印了姓名,仍应再以手书签署一遍,这既表信用,亦示诚意。对某些特殊对象,署名后应有具名语,如"谨上、谨呈、敬述"等,以表示对受件者的尊重。

**7. 日期** 日期明确本是应用文写作的基本要素,书信自然不可缺了这一项。日期必须准确,表现出写信人的负责态度,而万一记错日期,也许会因此而误事。

(二)中文书信行款规范

1. 字迹端正清晰,易于认辨。不写错别字,不写错句。单字不成行,单行不成页。

2. 一页纸上至少有三分之一是话语长度跨两行以上的,不宜满页尽是长度不跨行的短句。

3. 礼仪性的贺信、唁函、邀请书等不宜太长,但不能少于100字,书写时亦应注意在整页纸上的布局合理,不能一页大纸上就两行小字,这既不美观于样式,又乏诚意于情分。

4. 不可用红墨水、红圆珠笔或铅笔写信。

5. 对境外华语地区通信,要兼顾当地汉语书信的表达习惯。

6. 信笺折叠应是文字面朝外,受件人称呼朝外。信笺折叠宜简单地横竖对折,不宜折成燕子状、花瓣状,这种折叠法不宜用于工作信件,会影响工作信件的严肃性。

7. 信封使用要按国家邮政总局的有关规定,不可随意印制或改制。信封书写也应按我国邮局规定的规范行事。收件人姓名后可用"钧启、公启、安启、亲启"等,但倘为明信片、则应用"收"字,明信片的寄件人后也不能写"缄"而应写"寄"。

8. 邮资要付足,不要寄欠资信,以免因退回补足邮资而造成时间上的延误,邮票贴法要规范,但勿与地址太近,以免盖邮戳时将门牌号码遮住,造成投递麻烦。邮资总付的信件,要与邮局相关部门妥善交接。航空信的标签要明显。

## 二、中文各类礼仪书信示例

（一）致意信

致意信是典型的礼仪文书,应用性极广,祝贺、感谢、慰问、邀请等皆可融合一体,表示一种真挚的情意。

**1. 江泽民致萨马兰奇的信(一)**

亲爱的萨马兰奇先生：

我曾收到过您寄来的关于北京申请2008年奥运会的信件。

在您最近主持的国际奥委会执委会上,北京已经成为5个候选城市之一。我和我的同事们完全支持北京申办。如能在具有悠久文明并且迅速发展的北京举办2008年奥运会,无论对奥林匹克运动,对中国乃至世界都具有积极意义。

> 我深信北京市在中国政府和全国人民的支持下,将作出非凡的努力,一定能办成一届高水平的奥运会。
>   欢迎您在方便的时候访问中国。
>
>                       中华人民共和国主席  江泽民
>                           2000年9月9日于北京

### 2. 江泽民致萨马兰奇的信(二)

> 亲爱的国际奥林匹克委员会主席萨马兰奇先生:
>   欣悉中国北京市获得二〇〇八年第二十九届奥林匹克运动会的举办权,我代表中国政府和中国人民,并以我个人的名义,对您为国际奥林匹克运动发展作出的贡献,致以崇高的敬意!并通过您,向国际奥林匹克委员会对中国的信任和支持,表示衷心的感谢!中国政府和中国人民将全力以赴支持北京市,把二〇〇八年奥林匹克运动会办成一次弘扬奥林匹克精神、促进世界和平、增进各国人民友谊的盛会。
>
>                       中华人民共和国主席  江泽民
>                       二〇〇一年七月十四日零点三十五分

以上两封致意信,前者强调自己的态度并发出邀请,后者则是事成之后的谢意和决心,言虽简而意明情切,是礼仪类书信的典范。

## (二)贺信

贺信可用于对各种重大事件的成功庆祝、对重要会议的召开庆祝、对重大纪念日的庆祝以及企事业单位、重要人士的各种庆祝事宜。贺信可长可短,一般在对某些纪念日的贺信中可加述这个纪念日的某些回顾和意义,篇幅因此也就稍长。

### 3. 祝贺重大事件成功的贺信

> 北京2008年奥运会申办委员会:
>   欣悉在莫斯科召开的国际奥委会第112次全体会议上,北京市获得2008年夏季奥运会举办权,全国体育工作者为之欢欣鼓舞。这

是中国体育界值得热烈庆贺的大事。

在中国举办奥运会是我国几代体育工作者的夙愿,是全中国各族人民的共同愿望。在紧张激烈的申办过程中,你们通过艰苦扎实和卓有成效的工作,终于使这一美好的愿望变成现实。在此,谨向你们和所有为申办成功作出贡献的人们表示衷心感谢和崇高敬意!

改革开放以来,随着我国经济快速发展,社会不断进步,综合国力显著增强,体育事业蒸蒸日上,中国体育界为国际奥林匹克委员会的正确抉择感到高兴,将动员全国体育工作者尽心尽力,为奥林匹克运动和世界和平进步事业作出更大贡献。在党中央、国务院的正确领导下,在全国人民的关心支持下,我们相信2008年北京奥运会一定能够圆满成功,并以独特的风采载入国际奥林匹克运动史册,为中国社会主义现代化建设增添新的光彩。

国家体育总局<br>
中华全国体育总会<br>
中国奥委会<br>
2001年7月13日

**4. 祝贺会议召开的贺信**

亚洲预防犯罪基金会第八届国际大会将于今年十月在中国召开,我谨代表中国政府和中国人民,并以我个人的名义,对大会的召开表示衷心的祝贺,同时欢迎各国法官、检察官、警官、律师以及法学专家前来参加会议。

人类社会的发展轨迹告诉我们,犯罪是社会稳定与进步的阻碍因素,它破坏政治体制的正常运转和国家法律法规的正确实施,扰乱社会秩序,侵蚀人们的道德品质和精神世界。随着经济全球化进程的加快和各国交往的频繁,犯罪也逐渐呈跨越国界的趋势,给国际经济发展和国际社会秩序带来极大损害。要维持国际经济的繁荣和国际秩序的稳定,就必须对犯罪活动加强研究,找到犯罪的规律,谋划遏制犯罪的良策。这次大会以预防犯罪为主题,交流总结过去一个世纪各国预防犯罪的经验,探讨经济全球化进程中的犯罪预防方略,具有重大的理论价值和实践意义。

　　中国政府和中国人民历来重视科学管理社会，实行依法治国，坚持一手抓经济建设，一手抓惩治犯罪，打防并举，标本兼治，根据犯罪发生的规律和控制犯罪的需要制定犯罪预防策略，把犯罪的预防工作纳入法治轨道，使犯罪预防工作法治化、规范化，并总结探索出了"教育是基础，法制是保证，监督是关键"的预防犯罪的社会治安综合治理的新路子。

　　我们历来认为，尽管各国政治制度、文化背景、意识形态不同，但各国在犯罪预防领域中都积累了各自的经验，可以相互借鉴。我相信，通过召开这次大会，各国代表会聚一堂，相互交流预防犯罪的经验，探讨预防犯罪的国际合作问题，将会对21世纪的犯罪预防和社会经济的繁荣发展作出贡献。

　　预祝大会取得圆满成功！

**中华人民共和国主席　江泽民**

### 5. 祝贺重大纪念日的贺信（一）

　　中共西藏自治区委员会、西藏自治区人大常委会、西藏自治区人民政府、西藏自治区政协、西藏军区：

　　今天，在西藏各族人民以喜悦的心情欢庆和平解放50周年之际，我作为亲身经历和目睹了近一个世纪西藏历史巨变的一位藏族老人，真切希望与家乡的父老乡亲共庆这个具有历史意义的日子，再亲眼看看近10年来家乡的巨大变化，但由于年龄和身体原因，这次不能前去庆贺，深感遗憾。为此，我向西藏各族工人、农牧民、知识分子、干部和各界爱国人士，向驻藏人民解放军、武警部队官兵和广大公安干警，向参加和支援西藏建设的全体同志们、朋友们，致以热烈的祝贺和亲切的问候！

　　回首往事，心潮澎湃。50年前，我作为原西藏地方政府首席全权代表，直接参与了签订《中央人民政府和西藏地方政府关于和平解放西藏办法的协议》（即"十七条协议"）的全过程。"十七条协议"的签订，使西藏实现了历史性的重大转折，永远摆脱了帝国主义的羁绊，实现了包括藏族在内的中华民族在新的历史条件下的大团结，为西藏的进步和繁荣开辟了广阔的前景。"十七条协议"的签订，西藏的和平解放，是以伟大领袖毛泽东为核心的中央第一代领导集体运用马克思主义民族理论的基本原理,从西藏的历史和当时的实际出发作出的英明决策和伟大创举,是中国共产党按照民族平等、团结的原则处理国内民族问题的成功典范。在这里,我首先要向毛泽东、周恩来、刘少奇、朱德、邓小平等老一辈无产阶级革命领袖表示深切的怀念,他们的英名永远铭记在西藏各族人民心中。我还要向当年参加签订"十七条协议",为西藏的和平解放尽心竭力、多方操劳、作出重要贡献的中央政府代表和原西藏地方政府代表表示真诚的怀念,他们虽然相继离开了我们,但他们为西藏的和平解放所作出的努力和贡献,西藏各族人民是永远不会忘记的。

50年来,西藏在中央三代领导集体的高度重视和无微不至的关怀下,在西藏自治区党委和人民政府的直接领导下,在西藏各族人民的共同努力下,在兄弟省区市的大力支援下,完成了民主改革,废除了封建农奴制度,实现了民族区域自治,昔日连做人的起码权利都没有的百万农奴真正成为国家、社会和自己命运的主人。现在,西藏经济和社会各项事业得到全面发展,人民生活水平有了明显提高,贫穷落后、封闭停滞的旧西藏发生了翻天覆地的变化,一个欣欣向荣的社会主义新西藏已展现在世人面前。在这里,我要向为西藏的和平解放,为西藏的社会主义革命和建设,为保卫国防、维护祖国统一和民族团结发挥了巨大作用、作出重大贡献的西藏各族各界人民,驻藏人民解放军、武警部队、公安干警,向给予无私援助的各兄弟省区市和广大援藏干部、工人、科技人员致以最崇高的敬意和最诚挚的谢意。

50年所走过的历程,使我们深刻认识到:始终坚持中国共产党的领导,坚定不移地走社会主义道路,西藏才有光明的前途;实事求是、一切从西藏的实际出发,是做好西藏工作必须长期坚持的思想路线和工作作风;按照建立平等、团结、互助、友爱的社会主义新型民族关系的原则处理民族问题,全面贯彻落实党的民族宗教政策,是实现各民族团结和维护西藏稳定的有力保障;坚持和完善民族区域自治这一基本政治制度,大力发展经济和其他各项社会事业,是西藏繁荣昌盛的基石;坚持反分裂斗争,维护祖国统一,加强民族团结,是西藏发展繁荣的根本前提;坚持和发展壮大爱国统一战线,是西藏革命和建设事业取得胜利的重要法宝。50年的成就来之不易,我们要倍加珍惜;50年的历史经验弥足珍贵,我们要牢记心间。

7月1日,江泽民同志在庆祝中国共产党成立80周年大会上发表重要讲话,全面回顾和系统总结了我们党80年来领导革命、建设、改革的光辉业绩和基本经验,深刻阐述了"三个代表"重要思想的科学内涵和深远意义,指明了新世纪的历史任务和奋斗目标,是一篇马克思主义的纲领性文献,是指导西藏新世纪各项工作、鼓舞和团结各族人民努力建设新西藏的根本指南。前不久,中央还召开了第四次西藏工作座谈会,全面总结了第三次西藏工作座谈会以来取得的成绩和经验,深刻分析了当前西藏的形势,提出了进一步做好西藏工作的指导思想和任务。中央决定继续加大对西藏的扶持力度,继续对西藏实行特殊政策,这对促进西藏实现跨越式发展和长治久安具有十分重要的指导作用。

抚今思昔,感慨万千;展望未来,前程似锦。我相信,西藏各族人民在以江泽民同志为核心的党中央关怀下,在西藏自治区党委和人民政府直接领导下,在各兄弟省区市的大力帮助下,在建设有中国特色的社会主义进程中,一定会高举邓小平理论伟大旗帜,按照江泽民同志"三个代表"重要思想的要求,为实现各民族共同繁荣、实现中华民族伟大复兴作出自己应有的贡献。

祝西藏自治区繁荣昌盛!

祝西藏各族人民吉祥如意!

阿沛·阿旺晋美<br>2001年7月19日

### 6. 祝贺重大纪念日的贺信(二)

尊敬的西藏自治区党委和人民政府:

在西藏各族人民欢庆和平解放50周年之际,我谨向你们并通过你们向全区各族干部、群众和僧侣,致以节日的祝贺和亲切的问候!

西藏和平解放50年来,发生了翻天覆地的变化,这是举世公认的。这些成绩都是在中国共产党领导、关怀下,全区各族人民努力奋斗取得的。事实证明,没有中国共产党,就没有西藏的发展繁荣。今天,我们更加怀念毛主席、周总理、邓小平和十世班禅。我一定要继承和发扬十世班禅"爱国爱教"的光荣传统,为完成"护国利民"的历史使命而努力奋斗。让我们同全国各族人民紧密团结,在以江泽民总书记为核心的党中央领导下,在自治区党委、政府的带领下,在各兄弟省、自治区、直辖市和中央有关部门的大力支援下,用我们的智慧和双手加快建设社会主义的新西藏。我相信,再过50年,西藏将更加繁荣昌盛。西藏各族人民的前途是无限光明的,未来是无限美好的。

祝全区人民节日愉快、生活幸福、扎西德勒!

十一世班禅额尔德尼·确吉杰布<br>2001年7月13日

### 7. 祝贺企业员工得奖的贺信

亲爱的徐良德总工程师:

欣悉您在今年科技创新评奖活动中荣获一等奖,并当选为"科海领航人",我由衷地为您高兴,并代表全公司干部群众向您表示衷心的祝贺!

多年来,正是由于您和以您为首的科技班子为企业的发展殚精竭虑,无私奉献,我们光明公司才能以产品的不断创新和质量的持续稳定,在市场上立于不败之地。我和公司领导班子的全体同志都深深地懂得,科学技术是第一生产力,科技人员是企业的第一财富,而您的突出成就则充分证明,科技人员是光明公司的第一功臣。在新一轮的产品创新和市场开发中,还仰仗您和公司其他科技人员的钻研努力。我深信,只要我们全体员工拧成一股劲,就一定能不断取得新的胜利!

再次为您的得奖祝贺!

光明公司总经理<br>曹山川<br>2000年11月1日

上列各种贺信,有重大事件和节日的内容,有会议内容,有普通企业工作内容,无论内容怎样,贺信在表祝贺的同时,都应对事件的意义作一番评价。至于同为庆贺西藏的和平解放50周年,由于写信人身份、经历的不同,贺信的篇幅和侧重点也就各不相同。可见,贺信在写作时,不仅要考虑表达祝贺之情,还要根据不同的关系有所区别。

## （三）慰问信

慰问信多用于节庆之日或特殊情况下，向有关人员或有关单位表示安慰、问候、鼓励及关怀。慰问信往往又是对被慰问对象的精神的一种弘扬，所以可以公开登载于传媒或张贴于布告栏中，而单位内部的某些慰问信，又可直接寄到被慰问者家中。

### 8. 传媒登载的慰问信

中国人民解放军驻浙部队和人民武装警察部队全体指战员，全省军队离退休干部，烈军属，革命伤残军人，复员、退伍和转业军人：

值此中国人民解放军建军74周年的光辉节日到来之际，省委、省政府谨代表全省人民，向你们致以节日的祝贺和亲切的慰问。

中国人民解放军是一支具有光荣革命传统、战无不胜的人民军队，在中国共产党领导下，始终站在拯救中华民族独立、解放事业的最前列，前仆后继、浴血奋战，为新中国的诞生建立了卓越的功勋；在保卫祖国安全、维护社会稳定以及参加社会主义现代化建设中，忘我奋斗，无私奉献，忠实地履行了党和人民赋予的神圣使命；在改革开放的新时期，坚持以邓小平新时期军队建设理论和江泽民总书记"三个代表"重要思想为指导，继承和发扬我军优良传统，自觉服从、服务于国家经济建设大局，全面加强国防和军队现代化建设，为国家的改革开放和经济建设提供了坚强有力的安全保障。

驻浙人民解放军和武警部队，忠实履行我军的神圣使命，认真贯彻落实党中央、中央军委的指示精神，全面加强部队建设，广泛开展科技练兵活动，不断提高部队在高科技条件下的战斗力，圆满完成各项军事任务，以实际行动有力回击了"台独"分子分裂祖国的图谋；努力实践全心全意为人民服务的宗旨，积极支持和参加我省的社会主义现代化建设，为两个文明建设作出了新的贡献；继承和发扬拥政爱民的光荣传统，深入开展创建"双拥模范城（县）"和军（警）民共建社会主义精神文明活动，视浙江为"第二故乡"，为基层、为群众做好事、办实事，进一步密切了军政军民关系。特别是在发生重大自然灾害的危急关头，你们始终坚持人民群众利益高于一切，不顾生命危险，挺身而出，奋勇抢险救灾，谱写了一曲曲人民军队爱人民，人民军队为人民的壮丽凯歌。你们不愧是人民子弟兵,不愧为英雄之师、威武之师、文明之师,不愧为保卫国家安全的钢铁长城。浙江人民感谢你们!

全省烈军属、伤残军人、复员、退伍和转业军人,继承和发扬人民军队的革命传统,自尊、自爱、自强、自立,在本职岗位上辛勤劳动、开拓创业;广大军队离退休干部,发挥余热,风采不减,继续为我省改革和发展贡献力量,受到了全省人民的称赞和尊敬。

今年以来,我省围绕提前基本实现现代化的战略目标,加快发展,全省社会经济继续保持强劲的发展态势,主要经济指标增幅位居全国前列。这是全省广大干部群众共同努力的结果,也是你们的大力支持和无私奉献的结果。目前,全省正在深入学习贯彻江总书记"七一"重要讲话和"三个代表"重要思想。我们要进一步认清形势,再接再厉,抓住机遇,乘势而上,把全省干部群众学习贯彻《讲话》激发出来的热情,引导到加快现代化建设上来,坚持把发展作为主题,把结构调整作为主线,把改革开放和科技进步作为动力,把提高人民生活水平作为根本出发点,切实抓好"十五"计划开局之年各项工作的落实,不断推动我省社会经济更快、更好地发展。

拥军优属、拥政爱民是团结和动员广大军民为实现党在各个时期的历史任务而奋斗的一项重要工作。我们要进一步认真做好拥军工作,掀起拥军优属的新高潮,进一步增强国防观念,大力加强全民国防教育和国防后备力量建设;一如既往地支持部队建设,帮助解决战备、训练、演习中遇到的实际问题,保证部队执行各项任务的需要;认真落实优抚安置政策,妥善安置军队转业干部、复员退伍军人和离退休干部;积极开展科技拥军、智力拥军和军民共建活动,促进部队战斗力的提高,巩固和发展军政军民关系,不断开创我省双拥工作的新局面。

全省军民要深入学习贯彻《讲话》精神,高举邓小平理论伟大旗帜,更加紧密地团结在以江泽民同志为核心的党中央周围,坚定不移地贯彻落实"三个代表"的要求,同心同德,艰苦奋斗,为早日完成祖国统一大业,推进有中国特色的社会主义伟大事业,实现中华民族的伟大复兴而努力奋斗!

祝同志们节日愉快,身体健康!

中共浙江省委<br>浙江省人民政府<br>2001年8月1日

### 9. 寄达收件人家中的慰问信

尊敬的离休退休老同志们：

在新世纪的钟声即将敲响、新世纪的曙光即将普照大地之际，我们集团公司工会全体工作人员代表全公司干部群众，向你们以及你们的家属表示衷心的祝贺和亲切的慰问。

多年来，是你们这些离退休的老同志为企业的创立、建设和发展，为填补我国电子工业的空白而殚精竭虑、呕心沥血，你们把最宝贵的年华和全部的聪明智慧无私地奉献给了企业、奉献给了电子工业、奉献给了祖国，你们为我国电子工业在今天的突飞猛进做出了巨大的贡献。在企业的发展史上，在新中国电子工业的发展史上，在中国人民奋发图强建设现代化的征途上，永远留下了你们的足迹，在集团公司全体员工的心里，也永远铭记你们的功劳。

今天，我们全体员工正以昂扬的姿态，迎接21世纪的到来。去年我们的115号产品终于研制成功，为航天技术的发展作出了我们电子行业的贡献；去年集团公司总产值也越过了××大关。在21世纪里，电子行业面临着巨大挑战，进入WTO以后，我们前进的道路也必将十分曲折，一定还有许多苦仗、恶仗等着我们去打，有许多前所未有的难题等着我们去解，但我们坚信21世纪也必将给我们带来巨大的机遇，我们将有更开放的市场，更充分的竞争，必然也会创造出更辉煌的成果。我们一定要继承和发扬你们的优良传统，去争取更大的光荣！

尊敬的离退休老同志们：你们不仅给我们留下了珍贵的物质和精神的财产，你们现在仍然是我们宝贵的智囊。在我们向更高目标进军的征途上，我们仍离不开你们的关心支持，你们的经验和见解将永远是我们重要的资源。虽然由于改革和调整，原来的建制有了新的变化，老同志们与集团公司的联系方式可能也有不同程度的变动，但集团公司永远是你们的娘家，我们工会干部永远是你们的贴心人。你们如果有什么问题需要解决，有什么困难需要帮助，请相信我们一定会尽全力为你们服务。

衷心祝愿离退休老同志们身心愉快，福寿双全！

××集团公司工会
2000年12月28日

除上列两种慰问信外,在特殊工作环境或特殊任务中的有关人员,往往还会收到来自上级或社会各界的慰问,以表示有关方面对特定对象的关心,这种内容可参见第三节的"慰问电"。慰问信不仅要"慰问",还应将写信人的情况作一通报,这是不可忽视的重要内容。

(四)感谢信

感谢信专用于答谢受件人曾经予以帮助或支持等,可以封信寄达,也可写在大红纸上张贴在受件人处。

**10. 综合感谢信**

> 7月13日,国际奥委会决定北京为2008年奥运会举办城市。喜讯传来,万众欢呼,举国欢腾,这是首都人民的光荣,更是全国人民和整个中华民族的光荣。申奥成功,归功于党中央、国务院的正确领导,归功于全国人民的全力支持,是我国综合国力大提高和全国各族人民大团结的充分体现。在此,我们向中央党政军领导机关,各省、市、自治区,各民主党派和人民团体,社会各界和全国各族人民,港、澳、台同胞和海外侨胞对北京申奥所给予的支持和做出的贡献表示衷心的感谢。申奥成功后,各省区市、全国各界给北京市委和市政府、国家体育总局、中国奥委会、北京奥申委发来了大量热情洋溢的贺电、贺信,我们在此一并表示诚挚的谢意。
>
> 申奥成功,是我们取得的伟大胜利。更主要的,办好奥运,是我们的重大责任。我们决不辜负党中央、国务院和全国人民以及海外侨胞的期望和重托,按照江泽民同志"三个代表"重要思想的要求,以"七一"讲话为指导,以"新北京、新奥运"为主题,抓住机遇,乘势而上,奋发努力,扎实工作,为把2008年奥运会办成奥运史上最出色的一届奥运盛会而努力工作。
>
> 我们衷心希望在筹办和举办奥运会的过程中继续得到全国人民包括港澳台同胞以及海外华人华侨的大力支持。让我们紧密团结在以江泽民同志为核心的党中央周围,共同谱写中华民族新的辉煌篇章。
>
> 
> 中共北京市委<br>
> 北京市人民政府<br>
> 国家体育总局<br>
> 中国奥委会<br>
> 北京奥申委<br>
> 2001年7月17日
> 

### 11. 致特定收件人感谢信

尊敬的司法部各位领导：

我们是原"法轮功"练习者,因痴迷李洪志的歪理邪说做出了种种违法的事情,来到了板桥劳教所。由于我们中毒太深,目无党纪国法,执著地追求所谓的"高层次"和"圆满",陷入一种病态的疯狂。在这个危急时刻,感谢党和政府及时把我们送到了劳教所接受教育。

来到队里以后,队长们针对我们每个学员的具体情况,制定了周密的帮教计划。反复谈心、引导,多方和家属及社会各界联系,问寒问暖,关爱有加,用真情和智慧打开了一把把愚钝的锁,唤醒了一颗颗痴迷的心,我们忘不了那动人的一幕幕。

郝德敏大队长被顽固学员骂作"魔",挨过学员的打,依旧是满面春风地开导,讲述着一个共产党员的人生观,催人泪下；

张春燕中队长为了我们推迟了婚期,日日夜夜在劳教所里忘我地工作,熬红了双眼；

老刘队长为患病的学员花钱买药,带着她们求医问诊,跑上跑下,端水端饭,像个慈祥的老妈妈；

为了缓解我们思家的痛苦和紧张的情绪,夏队长帮我们安排了各种娱乐活动,节假日放弃了与家人的团聚机会,陪伴着我们,累得身心俱疲；

齐队长、小马队长、王队长、万队长……与我们促膝谈心,耐心细致、不厌其烦……

太多的事情,太多太多的感动,让我们怎能忘记。更多的时候,她们就像是姐妹、朋友、母亲,她们的话语像春风吹过,复苏了我们泯灭已久的人性,像小溪流过,净化了心灵。她们为了我们奉献着全部的赤诚。虽然没有感天动地的惊人之举,只有默默无闻的耕耘,在每个转化学员的身上,无不倾注着她们的聪明才智和心血。就像蜡烛燃烧自己、照亮别人。她们不仅挽救了我们,也挽救了千家万户的幸福,更维护了社会的和平与安宁。从她们身上,我们懂得了什么叫全心全意为人民服务,什么叫无私奉献,什么叫对党的事业的忠诚,她们的精神已经伴随解教学员传颂到社会的各个角落。

在此,我们衷心地感谢板桥劳教所的全体干警们,是她们将党的政策落实到实处,使我们充分体会了党和政府的温暖,是她们崇高的人格和质朴的工作作风赢得了我们的信任和爱戴,扭转了我们对党和政府以及执法部门的误解和偏见。她们是一座座桥梁,一条条纽带,将我们的心同党和政府、同祖国和人民紧紧地连在一起,她们是新时期最可爱的人,成绩属于她们,光荣属于她们。我们代表所有已解教和未解教的原"法轮功"练习者提出倡议:号召全社会都来学习她们这种崇高的敬业精神和无私奉献的精神。她们是社会中平凡的一员,也是我们国家的基石。正是有了这些优秀的中华儿女,才有我们祖国今天的繁荣昌盛!

请接受我们最诚挚的请求和谢意!

(签署略)

### 12. 鸣谢信

各位亲爱的顾客:

我们"天天卖场"开业至今已经三年了。三年来,在各级领导的关怀下,在社会各界的帮助下,在广大顾客的支持下,"天天"像一个呱呱坠地的婴儿成长为一个健壮的孩子那样,创下了可喜的业绩。去年,"天天"的利润突破了××万元,成为大卖场的三强之一;"天天"并当选为精神文明建设标兵单位;家电部业务员郝成林被选为区人大代表;收银员刘凤珍又被评为行业操作能手。短短三年,"天天"在物质文明和精神文明建设方面双获丰收,成了行业的地区领头羊。

这一切成就的取得,除了全体员工敬业努力之外,离不开广大顾客和社会各界的关爱。我们永远记得:当顾客对卖场停车场有异议时,是街道办事处帮我们解决了难题;当暴雨成灾、积水堵住卖场前广场时,是毗邻的邮政局打开自己的边门,让我们的车辆与客流安全通过;当电脑黑客袭击了我们的网络终端时,我们通过区有线电视向社会发出求救信息,结果一下子来了十几个志愿者,使我们的损失减少到最低程度……每当我们想到这些,总是心潮澎湃,对社会各界和广大顾客充满了诚挚的敬意和感激。"天天"惟有以更优质的服务、更负责的精神做好各项工作,竭诚为广大顾客奉献,方能报答社会各界和广大顾客对"天天"的厚爱。

在此,公司总经理赵业雄率全体员工向三年来全力支持帮助我们的社会各界和广大顾客深深鞠躬,向你们致以最衷心的感谢!

**天天大卖场经营公司**

2001年5月15日

上面三例感谢信,一是见诸报端媒体的,二是寄至受件人的,三是张贴于卖场门口的。无论以什么形式,感谢信都必须历数对方所予以的支持帮助,并表示自己的决心。

(五)致歉信

交往中一事不周,酿成不良后果甚至恶劣影响,除了立即解决问题外,也常需要向对方去函致歉,有时也不得不在公开传媒上致歉。写作这种文体,关键在于真诚。

**13. 致歉书**

我公司2000年1月出版的《中国人发现美洲》(主编:冯林;编著者:冯翔、李达)一书,因编著者在引用、借鉴他人创作成果时,超出了《中华人民共和国著作权法》规定的合理使用他人作品的界限,构成抄袭剽窃,侵犯他人著作权的行为。

作为出版单位,对该书所涉及的比较专业领域的内容,疏于严格审核,致使出现部分内容侵害了王大有、宋宝忠和王双有的著作权权益,在此表示道歉。

专此!

国际文化出版公司

2001年8月

**14. 道歉信**

亲爱的高经理永恒先生:

我已知悉下午在会展中心的事。我公司两员工在布展时居然不听贵处有关人员劝阻,执意违章操作,致使火灾酿成,对此我表示万分抱歉。现我已派人将两员工召回,待事故调查结束后一并严肃处理。因火灾造成的损失全由我公司赔偿,我公司并拟派人协助被损展台的修复事宜。

员工不听劝阻,也反映出我公司对员工的纪律教育和安全教育上存在着问题,这首先是我的责任。我们一定要以此为鉴,举一反三,深查员工的纪律观念和安全观念,加强教育,严肃规纪,决不让祸事重演。

再次向您表示深挚的道歉!

**三彩广告公司**
**总经理　杨才威**
2000 年 4 月 18 日

既致歉意,可见已有不愉快的事发生,所以这类文书更重礼仪,以礼仪来消弭已有的矛盾,缓冲那份紧张。同时,要真诚,一片真情才能取得对方谅解。

(六)约请应拒往来书信

或因业务,或因学习,或因其他事宜,约请应拒类的文书是礼仪往来中使用频次最高的品种之一。它可用于公私不同对象和场合中。

### 15. 请约信

尊敬的赵玉芬校长:

　　贵校所创建的"成才理念"教学方式经传媒公开后,引起社会极大反响,对教育界更是影响巨大。作为普教同行,我们极为希望对贵校"成才理念"教学方式有进一步的了解,并与贵校师生直接交流切磋,以更好地向贵校学习,促进我校的教育改革。如蒙应允,祈能安排一个适当的时间,是否以期中考试之后为宜?切望贵校函告我校,以便我校安排人员前往学习观摩。顺致

敬礼!

**天华中学校长　章　华**
1999 年 10 月 11 日

### 16. 邀请信

尊敬的张千石先生:

　　为纪念伟大的辛亥革命90周年,我会定于2001年10月9日至10

月11日在上海市政协江海厅举行"辛亥革命与中国现代化进程"专题研讨会。千老长年钻研辛亥革命课题,乃海内外享有盛誉的辛亥革命研究泰斗,务请千老届时拨冗光临赐教。倘惠赐论文,请提前赠与我会,以便打印。即颂

撰安!

上海市"辛亥革命"研究会

2001年8月30日

又:复函或论文请寄至:上海金太路555号
　　　　　　　　　上海市辛亥革命研究会　收
　　　　　　　　　邮政编码:200009

### 17. 邀请书

# 邀　请　书

　　在社会各界广为关注下,第七届东湖茶文化节定于2001年2月22日至28日,假东湖市乾坤楼大厅举行。

　　本次茶文化节,仍以茶为媒,广泛推动茶叶生产、出口,并邀各界专家,研讨进一步开发茶的食用功能、药用功能、美容功能。此外,为弘扬民族文化特点,将编纂《东湖茶志》。以"茶"为主题的三台文艺节目也将分别于茶文化节的开闭幕式和品茶神仙会上献演。

　　本次茶文化节设有各类展台128个,展出各种精品茶叶、工作茶包、茶制点心和菜肴。各种资料免费赠送。

　　届时恭请持本邀请书莅临指教、洽谈为盼。

展销时间:2月22日下午1:00—5:00
　　　　　2月23日—27日 9:00—17:00
　　　　　2月28日上午9:00—11:30

第七届东湖茶文化节筹委会

2001年2月15日

## 18. 应邀信

王董事长文祥先生：

　　承蒙惠函，邀我参加贵公司十周年庆典，殊深谢忱。十年来贵公司在王董事长及其他领导的管理下，日益发展壮大，已成为本行业的旗舰。贵公司十周年庆典实乃总结过去，瞻望未来，再展宏图的契机，亦实同行切磋共图进步的良缘，本人当按时前往，分享贵公司的成功喜悦，并商讨进一步协作事宜。顺致

敬礼！

**五茗公司董事长**
**钱新北**
2001年4月2日

## 19. 婉拒信

尊敬的高谦良经理先生：

　　谢谢您热情洋溢的邀请信！清风山的景色与贵公司的业绩都是我向往不已的，能在一个美丽的地方与真情的主人相商美好的未来打算，实美煞人哉！然而我不得不十分抱歉地告诉您，由于您提出的时间与我公司早已安排的职工代表大会会期冲突，而我作为职代会代表和公司经理，必须全程出席会议，所以不能应邀出席清风山洽谈会，这真是令人遗憾的事，还望高先生及各位朋友谅解。但我相信，这毫不影响我们一向的合作诚意，我们的合作在即将到来的新世纪必定更上一层楼！顺致

最诚挚的敬意！

**光明制件公司经理　张国庆**
2000年10月15日

　　上列五种约请往来的书信，是整个约请行为的过程，从行文中我们可以看出，请求被邀，发出邀请，同意前往，婉言谢绝，都要言辞恳切，感情真诚。此外，时间、地点、理由等关键要素，不可含糊。五例中较不同的是邀请书，它是没有具体受件人的广泛性邀请，含有一定的广告性质，与其他四例毕竟有很大不同，要注意区分。

### （七）致哀信

当不得不面对亲人去世的时候，可根据写信人身份的不同而给逝者的遗属致信，表达哀思。这种致哀信往往不同于唁电的简单，而侧重于追思。

#### 20. 致亡者家属的信

> 陈国容先生：
> 
>   六月二十日惊悉柯灵同志病逝的噩耗，我非常悲痛，遂嘱会中央发去唁电，敬献了花圈，以寄托我的哀思。近日收到民进上海市委、会中央转来您的来信和柯灵同志的遗像和生平一份，均已阅悉。
> 
>   尊敬的柯灵同志是我多年的老朋友，早在四十年代为抗日反蒋的斗争，为创建中国民主促进会的活动，我们共同战斗在一起，回忆许多往事，至今记忆犹新。柯灵同志是一位杰出的著名作家，他的文学艺术作品颇丰，著作等身。他的崇高品德令人十分敬佩。他为我国的社会主义建设和坚持完善中国共产党领导的多党合作和政治协商制度作出了积极贡献。我将永远怀念他。
> 
>   您要节哀顺变，多多保重身体。
> 
>   谨此函复。致以敬意！
> 
>   祝夏安！
> 
> 
> 
> **雷洁琼**
> 
> 二〇〇〇年八月一日
> 
> 

  此例文中，写信人是逝者的挚友，又是在逝者的追悼活动结束之后，给逝者夫人的信，所以比较简单。一般说来，开始段的哀悼之辞，中段的追思部分，都应较重，较具体。这类信的角度侧重也很重要，一定要从写信人自身与逝者的关系出发，从自身的感受出发，切不可泛泛而谈。如一个晚辈给长辈写信寄托哀思，所写却都是报纸上的悼词，那就不是格外悲痛，而是大不敬了。

## 第三节 电子通信及柬帖类文书礼仪规范

### 一、电子通信及柬帖类文书礼仪的基本要求

与古老的手写书信方式不同,电报、传真、电子邮件等都随着科学技术高速发展而以惊人的力量影响着世界,尤其是电子邮件,以它的快速、便捷和高度的适应性令人信服地在人际交往中占了重要沟通渠道的首席。因此在今天,作为一个秘书人员,必须熟练掌握运用这些交际工具的技巧。从礼仪角度而言,传情达意的工具形式变了,礼仪的根本特性和内涵却并不曾变,它总是要求简洁——言简意赅,电子通信强调的就是简洁迅速,一般不宜太长;真诚——真诚笃信是各种形式礼仪交往的基本,并不因为是现代化的形式就可丢失真诚,那将一事无成;规范——即必须符合电子通信技术的要求,以及国际通信在电子时代约定俗成的通用形式。

柬帖又有不同。柬帖既是我国传统的礼仪文书样式,又是国际通行的简捷、文明的联络方式。某些重大活动的漂亮柬帖,并可作为珍贵的收藏品。

柬帖十分注重外在形式,精美是不能忽视的,但也不能一味奢华,而必须与内容相吻合。重大活动柬帖,要端庄大气;喜庆活动柬帖,要热烈欢快;一般活动柬帖,要真情洋溢;思悼活动柬帖则要素雅严肃。此外,柬帖的递送方式很有讲究,无论远在异地还是近在咫尺,都要专门递送,即或通过邮政渠道,或亲自登门递交,不能托人随便转递或略去柬帖而只以电话口头传达。有些场合,柬帖还是活动的入场券和座位号,没有柬帖,客人无法进入活动场所,或无法对号入座。

### 二、电子通信及柬帖类文书的写作规范

格式上,电子通信类文书与书信较相似,只是更简洁,主要结构是称呼、正文、落款、日期。然具体内容不同、与收件人关系不同,则又有某些细部的

区别，或亲热，或尊重，因人因事而异，并无一定之规。但拍发明码电报，应按邮局规定填写电报单，因此以上四项的位置可能有所变更。电传（用户电报）是极便利的通信方法，也应按通行的惯例发送。至于电子邮件，则是最自由的方式，它长短不限，不仅可以自由发送，而且可以依发件人的意愿，配上不同底纹、背景、字体、插图等，以达到最佳礼仪效果。

柬帖的写作则又有一套专门的约定俗成格式，不管什么内容的柬帖，都必须写明被邀请人、邀请人、何时、何地、何种活动。但内容上，不必像邀请书信那么复杂，一两句话即可。根据不同的内容，柬帖被印刷成各种不同的颜色和花式，这是柬帖的一个重要外在标志。

内容上，此类文书要注意明了。由于此类文书的外在形式是简短的，有时甚至只有一句话，因此尤其强调明了，一定要将最完整的意思明明确确地表现出来，而不能因强调简洁却把意思都简糊涂了。

用词上，要注意词语贴切。不恰当的词句、可能引起对方不快甚至误解的词句，不应出现在此类文书中，因为它的特点是简短，不像较长的书信，可以从上下文的连贯中解释这一句或几句话可能引起的误解，所以更要字斟句酌。贴切还包括规范，即不要用尚未被认可的不规范的词语，包括当下通行的网络语言。因为礼仪文书对秘书人员而言是重要的工作内容，而不似网络聊天室的随便。

## 三、电子通信及柬帖类文书示例

（一）贺电

贺电，是最常见的礼仪电信文书，一般较短，但倘除祝贺外还有对所贺事件的意义阐述时，则可长些。贺电可用于官方、民间、公务、私事等诸多领域。除电报外，以电传（用户电报）、电子邮件形式发送，只是媒介的不同，与礼仪实质并无影响。

**1. 贺成事**

中共北京市委员会贾庆林同志：
北京市人民政府刘淇同志：
　　欣悉北京获得2008年第29届奥运会主办权，我们代表中共上海市委、上海市人民政府和1300万上海人民，向你们并通过你们向北京人民表示最热烈祝贺!

在分享申奥成功的历史性时刻,我们由衷地喜悦,尽情地欢呼。上海人民将和全国人民一起奋发努力,扎实工作,全力支持北京办好2008年奥运会,共同为中华民族的伟大复兴而奋斗!

中共上海市委员会　黄菊<br>上海市人民政府　徐匡迪<br>2001年7月13日

### 2. 贺会

台北中国国民党中央委员会暨连战主席:

值此贵党第十六届代表大会召开之际,谨致祝贺!

我党由衷期望贵党信守坚持一个中国原则、反对"台独"、追求国家统一的立场,为促进两岸关系发展、推进国家和平统一进程作出贡献。

中国共产党中央委员会<br>2001年7月29日

### 3. 贺重大节庆纪念

平壤

尊敬的朝鲜劳动党总书记金正日同志:

在喜迎光荣的朝鲜劳动党成立55周年之际,我谨代表中国共产党中央委员会和中国共产党全体党员,并以我个人的名义,向您并通过您,向朝鲜劳动党中央和朝鲜劳动党全体党员以及全体朝鲜人民,致以最热烈的、诚挚的祝贺。

朝鲜劳动党是具有长期革命斗争历史的无产阶级政党。朝鲜劳动党领导勤劳勇敢的朝鲜人民开展了艰苦卓绝的英勇斗争,战胜了重重艰难险阻,建立了人民当家作主的朝鲜民主主义人民共和国,赢得了祖国解放战争的伟大胜利,捍卫了国家主权与尊严。战后以来,以金日成同志为首的朝鲜劳动党领导和团结全体人民,以自力更生、艰苦奋斗的革命精神,战胜种种困难,在社会主义建设的道路上不断前进。

近几年来,以金正日总书记为首的朝鲜劳动党继承金日成主席的遗志,面对复杂多变的国际形势和连年的自然灾害,把朝鲜人民紧密地团结在一起,顶住压力,克服困难,在社会主义建设以及发展同各国的友好关系、推进祖国自主和平统一、维护朝鲜半岛的和平与稳定方面取得了令人瞩目的成就。

中国党和人民对朝鲜党和人民在各个方面所取得的成就感到由衷的高兴。我们相信,以金正日同志为首的朝鲜劳动党一定能领导朝鲜人民以更加昂扬的斗志跨入新世纪,在社会主义建设、实现民族自主和平统一的事业和发展对外关系中不断取得新的更大的成就。

中朝两国是山水相连的友好邻邦,两党、两国和两国人民之间有着毛泽东同志、周恩来同志、邓小平同志和金日成同志等老一辈领导人亲手缔造和培育的传统友谊。这一友谊经受了半个多世纪历史的考验,已深深扎根于两国人民心中,并在我们两党、两国、两国人民共同关心和辛勤浇灌下,不断茁壮成长。在世纪之交的重要历史时刻,维护和加强中朝友谊,符合中朝两党、两国、两国人民的共同愿望和根本利益,对维护朝鲜半岛和东北亚地区乃至世界的和平与稳定也具有重要意义。巩固和发展中朝友谊是中国共产党坚定不移的方针。我们愿同朝鲜党和人民共同努力,继往开来,加强合作,使中朝睦邻友好关系在21世纪更加蓬勃地发展。

衷心祝愿中朝友谊代代相传,万古长青!

中国共产党中央委员会总书记　江泽民<br>2000年10月9日于北京

## 4. 贺就任(一)

布加勒斯特
罗马尼亚政府总理阿德里安·讷斯塔塞阁下:

值此阁下就任罗马尼亚政府总理之际,我谨代表中国政府并以我个人的名义,向阁下表示衷心的祝贺和良好的祝愿。祝贵国在发展经济和造福人民的事业中不断取得新的成就。

长期以来,中罗两国建立在相互尊重、平等互利等原则基础上的传统友好合作关系不断巩固和发展。我愿与阁下共同努力,推动中罗关系在新世纪发展得更好。

祝贵国繁荣昌盛,人民幸福。

祝阁下身体健康,工作顺利。

**中华人民共和国国务院总理　朱镕基**

2000年12月29日于北京

## 5. 贺就任(二)

尊敬的俞惠中女士:

　　欣悉您已就任远大实业公司总经理,谨向您表示最热烈的祝贺和崇高的敬意。俞女士的胆略见识和谨慎周密,素为业中人士称道,更为本公司同仁钦敬。我深信,有俞女士掌舵,贵公司必能更乘风扬帆,贵公司与我公司的合作,亦将再写令人兴奋的一页。

**星高公司总经理　赵培章**

2001年6月16日

## 6. 贺就任(三)

　　谨贺荣任总经理一职,祝旗开得胜! 赵培章

## 7. 贺五周年庆(一)

尊敬的刘董事长敬才先生:

　　值此贵公司成立五周年之际,我谨代表本公司全体同仁,并以我个人的名义,向贵公司及刘董事长表示最诚挚的祝贺!

　　在过去的五年里,刘董事长以超人的智慧,率领贵公司如骏马驰骋于疆场,战胜困难,把握商机,屡创佳绩,贵公司遂成商界巨子,行业翘楚。在与我公司的合作中,贵公司不以强者自居,公平谦让,体现大家风范,令人感佩之至。我们深信,贵公司在刘董事长及各位才俊的努力下,必将再展鸿图,再创伟业,我们之间的真诚合作在今后无限的岁月里亦

将不断发展。

康明公司董事长　王丰梁

2000年11月8日

**8. 贺五周年庆（二）**

谨贺贵公司成立五周年，祝鹏程万里！王丰梁

**9. 贺开业（一）**

亲爱的郑华明总经理：

　　欣闻贵公司即将择吉开业，请接受我公司全体同仁的真诚祝贺。时下本行业炙手可热，正孕藏无限商机，是有胆有识之才俊大展身手的自由天地。贵公司的加盟，使本行业添一支生力军，使本公司多一个盟友，实乃幸事。本公司愿与贵公司精诚合作，共谋发展，以推动行业进步，并为促进经济腾飞而共同奋斗！

山石公司总经理　张岩

2001年5月10日

**10. 贺开业（二）**

欣闻贵公司择吉开业，谨贺万事顺遂，宏图大展！张岩

**11. 贺寿诞（一）**

亲爱的李可风教授：

　　在您80华诞到来之际，请接受03科研项目组全体成员最衷心的祝贺！

　　虽然您已退居二线，但03科研项目是您毕生心血所在，全体成员正是在您的精深理论、探求精神和务实作风的影响和带领下，共同攻关，共登险峰的。今后03科研项目仍将需要您的指导和启发，学术界也期待着您的大作不断问世！

再一次祝您健康长寿!

**03 科研项目小组全体成员**

2001 年 3 月 15 日

## 12. 贺寿诞(二)

谨贺李教授80华诞!祝健康长寿!03 小组

## 13. 贺退休(一)

亲爱的万太辛先生:

　　欣悉您将于本月底退休,谨表祝贺。万先生桃李满墙,著译等身,思如泉涌,笔下生风,退休后才情当有更自由的释放,学界亦企盼先生新作源源不断。卸下繁重公务之后,先生可与家人常叙天伦,倍享亲情,以慰曩时难有空暇之憾。衷心祝愿先生健康愉快!

网络大学校办秘书　王小红

2001 年 6 月 25 日

## 14. 贺退休(二)

谨贺万太辛先生光荣退休,并祝康宁幸福!王小红

## 15. 慰问重大功臣

各省、自治区、直辖市党委和人民政府,各大军区党委,军委各总部、各军兵种党委:

　　今年入汛以来,我国一些地方遭受严重洪涝灾害,特别是长江发生了自1954年以来又一次全流域性的大洪水。在国家和人民生命财产受到严重威胁的关键时刻,各级党委、政府发挥了坚强的领导核心作用,组织广大军民以顽强的拼搏精神,战胜了一次又一次的洪峰,保障了大江大河大湖、重要水库、重要城市和重要交通铁路干线的安全,保护了人民群众的生命安全,为国民经济发展和社会稳定作出了重大贡献。在这场

抗洪斗争中,我们的党员和干部经受了考验,我们的人民和军队经受了考验,涌现了许多可歌可泣的英雄事迹和模范人物。这又一次证明,在中国共产党的领导下,我们的人民和军队能够战胜任何艰难险阻。党中央、国务院、中央军委向你们,并通过你们向战斗在抗洪救灾抢险第一线的广大干部群众、解放军指战员、武警官兵、公安干警和受灾群众表示亲切的慰问。

当前,全国的防汛抗洪正处在最关键的阶段。党中央、国务院、中央军委号召,防汛抗洪第一线的各级党组织要发挥领导核心和战斗堡垒作用,广大共产党员、共青团员要发挥先锋模范作用,人民解放军、武警部队和公安干警要发挥突击队作用。全国各条战线的干部群众要以搞好生产和工作的实际行动,支援抗洪救灾。在以江泽民同志为核心的党中央领导下,各级党委和政府要进一步组织和动员广大军民继续发扬不怕疲劳、连续作战精神,再接再厉,团结奋斗,争取抗洪救灾斗争的全面胜利。

中共中央<br>
国 务 院<br>
中央军委<br>
1998年8月6日

### 16. 慰问病人(一)

亲爱的罗经理鹏原先生:

得知您罹患肝炎,十分挂念。肝炎固有病毒作祟,却也因先生夙兴夜寐、操持过度而积劳成疾。祈罗先生"既来之,则安之",养病期间,千万遵从医嘱,耐心疗治,而勿以各种纷烦杂念为扰。健康乃青山,是事业的根基,也是千金难买的资源,只要有健康的身体,一切都可以创造!

祝您早日康复!

原源实业公司经理金声灿<br>
2000年11月30日

### 17. 慰问病人(二)

先生染疾,令人挂念。祈安心静养,早日康复。金声灿

### 18. 唁电(一)

奋强公司董事长朱明程先生:

惊悉贵公司总经理方华荣先生在车祸中不幸罹难,至深哀悼。方华荣先生致力于本行业的发展,自1997年出任贵公司总经理,业内人士对其胆识胸襟交口称赞。正是富于春秋的美好年华,却遭逢如此噩运,实为业内同仁悲悼,也是企业界一大憾事。谨向朱董事长及方先生遗属表示我们最诚挚的哀念之情。愿业内同仁继承方华荣先生遗志,携手共进,推动行业发展,并为繁荣社会主义市场经济而齐心努力,以告慰方先生在天之英灵。

鸿展公司董事长　叶志青<br>总经理　项鸿群<br>2000年11月14日

### 19. 唁电(二)

惊悉方华荣先生罹难,不胜悲痛,谨表哀悼。叶志青　项鸿群

### 20. 唁电(三)

亲爱的方夫人王丽女士:

得知方总不幸辞世的噩耗,我们十分震惊和悲痛,所有与方总相识的人都十分痛惜,方总将永远是我们怀念的朋友。但愿我们对方总的缅怀与敬意能给您些许安慰,并愿您节哀顺变,善自珍摄。

易向成　刘进<br>2000年11月14日

### 21. 唁电(四)

惊闻方总辞世,至深哀悼,祈节哀顺变。易向成　刘进

## 22. 庆祝活动请柬

_____先生：

  光华中学建校 80 周年庆祝大会定于 2001 年 7 月 3 日上午 9：00 在光华中学大礼堂举行。敬请光临。

光华中学<br>2001 年 6 月 25 日

## 23. 宴会请柬

_____先生：

  兹定于 2000 年 12 月 30 日晚 19：00 假座朝阳大酒店金光厅举行迎新宴会，恭请光临。

前丰实业公司董事会<br>2000 年 12 月 23 日

[第 6 桌]

## 24. 业务活动请柬

_____先生：

  新世纪秋冬流行色发布会暨 2001 年秋冬订货会于 2001 年 4 月 6 日上午 10：00 在市贸易大会堂举行。恭请尊驾莅临指导。

大会秘书处<br>2001 年 3 月 28 日

## 25. 文艺活动请柬

### 请　柬

  为庆祝中国共产党成立 80 周年，《南塘区离休干部书画作品展》定于 2001 年 6 月 4 日上午 10：00 假南塘艺术馆展厅开幕。敬请_____先生携夫人光临

中共南塘区委<br>南塘区人民政府<br>南塘区文化事业管理局<br>2001 年 5 月 29 日

## 第九章 文书礼仪

**26. 讣告(一)**

### 讣 告

大星实业公司副总经理沈忠良同志于2001年4月14日上午6时16分在上海杨浦区中心医院病逝,享年58岁。

现定于4月18日下午3时在上海龙华殡仪馆吊唁大厅举行沈忠良同志追悼会。谨此讣闻。

(代办花圈可与治丧小组俞治丽小姐联系)
电话××××××××　　电子信箱××××

沈忠良同志治丧小组
2001年4月15日

**27. 讣告(二)**

### 讣 告

我党组织工作的优秀领导干部,原中共中央顾问委员会委员、中央组织部原顾问李楚离同志(正部长级),因病于2000年10月17日在北京逝世,享年97岁。

江泽民、李鹏、朱镕基、李瑞环、胡锦涛、尉健行、曾庆红、乔石、宋平、薄一波、宋任穷等同志,以不同方式对李楚离同志逝世表示哀悼,对其家属表示慰问。

李楚离是河北元氏县人,1924年加入社会主义青年团。同年考入西北国立大学,开始做党的工作。1925年考入北京大学学习。1926年12月,他毅然投笔从戎,参加北伐战争,任国民革命军新编第一师一团干事。1927年转为中国共产党党员,任武汉党员志愿兵团筹备处干事。同年7月,随叶挺、贺龙部队到南昌,任连政治指导员,参加了"八一"南昌起义。而后历任国民革命军第二十四师政治部宣传干事,工农革命军红二师辎重队队长兼党代表,山东烟台芝罘军官学校政治指导员、特支书记,中共河北省委交通科科长,华北各界救国联合会党团书记。1938年,

> 他参与组织领导了震惊中外的冀东武装抗日大暴动,后任冀热察区党委冀东分委书记、十三地委书记兼十三军分区政委,冀热边特委及冀热辽区党委副书记、军区副政委。参加创建了冀东抗日根据地,为中华民族的解放事业作出了重要贡献。解放战争时期,他任中共冀东区党委书记兼冀东军区政委,参加了辽沈、平津等战役。1949年3月,任南下工作团团长。
> 　　1950年,李楚离任中共广西省委副书记兼组织部部长、广西自治区总工会筹备委员会主任。1951年调任中央组织部副部长兼干部处处长、中央人民政府人事部副部长。"文化大革命"中,他遭到诬蔑和打击,被关押达七年之久。1978年底,获得平反,恢复工作,任中央纪律检查委员会常委。1980年4月任中共中央组织部顾问。1982年9月,李楚离在党的第十二次全国代表大会上,当选为中央顾问委员会委员。他是党的七大、八大代表,十四大、十五大特邀代表,曾任中共中央监察委员会委员,第三、五届全国政协常委。

# 第四节　致词类文书礼仪规范

## 一、致词类文书礼仪的基本要求

　　在公务活动中,领导必定有各种礼仪应酬,遇重大事件时,更免不了要致词、讲话或题词。我们将这一类文书统称为致词类文书。

　　常见的致词类文书主要有开闭幕词、迎送词、答词、祝酒词、悼词和题词等,可根据不同目的、不同场合、不同对象而撰写成各种不同性质、不同风格的文书,这自然也是秘书人员的必备技能。

　　这类致词的作用是可以沟通思想,提领整个活动过程,使交往的各方了解对方的感情基调,或使参与者得知活动的主旨。从礼仪角度来说,由于活动有了领导或特殊身份的人光临并致词题词,活动本身便显得有气派、有规格,使有关参与者感到某种满足。由于此类文书具有这种特殊作用,因此写作时,首先要注意感情的真诚充沛,使致词有感染力,能激发起有关人员的情绪。其次要多用口语化的短句子,不宜太书面化,不利口头表达也就不利情感传达。再次是全文不宜长。此类致词都是活动中的一环,倘全似大报告那么冗长,一讲就要几十分钟甚至几个小时,就不是活动中的一方面,而是专门的报告会了,所以不能写得太长。

## 二、致词类文书的写作规范

此类文书写作规范有相通之处,但也各有自己的特点,现分述如下。

### (一)开幕词和闭幕词

开幕词、闭幕词是重要会议、重大活动必不可少的致词,它往往在会议或活动中居于重要位置,对会议或活动分别起着统筹安排或总结评价的作用。同时它也具有宣告、提示和指导性,对弘扬会议或活动的精神主旨具积极的意义。

写作开幕词、闭幕词,其精神、风格、提法都应该注意呼应和连贯,千万不能开幕词是一个意思,闭幕词又是一个意思。而且无论开幕词闭幕词都应具鼓动性,使与会者受到感染。

开幕词的结构由标题、称呼、正文、结束语四部分组成。"标题",如《为建设一个伟大的社会主义国家而奋斗(1954年9月15日在第一届全国人民代表大会第一次会议上的开幕词)》或《第二届酒文化节开幕词》,致词者的名字放在标题下面;"称呼",如"各位代表"、"各位来宾"等;"正文"包括宣布开幕、说明会议或活动的名称、性质、参与者情况,对会议或活动的指导思想、主要任务和过程、意义和作用、希望和要求的阐述;"结束语"常以概括性语句对会议或活动作出预示性评价,如"本次会议(活动)必将如何如何",最后以"预祝会议(活动)圆满成功"为祝愿。

闭幕词与开幕词的结构基本一致。除标题和称呼外,正文部分可简明扼要地总结评价会议(活动)的情况,强调会议(活动)的意义,对会后如何贯彻会议主旨或弘扬活动精神提出要求;结语可表示对有关各方的感谢,最后必须郑重宣布"××会议(活动)胜利闭幕"。

### (二)迎送词

迎送词是在欢迎或欢送重要贵宾时的礼节性讲话,它是整个接待工作的基调和交往效果的评价,写作上也应注意呼应和连贯,并且一定要求同存异,真情不减。

欢迎词的结构是"称呼＋正文＋结语"。"称呼"要表明被欢迎者,注意将所有来宾都写进去,如:"总统先生、尼克松夫人;女士们、先生们;同志们、朋友们"。"正文"包括致词人在何时、以何种身份或代表谁向来宾表示欢迎和问候,然后可表述此番交往的意义和作用,或进一步发展友好合作关系的意愿。"结语"应向来宾表示祝愿成功、祝愿愉快的意思。

欢送词的结构同欢迎词,只是正文部分应强调来宾访问期间友谊、合作的新发展,并充满信心地预见未来,表示进一步合作的态度。而结尾则应对贵宾的即将离去表示惜别,并祝颂贵宾们归程一路平安。

（三）祝酒词和答谢词

祝酒词是各种主要宴请中最重要的礼仪形式,没有祝酒词,宴会便流于一般的吃喝。祝酒词往往是主客双方都要致词,有时,主人的致词里含有迎送成分,而客人的致词中又含有答谢成分。祝酒词里,致词者应将自己的立场、观点表现出来,而不能只是劝酒。当然,毕竟是以"酒"为媒介体现致词者的思想的,所以又不能少了"干杯"这个关键礼仪。

祝酒词的结构也是"称呼＋正文＋结语"。"称呼",如"尊敬的董事长先生,尊敬的总经理先生,各位贵宾、各位同事,女士们、先生们",要注意称呼时头衔的准确,并要将所有出席者包含进去;"正文"要表示举行什么宴会、欢迎什么客人,或答谢什么主人,接着可阐述此次双方的接触,或此次活动的意义作用;最后都是用"我提议,为……为……干杯!"这样的套语作结束。

在某些活动中,被邀、被奖、被敬的一方应有致词,即为"答词"。还有一些特殊身份的人在某些场合下讲话,也是一种表态性的礼仪致词。它们的写作结构也是"称呼＋正文＋结语"。"称呼",如"主席先生"、"各位领导"、"尊敬的总经理先生",同时,也要注意兼顾所有到场者。"正文"包括表示感谢或激动,倾吐心声,回叙过程,表明自己对未来的看法打算等。尾部可突出强调"感谢",或表示良好的祝愿。

（四）悼词

悼词是在追悼会上宣读的、对逝者表示敬意和追思哀悼的礼仪文书,现代悼词也是丧葬文明的一种表现,因此要强调化悲痛为力量的积极作用。

内容上则以肯定逝者为主,以对生者产生慰藉和鼓舞。但对逝者的评价,应先报有关领导及逝者家属过目,并征得同意,而勿随便定性。

悼词的结构是"标题+正文+结尾"。"标题",如"沉痛悼念××同志",或就简洁称为"悼词"。"正文"由三部分组成,开首部分一般以"我们怀着十分沉痛的心情,深深悼念……"为起首,然后介绍逝者身份、职务、逝世时间、地点、原因及逝者享年等。悼词正文的主体概述逝者生平,总结逝者优点和贡献。结尾则应表示对逝者的怀悼和对家属的慰问抚吊,一般还要求学习逝者的优点。最后,可以"××同志永远活在我们心中"或"××先生,安息吧"等为结语。

(五)题词与祝词

对重大活动,重要展览,突出的英雄模范,领导往往被邀题词。题词是对某人或某事的概括性评价或祝愿,有些也含有对牺牲者或逝世者的追怀。由于汉字特有的声韵调三要素所产生的美学意境,题词有些是以工整对仗的联句出现的,成为汉民族文化的一大特色。

逢有重要节庆,领导有时又被邀致祝词,这种祝词往往充满了号召和祝愿,成为广大群众工作的动力,也使领导与群众关系更加融洽。在某些场合下,这也称作"献辞",如"元旦献辞","三八妇女节献辞"等。

一般说来,题词较短,可用一句话、几句话、一首诗、一副联的形式表现,而祝词则可稍长,用散文化的形式表现。但无论长短,无论骈散,题词与祝词都必须真诚、概要,给人留下深刻印象。

## 三、各类常用致词示例

(一)开幕词、闭幕词

**1. 开幕词**

### 在"上海合作组织"成立大会上江泽民主席的开幕词

尊敬的同事们:

非常高兴和各位在美丽的黄浦江畔再次相聚。首先,我代表中国政府和中国人民,对各位的到来表示热烈的欢迎!

今天，公元2001年6月15日，将载入史册。我们在这里隆重聚会，将宣告欧亚大陆一个新的区域性多边合作组织——"上海合作组织"的诞生。这是我们六国在深化合作的道路上迈出的历史性步伐。

5年前，从这里开始的"上海五国"进程，翻开了中国、俄罗斯、哈萨克斯坦、吉尔吉斯斯坦和塔吉克斯坦五国关系史上崭新的一页。今天，"上海合作组织"的成立，必将为中国、俄罗斯、哈萨克斯坦、吉尔吉斯斯坦、塔吉克斯坦和乌兹别克斯坦六国在新世纪的长期睦邻友好合作，奠定更加坚实的基础。

我们将签署《"上海合作组织"成立宣言》和《打击恐怖主义、分裂主义和极端主义上海公约》。这两个重要文件，将充分体现我们六国人民加强友好合作和矢志维护地区安全与稳定的坚定心愿。让我们共同努力，把本次会议开成一次承前启后、继往开来的盛会。

**2. 闭幕词**

各位嘉宾、各位领导、女士们、先生们：

今天的月亮格外圆，今天的晚风格外爽，在经过了7天热烈融洽的研讨、参观、交流、洽谈之后，第二届西川水果节终于到了"果王"登基，"果后"揭晓的完满时刻，现在，每个人的脸上都洋溢着喜悦的微笑，每个人的心里也一定品味着水果节的香甜。

搭水果台，唱文化戏，打经济牌，是这届西川水果节的宗旨，7天来，我们不仅让"西川"这个品牌在各位客人心中留下了深刻印象，我们还谈成了逾百万元的贸易额，与海内外百多家企业达成了销售协定，西川的水果，将不再是西川人吃不了卖不掉的累赘，而是西川人的金元宝，是西川人发财致富奔小康的通灵宝贝。

为了办好这届水果节，西川市委、西川市政府、西川市工商联、西川市商委，以及西川市的公安部门、交通部门、餐饮旅游部门与西川市农委一起，精心筹划、妥善安排、统一调度，加上全市人民的大力配合，终于使水果节收到了预期的效果。事实证明，随着经济的腾飞，我们各级政府部门的组织管理水平和市民的精神文明水平都会有长足的提高，一个新西川就要在不远的将来出现了。

现在，我宣布，第二届西川水果节胜利闭幕。

## （二）迎送词

### 3. 欢迎词

**在"博鳌亚洲论坛"成立大会上的致辞**
江泽民
2001年2月27日

各位代表，
女士们，先生们，朋友们：

今天，"博鳌亚洲论坛"正式成立，亚洲和关心亚洲事务的许多国家的政界知名人士、企业界、学术界的精英集聚一堂，围绕亚洲发展问题交换意见，是一次盛会。我代表中国政府和人民，向成立大会致以衷心的祝贺！向与会各界人士表示热烈的欢迎！

人类已经迈入了新的世纪和新的千年。当今世界，经济全球化和区域经济合作正在向纵深发展。亚洲各国国情虽不相同，但抓住机遇、迎接挑战、不断推进经济和社会发展，是我们共同面临的课题。

"博鳌亚洲论坛"作为一个非官方的国际性会议组织，以亚洲国家和地区为主，又向其他地区开放，为各方人士提供一个共商亚洲地区经济发展、人口和环境问题的高层次对话场所，反映了在经济全球化背景下亚洲各国希望加强对话、寻求合作、实现共同发展的时代要求。

我完全支持这个构想。中国政府主张建立公正合理的国际政治经济新秩序，一贯重视和支持多层次、多渠道、多领域的对话与合作。作为东道国，中国政府将继续为论坛的健康发展提供支持，同时也希望与会各国人士予以支持。

让我们携起手来，为实现亚洲各国的共同发展，为增进亚洲与世界其他地区的交流与合作，为开创亚洲繁荣、富强、美好的明天而积极努力。

最后，祝大会取得圆满成功！

### 4. 欢送词

各位朋友，各位同志，
女士们，先生们：

今天，我们在美丽的椿申江畔，欢送西川市访椿代表团。就在两个星期之前,我们也是在这个会堂,迎接了西川市的同志们。短短两个星期,我们加深了了解,拓宽了合作,交流了经验,沟通了思想,今天,西川的同志们终于要起程了。

　　此次西川市访椿代表团在椿江市参观了企业和农村,与各大口的负责同志分别进行了座谈交流,会晤了各方面的领导,也达成了好几项重大的协议,另有一大批意向有待进一步落实。应该说,这是一个有利双方的、愉快的合作,对东西联动、经济腾飞有积极的促进作用。

　　在向西川市访椿代表团告别之际,我们真诚希望西川的同志们给我们提出批评、指导和建议,以让我们从另一个角度来审查自己的工作,及时改进自己的不足之处。同时,我们也借此机会,请代表团的同志们把椿江市人民对西川市人民的敬意和友情带回去,椿江和西川是东西联动中的两个重要环节,让我们携手共进,为创造辉煌的业绩而努力!

　　祝西川市访椿代表团一路顺风!大展鸿图!

### (三)祝酒词、答谢词

#### 5. 祝酒词

**在上海市庆祝国庆五十一周年招待会上的祝酒辞**

上海市市长　徐匡迪

(2000年9月30日)

女士们,先生们,

同志们,朋友们:

　　今天,我们欢聚一堂,隆重庆祝中华人民共和国成立五十一周年。首先我代表上海市人民政府,向出席招待会的各位中外来宾,表示热烈的欢迎!并向全市各族人民,致以节日的问候!

　　五十一年前,中华人民共和国成立了,九百六十万平方公里的神州大地从此生机勃发,翻开了新的历史篇章。五十一年来,在中国共产党的领导下,新中国取得了举世瞩目的发展成就。上海作为祖国大家庭中的一员,经济和社会各个方面都发生了广泛而深刻的变化:经济实力显著增强,社会生产力不断提高,城市面貌大大改观,人民生活明显改善。今年以来,全市人民继续乘势而上,积极进取,保持了上海经济持续稳定发展的好势头。

致富思源,富而思进。五十一年来上海取得的每一个进步、每一项新成绩,都离不开中国共产党的正确领导,离不开全市人民持之以恒的共同努力,离不开海内外朋友的热心支持。在这里,我代表上海市人民政府,向所有参与、关心和支持上海振兴发展的同志们、朋友们,表示衷心的感谢!

历史的车轮正在驶向二十一世纪。跨越千年,我们阔步走向未来。今天,上海人民正以前所未有的热情和创造力,努力工作,深入推进改革开放和社会主义现代化建设。让我们在以江泽民同志为核心的党中央领导下,坚定不移地朝着建设有中国特色的社会主义现代化强国的伟大目标,乘风破浪,奋勇前进!

现在,我提议:

为庆祝中华人民共和国成立五十一周年,

为祖国的繁荣富强和上海更美好的明天,

为各位来宾的身体健康、事业发达,

干杯!

## 6. 答谢词(一)

### 在美国白宫国宴上的答词
### 江泽民

总统先生,

克林顿夫人,

女士们、先生们:

在今晚这个隆重的宴会上,首先请允许我代表我的夫人和同事,并以我个人的名义,对克林顿总统和夫人表示衷心感谢。我还要借此机会向美国政府和人民给予我们的热情接待,深表谢意。

25年前,中美两国领导人以卓越的政治智慧和胆识,重新打开两国交往的大门。从那时以来,两国许多政治家和各界人士,为建立、改善和发展中美关系,作出了积极的贡献。在这里,我谨向他们表示崇高的敬意。

25年来,中美两国关系虽然有过波折,但总的说来是在向前发展。双方合作领域不断拓宽,合作方式日趋多样,合作潜力巨大,合作前景良好。中美保持友好关系,不仅造福于两国人民,而且对促进亚太地区和世界的和平、稳定与繁荣,具有重要的意义。

今天上午,我同克林顿总统就中美关系未来的发展目标达成了共识。这就是,为了促进世界和平与发展的崇高事业,中美应该加强合作,努力建立面向21世纪的建设性的战略伙伴关系。这标志着中美关系向前迈出重要一步,达到了一个新的起点。

中国和美国作为两个伟大的国家,对世界前途负有重大责任。中美两国的国情不同,存在一些分歧是自然的。至于分歧,完全可以通过相互尊重的平等对话,逐步求得解决。一时解决不了的,可以求同存异。我们两国之间的共同点大于分歧。在维护世界和平与安全,促进全球经济发展与繁荣,保护人类生存环境等方面,中美具有广泛的共同利益。这是发展两国友好关系的重要基础。

美国诗人朗费罗写过这样的诗句:"只要行动起来,我们每个明天都会比今天进步。""行动起来吧!让我们马上就开始。"我们要顺乎潮流,合乎民意,为建立和发展中美两国的建设性的战略伙伴关系而不断向前迈进。

现在,我提议:

为克林顿总统和夫人的健康,

为在座的朋友的健康,

为中美两国人民的友谊和幸福,

为世界的和平与繁荣,

干杯!

1997年10月28日

### 7. 答词(二)

各位领导,各位同志,各位朋友:

此刻,我的心情非常激动,我只做了一个年轻工人该做的事,却得到了这么高的荣誉。我深深地知道,这应该归功于伟大的党的培养,归功于组织对我的关怀教育,归功于老师傅们对我的鼓励,归功于年轻伙伴们对我的帮助,没有这些,我是决不会成功的!

三年前,当我作为一个刚从技校毕业的学生第一次跨进江丰厂,就被这百年老厂的沧桑和深厚所感动,就为自己能融入这样一支特殊的工人队伍而自豪。我下定决心,一定要努力学习,刻苦钻研,做一个无愧于前辈的后来者,做一个无愧于时代的新工人。

三年里,我是在前辈们无微不至的关怀下成长起来的。我永远记得,是刘庆贤总工程师指导我完成了大专的课程,是王毛根师傅带着我摸遍了每一条焊缝,是王素芬老师帮助我完成了第一篇论文,是团干部轮训班使我系统地学习了电脑技术;尤其是党支部赵良才书记的引导,我才跨进了党的大门……在此,我向所有帮助和支持鼓励我的人们,诚挚地说一声"谢谢你们!"

如果说,今天我在这里受奖,是因为我曾在过去的三年里作过努力的话,那么从现在起,它们都已是过去的东西了,我现在又像三年前那样,一无所有地站在新的起跑线上,开始了新一轮的拼搏和努力。但我毕竟又不是三年前的我了,我更成熟,方向也更明确了。我一定要在新的三年里,在未来无数个三年里,更加努力地学习,更加踏实地工作,更加刻苦地钻研,做一个21世纪的新工人,以优异的成绩向党和祖国汇报!

谢谢大家!

(四)悼词

**8. 悼词**

### 在×××同志追悼会上的悼词

今天,我们怀着沉重的心情,深切悼念×××同志。××××年十月五日,×××同志在农村指导工作时,因心脏病猝发,抢救无效,不幸以身殉职。终年41岁。

×××同志生于××××年×月×日,××县人。××年8月中专毕业后参加革命工作,××年9月加入中国共产党。历任副乡长、乡长、县农业局局长等职。

×××同志一贯忠诚党的事业。坚决拥护党的方针、路线和政策。为了改变山区经济落后的面貌,他利用业余时间,自学完了农业大学的课程,并且不顾身体的不适,经常深入基层,深入群众,调查研究,及时发现问题,解决问题,制订脱贫致富的措施。他这种锐意进取、兢兢业业的精神，表现出一个好党员的思想风貌。

×××同志能团结同志，帮助同志，宽以待人，严以律己，从不利用手中的权力谋取个人的私利，自觉遵守党的纪律。

×××同志的一生是革命的一生，是为人民服务的一生。他的逝世，使我们失去了一位好党员、好干部。

我们悼念×××同志，要化悲痛为力量，学习他的革命精神和优秀品质，贯彻执行党的方针政策，刻苦钻研革命理论和业务知识，奋斗拼搏，开拓进取，尽力早日实现×××同志生前留下的脱贫致富计划，以告慰逝者的在天之灵。

×××同志千古！

(五) 题词、祝词

**9. 题词**

(1) 江泽民书赠博鳌亚洲论坛
　　　　万泉气象新，水阔晚风纯。
　　　　四海群贤聚，博鳌更喜人。

(2) 江泽民为全国民族院校题词
　　　　努力发展民族教育
　　　　促进各民族共同繁荣

(3) 迟浩田为北京理工大学建校 60 周年题词
　　　　弘扬延安精神
　　　　再创世纪辉煌

(4) 李政道为《文汇报》题词
　　　　艺科文汇

(5) 吴冠中为《文汇报》题词
　　　　艺术揭示感情深层之奥秘

(6) 杜宣为筷箸收藏家蓝翔题词
　　　　筷子是最先进的用餐工具，
　　　　是汉文化的一大特征。

(7) 苏辛洁题筷箸收藏
　　　　一笼藏日月　双筷起炎黄

(8) 王文元(全国政协副主席、九三学社中央常务副主席)为"寄语新世纪"专栏题词

新世纪即将到来。我企盼着听到除夕午夜里的悠扬钟声,看到元旦晨曦中的旭日东升。这钟声预示着新世纪将给人民带来安宁、温馨与和平;这朝阳象征着新世纪将给百姓带来关爱、进步与光明。

我深信,21世纪人类会更理智:人口与地球承载力相适应;保护生态,改善生存环境;自然资源得到保护和合理利用;科技进步使人人受惠,贫富差距缩小,社会更公正;解决国际纷争,通过谈判而不是战争;经济全球化使生活富裕,消除贫穷;文化交流是互相借鉴,共同发展繁荣。在这个充满希望的世纪里,我衷心地祝愿伟大的祖国经济发展,社会进步,人民幸福,重振雄风。

(9) 任继愈(中国国家图书馆馆长、北京大学教授)为"寄语新世纪"专栏题词

为了人类,为了自己,光研究自然界还不够,还要投入更大的精力研究社会,认识社会,更深入地研究人类自己。只有多数人多懂得一点社会科学、人文科学,光明就在前头。

(10) 季羡林(古文字学家、北京大学教授)为"寄语新世纪"专栏题词

人们往往有这样的经验:过去带来惆怅,现在带来迷惘,未来带来希望。

现在,一个新世纪、新千年就要来到我们眼前了。这正是人们让幻想驰骋,对未来提出希望的最佳时刻。

我虔诚希望,我们人类要同大自然成为朋友,不要再视它为敌人,成了朋友以后,再伸手向它要衣,要食,要一切我们需要的东西。

很少有人提出如何处理好人与大自然的关系问题,而我个人认为,这才是未来的关键。

(11) 杨振宁(美籍华人、诺贝尔物理学奖获得者)为"寄语新世纪"专栏题词

一百年前,甲午战争和八国联军的时代是中华民族濒于灭种的时代。

今天,中华民族站起来了。

一百年间的巨变是几代前人浴血奋斗的结果。

面向新世纪的到来,我们不可一刻忘记得之不易的民族复兴气象,还需要我们继续努力来发扬光大。

## 10. 祝词（一）

### 建平中学文学院成立贺词
名誉院长　余秋雨

　　一个人的文学爱好，最好在很年轻的时候形成。如果到了年长之后再亲近文学，大多只能停留在欣赏性、技巧性的层面上，而只有在年轻时就开始亲近，才会有效地优化人格和素质。

　　今后你完全可以学其他专业，成为科学家、工程师、医生或其他劳动者，但是只要保持着文学爱好，你一定可以变得更善良、更达观、更细腻、更理解人、更善于表达、更富于感情、更有想象力，因此也更可爱、更具有魅力。

　　为何要拒绝这么多"更"呢？

　　——谨以寥寥数语，祝贺上海建平中学文学院的成立。

## 11. 祝词（二）

### 元旦献辞
（二〇〇一年一月一日）
上海市市长　徐匡迪

市民们，同志们，朋友们：

　　在鼓乐齐鸣的喜庆声中，我们迈入了激动人心的21世纪。在此，我代表上海市人民政府，向全市人民、向所有支持上海发展的海内外朋友，致以新世纪的祝贺！

　　刚刚过去的2000年，是上海乘势前进的一年。全市上下团结进取，扎实工作，胜利完成了"九五"计划的各项任务。国民经济继续保持快速健康发展，城市环境日益改善，人民生活水平又有新的提高。在迎来新世纪曙光的时刻，我和大家一起分享着上海不断发展与成长的喜悦。

　　历史正在掀开崭新的一页。2001年是我们实施第十个五年计划的开局之年。新的世纪充满新的希望。让我们在以江泽民同志为核心的党中央和中共上海市委的领导下，坚持高举邓小平理论的伟大旗帜，以更加饱满的工作热情和更加高昂的创新精神，齐心协力，开创上海改革开放和现代化建设的新局面，开创新世纪更美好的生活。

　　在这继往开来的时刻，衷心祝愿大家新年快乐，家庭幸福，工作进步！

## 12. 祝词（三）

**共同创造美好的新世纪**
二〇〇一年新年贺词
中华人民共和国主席　江泽民

女士们，先生们，同志们，朋友们：

二〇〇一年新年钟声即将敲响。人类社会前进的航船就要驶入二十一世纪的新航程。中国人民进入了向现代化建设第三步战略目标迈进的新征程。

在这个激动人心的时刻，我很高兴通过中国国际广播电台、中央人民广播电台和中央电视台，向全国各族人民，向香港特别行政区同胞、澳门特别行政区同胞和台湾同胞、海外侨胞，向世界各国的朋友们，致以新世纪第一个新年的祝贺！

过去的一年，是我国社会主义改革开放和现代化建设进程中具有标志意义的一年。在中国共产党的领导下，全国各族人民团结奋斗，国民经济继续保持较快的发展势头，经济结构的战略性调整顺利部署实施。西部大开发取得良好开端。精神文明建设和民主法制建设进一步加强。我们在过去几年取得成绩的基础上，胜利完成了第九个五年计划。我国已进入了全面建设小康社会，加快社会主义现代化建设的新的发展阶段。

面对新世纪，世界各国人民的共同愿望是：继续发展人类以往创造的一切文明成果，克服二十世纪困扰着人类的战争和贫困问题，推进和平与发展的崇高事业，创造一个美好的世界。

我们希望，新世纪成为各国人民共享和平的世纪。在二十世纪里，世界饱受各种战争和冲突的苦难。时至今日，仍有不少国家和地区的人民还在忍受战火的煎熬。中国人民真诚地祝愿他们早日过上和平安定的生活。中国人民热爱和平与自由，始终奉行独立自主的和平外交政策，永远站在人类正义事业的一边。我们愿同世界上一切爱好和平的国家和人民一道，为促进世界多极化，建立和平稳定、公正合理的国际政治经济新秩序而努力奋斗。

我们希望，新世纪成为各国人民共同发展的世纪。在二十世纪里，世界的生产力和科学技术取得了惊人的成就。但是，世界上仍有许多人民尚未摆脱贫穷和饥饿，有的甚至连基本生存条件都不具备，时刻面临着死亡的威胁。经济全球化对生产力发展的新推动,科学技术突飞猛进带来的新成果,应该造福于全人类,特别是应该用来促进发展中国家的发展,改善极度贫困人口的生活境遇,使他们得以具备自我发展的条件。中国人民将坚持不懈地为此作出自己的贡献。

我们希望,新世纪成为各种文明共同进步的世纪。世界是丰富多彩的,世界各国的文明,都是人类的宝贵财富,应该相互尊重、相互学习。历史充分证明,各国人民自主选择各自的社会制度和发展道路,在继承和发展本民族文明的基础上吸取其他文明的精华,按照自己的意志创造并享受美好的生活,是世界发展的重要动力。只有加强各种文明之间的交流,推动各种文明共同进步,世界和平与发展的崇高事业才能真正实现。

中国人民进入新世纪的主要任务,就是继续推进现代化建设,完成祖国统一,维护世界和平与促进共同发展。中国人民将坚持以邓小平理论为指导,坚定不移地推进改革开放和经济建设,坚定不移地贯彻"和平统一、一国两制"方针,坚定不移地奉行独立自主的和平外交政策,为不断推进建设有中国特色的社会主义事业,最终实现祖国的完全统一,实现中华民族的伟大复兴而不懈奋斗,争取对人类作出新的更大贡献。

我相信,只要全世界人民以及所有关心人类前途和命运的政治家们共同努力,携手前进,我们居住的这个星球一定能够成为各国人民共享和平、共同发展和共同进步的美好世界!

最后,我从北京祝大家新年快乐!

谢谢。

二〇〇〇年十二月三十一日

## 第五节　英文礼仪文书举要

### 一、英文礼仪文书的基本要求

掌握一门外语,用外语交往并写作,是极困难的事。这并不是说语音、

## 第九章 文书礼仪

词汇、语法的难度大,而是这些语言形式承载的文化与我国的传统文化相去甚远。即使是用于礼仪的文书,也与我国传统礼仪文书大不一样,因此,本节只就秘书人员在日常工作中可能较多接触的一些应酬礼仪性的文书作一简单介绍,而不谈英语写作的其他。另一方面,社会生活是复杂的,礼仪除了在应酬中体现外,还体现在社会生活的方方面面,如一般的业务往来书信,也需要礼仪的配衬,这些我们也基本略去不谈,而只论专用于礼仪的文书,是为"举要"。

一份完整的礼仪文书,无论它的内容涉及哪些方面,其基本的要求是一样的,这就是必须遵循 7 个"C"的原则。这分别是指"完整"(Completeness)、"具体"(Concreteness)、"清楚"(Clearness)、"简要"(Conciseness)、"正确"(Correctness)、"礼貌"(Courtesy)和"体谅"(Consideration)。

Completeness 是说无论繁简,文书内容总要将意思表达完整,使对方得到一个明确的信息。

Concreteness 是指所指内容不含糊、不抽象,有时,连写"昨天"、"去年"都不宜,而应具体说成×年×月×日。

Clearness 是指文书内容没有歧义。如"As to the steamers sailing from Hong Kong to San Francisco, we have bi-monthly direct service."这句的"bi-monthly"就是一个歧义词,它是指"two direct sailings every month",还是指"a direct sailing every two months"?这是应酬往来中必须避免的。

Conciseness 是指要以尽可能少的文字表达清楚自己的本旨而又无碍完整与礼貌。不要因为某些词语搭配使用可以表现自己的外语水平而在行文中多有累赘,应该直接以 Please 取代 will you be good enough to,以 decide 取代 come to a decision,以 prefer 取代 express a preference for,以 because 取代 for the reason that 等等。

Correctness 是指不能在行文中有误,如语气的正确,所涉数字的正确,当然也包括字、词、句、有关礼节、有关习惯做法的正确运用。

Courtesy 是指要谦谨、客气。既是应酬礼仪,倘行文以"我"为大,处处大大咧咧,便失去了礼仪的意义,也达不到交往的效果。用 Perhaps you could … 就比 you ought to … 委婉,而 If I understand your letter correctly … 也比直接说 your letter is not clear at all, I can't understand it … 要让人好受得多。

Consideration 是指要从对方的角度考虑问题,设身处地替对方着想,在本章概述中我们已经谈及,此处不再赘言。

## 二、英文信件的书写规范

英文书信,有几个必备项,即 Letter Head,The Inside Address,The Salutation,The Body of the Letters,The Complimentary Close,The Signature。每一项在书信中都有相对固定的位置。有时,还有些选择项,如 Subject,Postscript,Title,Enclosure,Initials 等。具体安排可见图。

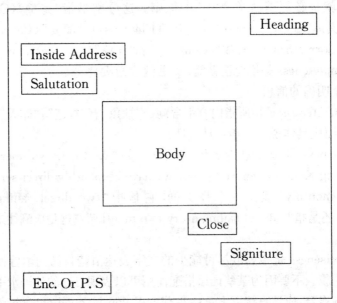

(一) Letter Head(信头)

信头位于信笺的右上角,先写发信人的单位名称、地址,后写发信日期。地址分几行写,先写门牌号、路名、邮政信箱,次写城市、省郡、国名,再写发信日期。倘以公司印刷的信笺写作,只需在印好的地址上添加日期。

(二) Inside Address(信内地址)

位于信笺左上角,低于信头,顶格书写,写明收件人的姓名、单位名称和地址。其中姓名单列一行,要加上敬语称呼,次写单位名称,再写地址,地址写法同信头。

（三）Salutation（称呼）

低于 Inside Adress 一或两行，靠左顶格书写。称呼必须是尊敬的，客气的，与中文书信有相似之处。

（四）Body of Letters（正文）

低于 Salutation，第一行缩进几个字符，第二行顶格书写。这是书信的实质内容部分。

（五）Complimentary Close（结语）

位于正文之下隔一行，从正文或偏右写起，起始字母大写，末尾加逗号。由于寄件人与收件人的关系不同，所以有多种写法。如：Yours truly, Very truly yours, Very sincerely yours, Yours cordially, Respectfully yours 等等。

（六）Signature（签名）

英文书信注重签名，打印或盖章之外，必须有亲笔签名才能生效，并表示负责，同时也表示对收件人的尊重。签名位于结语的下一行，以钢笔占三行左右，签全名。如果主要强调单位负责，则单位全称在前，签名在后；而倘若签名人负主要责任时，则签名在前，单位全称在后。

（七）Others（其他）

至于那些选择项，是根据书信内容而定的，主题 Subject，为了让收件人一下子了解内容主旨，写在称呼的右侧下方，居中安排。姓名开头字母 Initials 是为信件以后归档检索方便，将寄件人和打字员的姓名第一个字母并列打在信末签名之下，如寄件人 Everett Robinson，打字员 Jane Smith，写成 EL-Js 或 EL：JS。附件 Enclosure 可缩写成 Encl，在它后面写上有些什么内容。附件的位置在最末左下。附笔 Postscript 可缩写成 P.S，但从礼仪角度而言，应该在正文中明确完整地表达意图和思想，用附笔，已是不太妥当了。附笔的位置一般在左下角，与附件相邻。而 Title 则是具名时应注意的打印头衔。如果每一项都用到的话，一封英文书信的格式就是这样的：

```
                                        Department of Politics
                                        East Shanghai University
                                        135 Dong Fang Road
                                        Shanghai China
                                        March 31, 2001

Mr. Lester Lewis
Manager of Textbooks Department
Atlantic Publishing Company
4550 Broadway, New York City
U. S. A
(Attention of Mr. A)
Dear Mr. Lewis
                    (Subject)
                    (Body)
                                        Yours truly
                                        Wang Ying
                                        (Title)

(Initials)
(P. S)
(Encl)
(cc)
```

## 三、英文信封

这是英文信封的格式：

```
Wang Ying                              [Stamp]
135 Dong Fang Road
East Shanghai University
Shanghai, China
```

```
                        Mr. Lester Lewis
                        Manager of Textbooks Department
                        Atlantic Publishing Company
                        4550 Broad way, New York City
                        U.S.A
By Air Mail
```

可见,英文信封与中文信封大相径庭。

(一)收信人的姓名、地址

位于信封中央偏右处下方,每个单词的第一个字母要大写。顺序为1.敬称+名+姓;2.收件人单位名称;3.门牌号、路名、城市;4.国名。

(二)发信人的姓名、地址

位于信封左上方,每个单词的第一个字母也要大写。顺序为1.发信人名+姓;2.门牌、路名;3.单位名称;4.城市及国名。

(三)其他

邮票贴于右上角,航空、挂号及其他说明置于左下方。

## 四、相关例文

(一)邀请信

邀请信分正式邀请的请柬 invitation cards 和非正式邀请的一般信函 letters of invitation 两种。invitation card 多使用于较隆重的社会活动场合,印制精美。无论发出邀请者还是被邀者,都用第三人称。行文不必每行书写齐整,而可以从美观的角度出发,错落参差地排列。

**1. 请柬(一)**

```
           Mr. And Mrs. Henry James Pott
          Request the pleasure of your company
                     At dinner
               On Monday, June the second
```

> At seven o'clock
> 560 Thomas Avenue
> Paris

上例请柬只有主人,而不写客人的姓名,而下例请柬则留下填写被邀者姓名处,在西方社会,这种形式更受人欢迎。

**2. 请柬(二)**

> Mr. and Mrs. Henry James Pott
> Request the pleasure of
> <u>Dr. and Mrs. Matthews'</u>
> Company at dinner
> On Monday, June the second
> At seven o'clock
> Garden Hotel
> Guang Zhou

请柬如需复函,可在请柬的左下方或右下方用较小字体注上"R. S. V. P",这是请复函的习惯缩写。或也可写上"Please reply"、"An answer is requested"、"Kindly reply to"(address)等。

**3. 邀请信(一)**

> Dear Mr. And Mrs. Benton,
>   Will you have dinner with us at our home on Thursday, June the third, at seven o'clock?
>   It has been a long time since we had the pleasure of seeing you, and we do hope you can come.
> Sincerely Yours
> Herry Smith

**4. 邀请信(二)**

> Dear Mr. and Mrs. Harrison,
>   We greatly appreciate your cooperation and help. We are cordially inviting you to an evening party on Saturday, May 21, in the Recreation Center

of the company.  Looking forward to the pleasure of seeing you.
　　Yours faithfully
　　(Signature)

### (二) 应邀或辞邀

接到请柬之后,要尽可能在 24 小时内答复,如果辞邀的话,还需说明原因。回复请柬一般不能以信的形式,而要以请柬的格式来回答。

对邀请信的答复,先要表示谢意,然后再写应邀出席的时间和地点,这样可以避免差错。倘谢绝,要说明原因。

**5. 接受请柬之邀约**

Mr. and Mrs. Henry Smith

Accept with Pleasure

Mr. and Mrs. Benjamin King's

Kind invitation for dinner

On Tuesday, August the first

At six o'clock p. m.

Lotus Hotel

**6. 婉谢请柬之邀约**

Mr. and Mrs. Henry Smith

Regret that a previous engagement

Prevents their accepting

Mr. And Mrs. Benjamin King's

Kind invitation to dinner

On Tuesday, August the first

At six o'clock p. m.

Lotus Hotel

**7. 应邀信**

Dear Mr. and Mrs. Smith,
　　Many thanks for your kind invitation to dinner on June the third.

Which my wife and I are very much delighted to accept.
 Sincerely yours
  George Benton

### 8. 婉辞信

Dear Mr. and Mrs. Smith,
 Thank you very much for inviting me and my wife to dinner on Thursday, June the third. However, I regret to inform you that owing to a previous engagement we shall not be able to come.
 Yours very sincerely
  George Benton

### 9. 取消约请

  Mr. And Mrs. James Smith
Regret that owing to the sudden illness
 of their son they are obliged
To recall their invitation for Friday
  The tenth of October

## （三）慰问信

  慰问信要根据不同的对象，或轻松愉快，或深沉真挚，但不要对被慰问者的伤情、病情、痛心事的细节好奇，而要表示愿意予以帮助的愿望。

### 10. 慰问病人

Dear Mr. Fowler,
 I was so sorry to learn of your illness and of the necessity for an oferation. I believe the operation will be successful, Everybody in the office misses you, and we are hoping for your quick return from the hospital.
 With kindest regard.
        Sincerely yours
        Gildert Durne

## 11. 慰问受伤者

Dear Mr. Dunne

  We were shocked and saddened beyond words by the news of the crash. But it was such a relief that you are out of danger and getting stronger.

  The affection and best wishes of the entire department are with you, and everyone's hoping for your quick and complete recovery.

Sincerely yours<br>Johnson

## 12. 慰问蒙受损失的人

Dear Mr. Harrison,

  I was extremely sorry to hear that a fire broke out in your neighbourhood last night and that your house was affected. I sincerely trust that all of your family have managed to escape without delay.

  Hoping to hear of your safety and to see you soon.

Sincerely yours<br>Cyril Finn

### （四）祝贺信

祝贺信要及时，要提到具体的喜事，要衷心祝贺。

## 13. 贺节日

Your Excellency Mr. Robinson,

  On the occasion of New Year, may my wife and I extend to you and your wife our sincere greetings, wishing you a happy New Year, your career greater success and your family happiness.

Sincerely yours
Jane Smith

## 14. 贺生日

Dear Paul,

　　Allow me to congratulate you, with all my heart, upon your having reached your fiftieth birthday, and I wish you many happy returns of the anniversary.

　　The accompanying gift I send you is a token of my sincere wishes for a long and joyful life.

yours<br>Tom

### 15. 贺提升

Dear Mr. Robinson,

　　Let me offer my most sincere congratulations upon your promotion to general manager. It came as no surprise to me. It is a well-deserved recognition of your excellent work.

　　You came to know us and our services well during the past 3 years, and you know that we stand ready to be of continued service to you in the days ahead.

　　I wish you the greatest possible success in the future.

Sincerely your<br>Peter John

### 16. 贺公司 30 周年庆

Dear Sir,

　　We wish to congratulate you and offer our best wishes on the 30th anniversary of your company.

　　We would like to take the advantage of this opportunity to thank you for your pleasant cooperation over these many years.

　　We wish you further success and your staff good health.

Sincerely yours

## （五）吊唁信

吊唁信篇幅不宜过长，不宜提及死者的死因，以免增加丧家的伤感。接到讣闻，要立即写好吊唁信并寄出。

### 17. 吊唁信

Dear Sirs,

  I was extremely sorry to hear of the passing away of president Bess Thompson. I feel a special loss, as he contributed a lot to our business cooperation. He will be long remembered by all who knew him and who worked with him.

  My staff join me in conveying our sincere sympathy to his family.

Yours faithfully<br>William Heig<br>President

## （六）感谢信

企业、单位之间各项业务活动进行过程中，有许多需要感谢的事，感谢信的用途极广。感谢信要在受惠后立即就写，但对吊唁慰问之类的复信不必即刻发出，在收到鲜花或信件之后的六个星期内答复都是允许的。

### 18. 感谢慰问

Dear Mr. Durne,

  Many thanks for your favour of 12th. I'm glad to tell you that my operation was successful and I am much better now. How I long to go back to office and be with you again!

Yours<br>Jim Fowler

### 19. 感谢款待

Dear Sir,

  We appreciate very much for the cordial reception you gave Mr.

> Lee of our company. We are convinced that the agreement drawn upon at that meeting will produce positive results. And we wish to assure you that Mr. Johnson of your company will be the best hospitality during his visit in Guangzhou for further discussions.
> 
> Sincerely Yours
> （Signature）

20. 感谢合作

> Dear Sir,
> 
> Yesterday we completed the discussion with Mr. William Heig and are convinced that positive results for both sides will be realized.
> 
> We wish to take this opportunity to thank you for your cooperation in this matter and we also wish to express our special thanks for the pleasant and open manner with which Mr. Heig carried out his discussions with the management of our company.
> 
> Sincerely yours.
> （Signature）

（以上英文书信例文均摘自广东人民出版社 1999 年 9 月版《办公室英语》）

## 思考题：

1. 文书礼仪与秘书工作有什么关系？文书礼仪的基本要求与秘书的其他写作要求有什么异同？
2. 试写各种中文礼仪文书。
3. 试写各种英文礼仪文书。

图书在版编目(CIP)数据

秘书礼仪/陆予圻,郭莉编著. —上海:复旦大学出版社,2002.2(2019.8 重印)
(新编秘书学教材系列)
ISBN 978-7-309-03057-0

Ⅰ. 秘… Ⅱ. ①陆…②郭… Ⅲ. 秘书-礼仪 Ⅳ. K891.26

中国版本图书馆 CIP 数据核字(2002)第 000592 号

**秘书礼仪**
陆予圻 郭 莉 编著
责任编辑/陈麦青

复旦大学出版社有限公司出版发行
上海市国权路 579 号 邮编:200433
网址:fupnet@fudanpress.com http://www.fudanpress.com
门市零售:86-21-65642857 团体订购:86-21-65118853
外埠邮购:86-21-65109143 出版部电话:86-21-65642845
大丰市科星印刷有限责任公司

开本 787×960 1/16 印张 18.25 字数 310 千
2019 年 8 月第 1 版第 13 次印刷
印数 56 701—57 800

ISBN 978-7-309-03057-0/G·452
定价:30.00 元

如有印装质量问题,请向复旦大学出版社有限公司出版部调换。
版权所有 侵权必究